外国人
写作中国
计划

U0898503

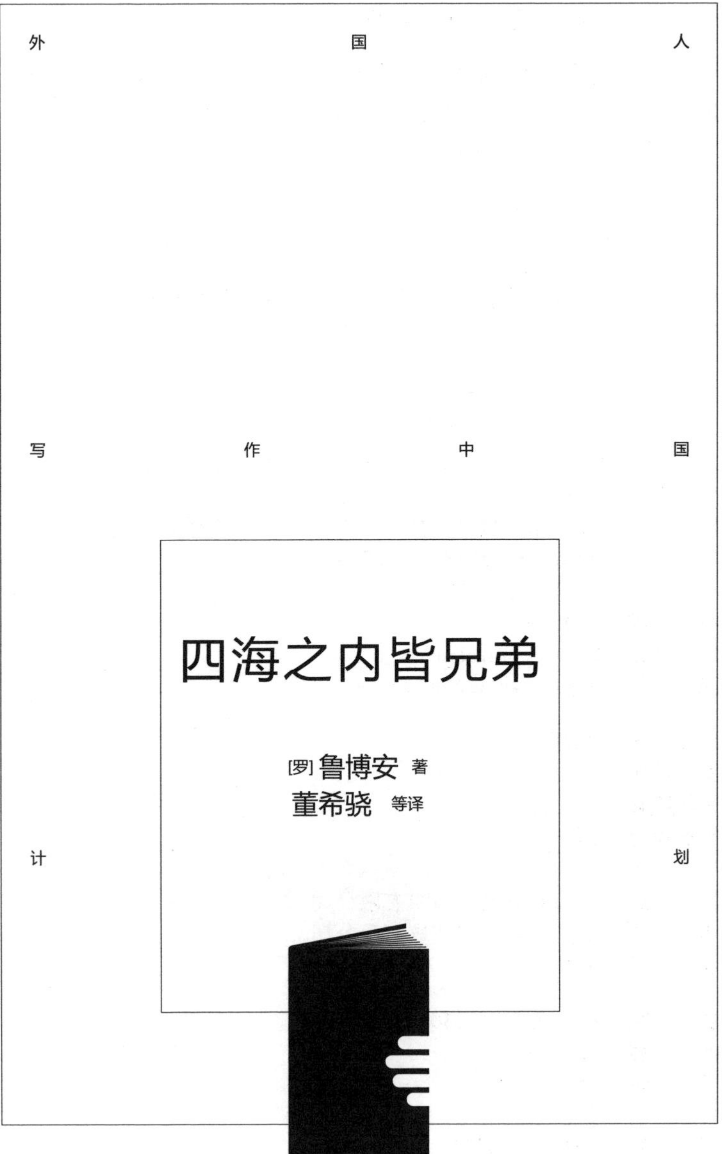

外国人写作中国计划

四海之内皆兄弟

[罗] 鲁博安 著
董希骁 等译

中国出版集团
中译出版社

图书在版编目（CIP）数据

四海之内皆兄弟 /（罗）鲁博安（Constantin Lupeanu）著；董希骁，徐台杰，张万旭译．—北京：中译出版社，2020.1

ISBN 978-7-5001-6020-5

Ⅰ. ①四… Ⅱ. ①鲁…②董…③徐…④张… Ⅲ. ①鲁博安(Constantin Lupeanu) - 自传 Ⅳ. ① K835.425.81

中国版本图书馆 CIP 数据核字 (2019) 第 175489 号

出版发行 / 中译出版社
地　　址 / 北京市西城区车公庄大街甲 4 号物华大厦 6 层
电　　话 / (010) 68005858, 68358224（编辑部）
传　　真 / (010) 68357870
邮　　编 / 100044
电子邮箱 / book@ctph.com.cn
网　　址 / http：// www.ctph.com.cn

出 版 人 / 张高里
策划编辑 / 刘永淳　范　伟
责任编辑 / 范　伟　张若琳
封面设计 / 潘　峰

排　　版 / 北京竹页文化传媒有限公司
印　　刷 / 北京顶佳世纪印刷有限公司
经　　销 / 新华书店

规　　格 / 880 毫米 ×1230 毫米　1/32
印　　张 / 13.25
字　　数 / 250 千字
版　　次 / 2020 年 1 月第一版
印　　次 / 2020 年 1 月第一次

ISBN 978-7-5001-6020-5　定价：**98.00** 元

全球化已经成为现代生活的重要概念和理论，用一句话来表述就是：四海之内皆兄弟……

目　录

第一章

学徒抵京

本书的写作动机和缘由

我与中国的缘分

罗马尼亚驻华使馆的建立和历任大使名单

1968 年 5 月 24 日抵华后的第一印象

与大使和其他使馆人员的关系

首次造访中国外交部

1971 年的高层访问

对中国的最初认识

应北京中译出版社之约，我开始动笔写这本书。我不知能否完成这项工作，因为耳边总有个声音在说：这不是我的风格，与我的习惯不符，我的想象力可能会被束缚，无法自由驰骋。行文过程中，我可能会无法真实记录自己的思想，或者会想，我为什么会想写这本书呢？

有一次，和中国作家、出版家们共进晚餐时，我谈起了一件与郭沫若有关的往事，他是二十世纪一位闻名遐迩的学者。除此之外，我还谈到了多年以前的一些事情，那时候的中国，可以说还处于一个革命浪漫主义时期，那时的我，在外交界和汉学界是一个彻头彻尾的新人，特别是对于自己刚刚涉足的这个国度，完全处于懵懂状态。作为一名在北京生活了近二十年的外交官，我的经历引起了中译出版社社长张高里的兴趣。在一起晚餐并品尝了罗马尼亚葡萄酒之后，他提出要和我签一份合同，因为他们社里刚刚推出了一套丛书，包括旅华外国人的传记和外国人笔下的中国故事。

当时，我刚刚以文化使者的身份再次回到中国的首都，出任北京罗马尼亚文化中心主任。我勉为其难地接受了这个任务。签约后，一个月很快过去了，然后是一年、两年。期间，我曾面临很多次挑战，也曾无数次想要放弃。我能做到有始有终吗？最终的书稿能令我满意吗？不得而知。我给这本书暂拟了一个书名——《四海之内皆兄弟》。书名出自《论语》，是一部系统记录孔子及其门下亲传弟子言论的文集，在孔子去世后半个世纪左右后成书。当有人哀叹他人都有兄弟，自己却孑然一身时，孔子最杰出的弟子之一——子夏便劝解到，应该注重自身的德行，从而成为一个高尚的人。他认为，君子和人交往时，只要态度恭谨而合乎礼节，那么四海之内到处都是兄弟。君子何须为没有兄弟而烦恼呢?

无论身处何方，君子总能遇到真正的好兄弟。在一个社群中，在这个被称作地球的星球上，所有人都有可能成为兄弟，无论他们属于哪个种族，拥有怎样的肤色。我曾在欧洲、亚洲和美洲生活过，任何地方都有温和的人强硬的人，有热情的人冷漠的人、有勤劳的人有懒惰的人、有杰出的人有平庸的人。人总是有好有坏，无论出生或生活在哪一方土地，四海之内都可以找到兄弟。

当我答应写这本书的时候，并没想到会这么困难。我希望让它鲜活起来，拥有生命力，最害怕的莫过于写成一本流水账，只是事件的堆积和对事实的苍白陈述。现在我知道原因了，因为我之前在使馆工作的都是罗马尼亚人，只有一位中国雇员，他的办公室还在大门口，和我们的办公区是隔开的。我们的办公室在一幢雅致的别墅里，他从不进去。他每天的工作包括联络中方机构、起草照会，并为大使和我们这些外交官翻译讲稿和其他文件。有时我们好几天都不见面，只通过内线电话联络。

我们和中国人只有官方往来，他们都在与我们经常联系的机构中工作，包括政府和中央部委。我作为新闻和文化随员，有机会造访各大报社。由于经常去外地进行所谓的工作访问和调研，或者为代表团担任罗汉双语翻译，我与一些人接触较为频繁，并参加了一些联合举办的活动，从而加深了相互了解，发现了一些共同感兴趣的文化领域。我说不清自己是否交到了朋友。作为一名外交官，即使常驻在一个友好的社会主义国家，即使从事的是文化交流工作，也很难将已有的接触进一步深化。一切仍停留在官方层面。我们在官方层面拓宽了对话范围，我能做到的仅此而已。

二十世纪九十年代开始，中国实行了对外开放政策。在我看来，如果没记错的话，1978 年 12 月中国领导人举行的会议标志着中国进入改革开放新时期。

1941 年 8 月 4 日，在一个骄阳似火的日子里，我出生在古老的奥尔特尼亚（Oltenia）王国，现在属于罗马尼亚。很久以前，这是一块躁动不安的土地，被称为立图阿（Litua）国。到处都是低矮的丘陵，河流一到夏季就断流，山上长着茂密的山毛榉。首都叫阿尔齐纳（Arcina），就是今天的特尔古—日乌（Târgu-Jiu），日乌（Jiu）河那时候则被称为拉本（Rhabon）河。那时候，这个国家先后由两个能征善战的兄弟统治：哥哥名叫利托沃伊（Litovoi，1240—1278 在位），弟弟名叫博尔巴特（Bărbat，1279—? 不详）。根据我们家族世代流传的说法，卢佩亚努（Lupeanu）家族源自利托沃伊大公的一支。换言之，我是立图阿国的王子！是土生土长的达契亚人（daci）。我的祖先最早是阿尔齐纳（或特尔古—日乌）地区的葛特—达契亚人（geto-daci），那里生活着佩楞达瓦（Pelendava，今克拉约瓦 Craiova）地区的佩尔人（peli）、苏奇达瓦（Sucidava，今科拉比亚

Corabia）的苏克人（suci）、布里达瓦（Buridava，今斯拉蒂纳 Slatina）的布尔人（Buri），此外还有来自德瓦（Deva）、辛吉达瓦（Singidava）、萨尔吉达瓦（Sargidava）、皮洛波里达瓦（Piroboridava）等地的其他达契亚人或凯尔特人（Celți）部落。

我和我的族人自古以来就生活在这片土地上，那时候我们甚至还没有自己的名字。距今三五千年或七八千年前，我们创造了属于自己的文化，现在被称为库库特尼（Cucuteni）文化、利萨亚（Lisaia）文化、哈曼吉亚（Hamangia）文化和特尔特里亚（Tărtări）文化，其他地方还有一些至今未被发掘的文化遗址。上万年来，罗马尼亚大地上到处都是这些具有延续性的文明遗迹，蔚为大观。

公元 106—271 年，罗马殖民者和达契亚人共同生活在一起。据说罗马第五军团——马其顿军团，以及第十三军团——双子军团的部分老兵在这里驻扎过。而达契亚的南部，数百年来一直是各游牧民族通往欧洲的走廊。但克拉约瓦以北二十多千米处的穆尔伽什（Murgași）镇坐落在杰摩尔特鲁尤峡谷（Valea Gemărtăluiului）中，两边的丘陵至今丛林密布，也许从未或很少被那些游牧部落袭扰过。

1941 年我出生的时候，妈妈正在核桃谷（Valea Nucilor）劳作，那时候我家在那里有半公顷土地，需要雇人来割麦子。按照古老的传统，她得用柳条编的篮子装着一大早做好的食物，徒步走两三千米去给地里的雇农送午饭。后来，我曾不止一次见过她送饭的样子。衣着高贵、步履轻盈，就像当今在 T

形台上走秀的模特。她的背脊和脖子保持在一条直线上，脑袋顶上垫着一个用拧紧的毛巾或抹布做成的垫圈，上面放着一篮沉甸甸的干粮。只有一气儿走到终点，她才会停下脚步，像骆驼一样跪下来。你们见过骆驼下跪的样子吧？走到地头，她就会跪下来，双手托起篮子，脑袋往后一撤，然后小心翼翼、四平八稳地把篮子放下来，不让一滴汤水从罐子里洒到洁白的餐巾上。那时候妈妈才二十三岁，她头上顶着篮子，肚里怀着孩子，得打起双倍的精神。等雇农们吃完饭休息的时候，她会把碗碟收拾起来，然后和他们一起劳作，给他们鼓劲加油，从不像在布加勒斯特走街串巷的商人之妇那样，给人高高在上的感觉。还没收割完一小垄麦地，产前阵痛就开始了。炎炎烈日和她辛勤的劳作让我决定在一个星期一降临人世。我差一点儿就在一片刚刚收割下来的新鲜秸秆上呱呱坠地！最终，他们找到了一个赶大车的人，还通知了村里的接生婆，我才得以在正常条件下出生在家里。所以说，从我来到人世间的第一天起就有两个家：一个在村子里，另一个则在核桃谷中。这一切难道是有所预示吗？

我这辈子一直都有两个家：一个家在罗马尼亚的穆尔伽什、克拉约瓦、布加勒斯特，另一个家则在中国北京。我不知道来自遥远天国的仙女们给了我怎样的祝福，我想，也许中国就是她们给我的礼物。她们注定我要有两个家，其中一个一直在中国。我先后在北京的东交民巷、外交大楼、秀水街、日坛东路、朝阳门银河 SOHO 工作和居住过。我会一直在这里，还是会到别的地方去，目前不得而知。我现在写的这本书，可以说有一半是对往昔的回忆，另一半则是演绎。因为，如果我们接受双重定位法，认为一个人可以同时居住在两个地方的话，那么他的一生既可以是一个单独的故事，也可以是两个平行的故事。

无意识间，我从很小的时候就准备和中国打交道了。我小时候念书很不错，由于记忆力极佳，上课对我而言就是一种娱乐，放学的时候所有教学内容都已牢记在心了。我现在还能把喀尔巴阡山脉上的山峰一个不落地背出来，从东北部开始依次是瓦什峰（Oaş）、古特伊峰（Gutâi）、茨布莱什峰（Ţibleş）……一直到阿普赛尼山（Apuseni）为止。为了训练自己的记忆力，我把比我大四岁的姐姐的课本上的诗歌都背了下来。我有过目不忘的本事。在我还不认字的时候，就能在姐姐努察背诵作业的时候把诗歌背下来，并且把它们所在的页码一同记下来。我会随便拿出一本书来，翻到某一页递给大人们，让他们看我背上面的诗。我的父母乐不可支，都为我感到骄傲，并不停地在亲戚、邻居、神甫面前夸我。我不知道这一切是不是在为后来掌握汉字而做准备。在我的记忆中，有很多诸如此类的片段。

说到这儿，我想起了一件事。有一回，我父亲的一个熟人想在我们家投宿一晚。他曾经是个工厂主，生产油料和葵花子酥糖。1948 年实行国有化后，他被认定为剥削阶级。我不知道他逃离自己家有多久了，也许在别人家躲藏过一段时间，但是如果没法逃出国的话，最终还是会被交出去的。一天中午，他从丹谷（Valea lui Dan）出发，穿过田野，出现在我们家的院子里。妈妈给了他一间很棒的房间，紧挨着马路，正好没人住。

显然，妈妈又跟客人说起过她的天才儿子。“听着，我会给你一首诗，你得在明天之前背下来。能行吗？”“能行！”我满怀信心地答道。

他到来的当天晚上，就激起了我的雄心。

那人翻开书，让我背乔治·考什布克（George Coşbuc）的诗《妈妈》。

河流在河床上奔腾
一路咆哮而去，
暮霭中的杨树
久久地哀号。
河岸上的小径纵横交织
通向磨坊——
那里，妈妈
看见你在一座小房子里……

这首诗我以前没见过，很长，我花了好长时间去背，不过最终还是降服了它。那首诗有八个叠加的段落，所以实际上有十六段，总共六十四句。第二天，那人告辞之前，我给他背了这首诗。让我意外的是，他好像很不高兴，并没有像其他人那样跟我一起乐呵，甚至连笑脸都没给一个。

“太棒了！”说完，他扭头扫视了一下那间屋子，感谢主人收留后就告辞了！

后来我才明白，那人当时身无分文，所有财产都被当局没收了，他内心怀着深深的恐惧，害怕会被抓到监狱里，然后可能被俄国人送到西伯利亚去。

那次表演让我的自信心爆棚，不再强迫自己千方百计地做快速记忆。那时我才七八岁，还没有意识到可以通过特定的练习来增强记忆力。后来，到小学五年级的时候，我的罗语老师让我针对尼古拉 · 博尔切斯库（Nicolae Bălcescu）的历史书写一篇论文，内容是关于勇敢的米哈伊大公（Mihaiu Vodă Viteazul）统治下的罗马尼亚人的。她很喜欢我的论文，并鼓励我把书中的某些片段背下来，特别是阿列库 · 鲁索（Alecu Russo）的罗马尼亚赞歌。遗憾的是，那位老师只教了我们一个学期就调到其他地方去了，否则我会有更大的收获。

现在回想起来，除了记忆力之外，要学好汉语还得有一对灵敏的耳朵。汉语有四个声调，如果没有极佳的听力，根本分辨不出它们之间的差别，听不懂别人对你说什么，自己的发音也会千篇一律，让中国人以为你在说鸟语。

在我的随笔《走进中国》（Sport-Turism 出版社，1975）中，我记录了一件因中文发音而引发的趣事，为此我不得不大费口舌向小说家马林 · 普雷达（Marin Preda）解释。那时他去越南访问，途经北京的时候拜会了使馆，并表示想参观故宫。当时罗马尼亚使馆就在市中心，离北京饭店、天安门广场和故宫仅有几百米。使馆的人并没有当回事，我敢肯定，他们甚至都没听说过这位青年作家的名字。我告诉他，要先去天安门广场，故宫就在广场北侧。如果找不到，就记住故宫的汉语发音是“cu-cun”，后面带个鼻音，第一个字是第四声，第二个字是第一声。马林 · 普雷达来到广场后，就通过转述这两个发音向路人问路。由于他的发音不准确，而且缺乏上下文的关联，把路人给吓坏了。因为在汉语里，“gugong”的发音还可以写成“雇工”，表示“我要雇用长工”的意思，吓得路人避之唯恐不及。

我拥有敏锐的听力、天马行空的想象力和过目不忘的记忆力，这些都是掌握汉语的必备条件。这门语言不仅有声调，还有艰涩无比的书写方式。小时候，我曾说长大后要当一个乐手。也许从事与音乐相关的职业也是个很不错的选择！

刚上高中的时候，我经常光顾一座名叫 ARLUS 的图书馆。它位于布加勒斯特俄罗斯教堂的右配楼里，后来教堂被拆掉的时候，这座图书馆也随之消失了。我在那里看到一首题为《黄鹤楼闻笛》的唐诗，那部中国诗集是 1939 年由诗人斯塔马提亚德（Alexandru Teodor Maria Stamatiad）① 的德文转译的。就是这本书决定了我的人生道路，召唤着我去学习中国语言和文化。我是

① 1885—1956，罗马尼亚象征主义诗人、小说家、评论家、翻译家，被克里内斯库（G. Călinescu）认为是最受马切东斯基（Alexandru Machedonski）青睐的作家。

那么喜欢那些诗歌，忍不住问自己：

“用汉语念起来应该是什么样的呢？学习汉语怎么样？可行吗？在哪儿能学？怎么学？”

那时我还不知道大学里能学汉语。实际上，中国语言文学专业是后来才由第一批留学中国的罗马尼亚学生创立的。在我看来，1958 年第一批在北京完成学业，从中文系毕业的几个罗马尼亚人简直是上帝的宠儿。各种好的职位任其挑选，就像拿破仑大帝的亲属们可以随意在欧洲出任高官一样。他们中一个去了外交部、一个去了党中央、一个去了外贸部、一个去了罗马尼亚杂志社汉语部，最幸运的一位女士名叫托尼 · 拉迪安（Toni Radian）被分配到了教育部，和一位被派遣到布加勒斯特工作两三年的中国教师一起，负责布加勒斯特大学的中国语言文学课程。1959 年开始招收第一届学生，到 1961 年就扩充成了两个班。1961 年，通过全国性选拔，从六十五名候选人中录取了五名学生，他们分别是：阿弗朗 · 阿马利里（Avram Amarili）、古噶 · 米哈耶拉（Guga Mihaela）、路桑德拉 · 马林内斯库（Ruxandra Marinescu）、乔治 · 提姆库（George Timcu）和康斯坦丁 · 鲁贝亚努（Constantin Lupeanu）[①]。除此之外，由于内务部没有分到中国培养的留学生，所以他们派了一个受信任的军官来和我们一起脱产学习，名叫阿波斯托尔 · 特呐萨凯（Apostol Tănăsache）。不过学了几个月后，这位脱产干部就逃之夭

① 译者注：即本书作者鲁博安。

天，转专业去学了意大利语。汉语实在太难了！

1968 年 5 月 24 日，我第一次踏上了中国的土地。

罗马尼亚驻华使馆是 1950 年开馆的。1949 年 10 月 1 日宣布中华人民共和国成立后没多久，两国就建立了外交关系。根据我们从外交官、诗人、孜孜不倦的档案研究者尼古拉·斯坦库（Nicolae Stancu）那里得到的信息，早在 1949 年 10 月 3 日，时任罗马尼亚外长安娜·罗宾森·波克尔（Ana Robinsohn Pauker）就通过电报承认了中国的新政权。

10 月 5 日，中华人民共和国中央人民政府外交部部长周恩来回电表示，中华人民共和国中央人民政府热忱欢迎立即建立中华人民共和国与罗马尼亚人民共和国之间的外交关系，并决定互派外交代表。

中方在 1949 年 10 月 5 日回电的日期被认为是罗中正式建交的日期。继苏联和保加利亚人民共和国之后，罗马尼亚成为第三个与新中国建交的国家。如今，中国已成为全球最重要的国家之一。

新中国迫切需要国际支持。罗马尼亚首任驻华大使特奥多尔·鲁登科（Teodor Rudenco）曾担任罗共中央文化部部长，于 1950 年 3 月 5 日抵京赴任。同年 8 月，中国驻罗大使王幼平赴布加勒斯特就任。1950 年 3 月 11 日，鲁登科大使向中华人民共和国中央人民政府主席毛泽东递交了国书。1952 年 11 月，鲁登科大使完成了自己的第一个任期，五年后的 1957 年 11 月，他再次担任驻华大使，直至 1959 年 1 月被召回国内。

给鲁登科大使打前站的是巴维尔·希拉德（Pavel Silard），他于1950年1月以参赞的身份来到北京，持有1950年1月5日发放的第445号罗马尼亚护照。1月23日，他获得了苏联的过境签证，并于1月30日从温格内（Ungheni）口岸出境进入苏联。2月7日，他在莫斯科获得了第779号中国签证，于2月16日从奥特波尔（Otpor），也就是今天的后贝加尔斯克（Zabaykalsk）离开苏联。

我认识希拉德是在1974年。当时他担任亚洲司的副司长，这也是他退休前的最后一个职位。他是个沉默寡言的人，眼光总是停留在过去，而且不容辩驳。那时候，外交部经常组织提升外语能力的免费课程，我被自动分到了俄语班。因为他知道，20世纪50年代的中国北京说俄语的人比较多。但随着时间的推移，情况是会变化的。鉴于两个社会主义大国之间的关系正在发生根本性的改变，外交使团也应该更为多元化。我请求希拉德把我分到英语班，但他根本听不进去。作为在那个年代成长起来的干部，年纪轻轻就当了参赞，之后又被任命为大使，他已经习惯于按部就班，不理解任何出格的想法。他又高又瘦，脸很尖，目光阴沉，不苟言笑——我从没见他笑过。我没有听他的，直接去向组织课程的人解释。最终，亚历山德列斯库（Alexandrecu）女士对我的请求表示理解。她是位很聪明的女士，同时也是法语教师，身材娇小，体态婀娜，嘴唇圆润，胸部匀称。

“为什么不呢？我看看该怎么做。”她一边安慰着我，一边打开报名表，用一支黑铅笔把我的名字从俄语班画掉，又用铅笔把我的名字填到英语班，也就是阿尔卡拉伊（Alcalay）老师的班上。

“解决了！”

我和阿尔卡拉伊女士相处得棒极了！我曾不止一次地问她，出生于书香门第是怎样一种体验，因为她的祖辈曾经营过列奥·阿尔卡拉伊大学书店，它位于维多利亚大街和伊丽莎白大街的拐角上。我从网上查到，列奥·阿尔卡拉伊（Leon Alcalay, 1847—1920）最早是在维多利亚大街靠售卖两架子图书起家的。1883 年，他在大道酒店的底商开设了一家集书店和文具店为一体的商店，还创立了一家出版社。1899 年，他收购了《所有人的图书馆》杂志，从第 179 期开始发刊。杂志的编委都是罗马尼亚文化界家喻户晓的人物，如瓦西里·德美特利乌斯（Vasile Demetrius）、布勒特斯库—沃伊内什蒂（Al. Brătescu-Voinești）、弗拉胡策（Vlahuță）、卡拉迦列（Caragiale）等。

1940 年，列奥·阿尔卡拉伊的后人把书店卖给了雷姆斯·齐奥弗雷克（Remus Cioflec）。1949 年之前，《所有人的图书馆》杂志一直归 Socec 出版社管理，1950 改归文艺出版社管辖。

《所有人的图书馆》这本杂志创刊于 1895 年 3 月 1 日，其宗旨如下：只要我们的民族存在于世，《所有人的图书馆》都将竭力捍卫并照亮人们的心灵、激发人们的善意、宣扬对他人的爱心。阿尔卡拉伊大学书店出版社在该社出版的所有书籍的扉页上都印着一段发人深省且振奋人心的话：

年轻人，不要鄙视故事，更不要鄙视诗歌，即使你自认能写出更好的故事和诗歌。原因有三：首先，你不应对自己的能力过于自信；其次，没有任何一种劳动的报偿比写作更低了——这是最无私的劳动；最后，没有任何东西能像故事和诗歌那样，跨越时间的界限永世流传。如果你无法尽可能多地从阅读诗歌中受益，哪怕是片刻的欢愉，那么那些比你更聪敏、更高贵的人就会获得更多。你知道罗马和雅典给后人留下了什么吗？只有文学和艺术。

在高中时期，我还经常能找到一些旧书和杂志，对它们来者不拒。后来，我隔三岔五就去买书，书目则来自密涅瓦出版社出版的《所有人的图书馆》。在阿尔卡拉伊老师身上，我仿佛看到了一排排书籍，感受到了罗马尼亚现代文化的魅力。

一批有着真才实学的大使被先后派遣到罗马尼亚驻华使馆，中国可不是个无足轻重的国家。那时候的罗马尼亚大使都是人脉广阔的党内积极分子，一些人还和乔罗尤（Cioroiu）、乔治乌德治（Nicolae Gheorghiu）等国家领导人关系密切。尼古拉·齐奥塞斯库（Ceaușescu）也派出了自己的心腹，首推奥雷尔·杜马（Aurel Duma）。他们曾经在罗共中央和罗马尼亚共青团中央共事过，在罗马尼亚社会主义时期的后半段，齐奥塞斯库通过他使罗中关系迅速升温，到二十世纪七十年代中期，各领域合作关系都得到了全面发展。

奥雷尔·杜马之后担任驻华大使的依次是工会领导人出身的尼古拉·加弗里雷斯库（Nicolae Gavrilescu）、前财政部长弗洛雷亚·杜米特雷斯库（Florea Dumitrescu）、拥有留美经历的前农业部长安杰洛·米库列斯库（Angelo Miculescu）。1989 年之后，罗明（Romulus Ioan Budura）被推上了大使的位置，他曾是第一批被派往北京学习汉语的学生。接替他的是外交部国务秘书维尔吉尔·康斯坦丁内斯库（Virgil Constantinescu），然后是外交部著名的礼宾专家，曾担任礼宾司司长的约安·敦卡（Ioan Donca）。短短三年后，从韩国调来的维奥雷尔·伊丝蒂乔亚－布杜拉（Viorel Isticioaia-Budura）继任。他本人也是一位汉学家，是罗明的女婿。1975 年他和罗明的女儿在使馆结婚，时任大使加弗里雷斯库担任证婚人。

下面将历任罗马尼亚驻华外交大使简要罗列一下：

特奥多尔·鲁登科（1950 年 3 月）、雅克布·科佐韦亚努（Iacob Coțoveanu, 1952 年 12 月）、尼古拉·乔罗尤（1956 年 6 月）、特奥多尔·鲁登科（1957 年 11 月）、巴尔布·查哈列斯库（Barbu Zaharescu, 1959 年 2 月）、杜米特鲁·杰奥尔久（Dumitru Gheorghiu，1961 年 9 月）、奥雷尔·杜马（1966 年 4 月）、尼古拉·加弗里雷斯库（1972 年 1 月）、弗洛雷亚·杜米特雷斯库（1978 年 7 月）、安杰洛·米库列斯库（1983 年）、罗明（1990 年 8 月）、维尔吉尔·康斯坦丁内斯库（1996 年 3 月）、约安·敦卡（1999 年 4 月）、维奥雷尔·伊丝蒂乔亚－布杜拉（2002 年 11 月）。和他们相比，其他人就显得无足轻重了。比方说，弗洛雷亚·杜米特雷斯库和安杰洛·米库列斯库在被任命为驻华大使之前，就已经担任过部长等要职。

坐落在北京市中心的罗马尼亚驻华大使馆在我看来并没有什么了不起的。它在同一侧有两扇朝南的大门，都对着大街，东侧有一扇，西侧还有一扇。区别在于，那扇大一些的门从里面锁住了，只有在使馆组织招待会或举办大规模宴请的时候才会打开。宾客的汽车可以从西门进东门出，否则就没有地方掉头了。门口有一座两个房间的小房子，一间是门卫室，另一间则是中国译员的办公室。

中国译员应先生，当时为了响应中央晚生晚育的号召，还没成家。我到北京的时候，他已经在使馆工作了好几年，也学了几句罗语，可以和使馆的行政人员简单交流。大家都很尊重他，甚至很喜欢他，只有司机的老婆伯勒(Bâlă)对他十分不满。她每次遇到我都会请求我转告那位翻译，不要在院子里大声叫她的名字。因为受母语的影响，他不会发浊辅音 b，而是发成清辅音 p。同理，因为汉语里不存在元音 â，他就发成了 u[①]。也许是因为他听别人开玩笑时这么叫过，也可能是命中注定的讽刺。总之，当她的丈夫离任回国的时候，伯勒女士高兴坏了！

我和应先生曾长期共事，我的第一个中文名字——鲁贝亚努，就是他的手笔："鲁"是中国古代一个非常出名的诸侯国；"贝"是贝壳的意思；"亚"表示第二或亚洲；"努"则是努力的

① 罗语中 pulă 是男性生殖器的俗称。

意思。大使或其他外交官想要访问中方机构的话，都需要通过他来组织和协调。我和其他说中文的同事也经常与他合作，一起为新闻媒体和官员翻译文本或大使在双边活动上的讲话。我手里拿着罗文稿逐句口译，他边听边重复，同时进行修改。听不懂的时候，我就会用英文再解释一遍。然后，他把译文用心地记录下来，力求让所有人都能看懂。写完后，他还会把那些既准确又典雅，而且符合礼宾规范的文本用标准的普通话给我念一遍。那时中国还没有打字机，全靠手写，必须尽量写得规整漂亮。转眼半个世纪过去了！在我眼中，应先生就是中国古代文学作品中谦谦君子的化身。尽管我们曾长期共事，惺惺相惜，但并没有更深一步的友谊。他从不参与罗马尼亚人的聚会，出于谦逊，甚至连招待会也不出席。在我的记忆中，他从未参加过使馆组织的旅游。当然，在那个动荡的年代，发展个人友谊显然是不合时宜的。但作为译员，我认为之后无出其右者。在使馆共事的 4 年时间里，我的身份是外交官，他是使馆的译员和中文秘书，未能有机会深入了解彼此。我们之间仿佛有一道万里长城阻隔着，但无论如何，他谦逊守礼、温文尔雅的气质都值得我铭记。

一进使馆的院子，就能看到一条通往楼后的小路。那里原先是一位荷兰工厂主的马厩，经过整修后成了使馆勤杂工的宿舍。使馆大楼非常宽敞，外交官们的办公室、大使官邸和武官处都在里面，经商处则在东城区的一条胡同里。大楼一层有三四个大厅，用于接待各国外交官来访、会晤中方官员，或者举行宴会和招待会。要从外面进入大楼的话，要先登上几级台阶才能走进正门。门厅有四平方米见方，一边摆放着挂衣架和镜子。穿过门厅就到了一个狭长的房间里，左边的大厅平时很少用，但是把靠左的几扇门推开后，就能和里面的大厅连在一起，变成一个又长又宽的场所，罗马尼亚使馆人员在那里开全体会议或组织年终聚会。右边的两扇门背后各有一个接待厅，其中一间的后面还连着一间更大的房间。把门、屏风和帘幕都打开之后，所有房间都可以连通起来，构成一间巨大的招待大厅，它的尽头则是厨房和库房。这里是使馆的礼宾区域。我们平时不走正门，而是绕过这栋巨大的建筑，从后门进出。走进那扇原本为仆工设计的小门，就到了武官处，那是两间很简朴的屋子。要去楼上的话，得爬上一道乏善可陈的螺旋形木楼梯，经常会发出骇人的吱吱嘎嘎声。楼梯的半道夹层处悬着一个小屋子，那里曾经是机要室。楼上，在武官处的正上方是技术科、密码室和发报间。再往上到三层就到顶了，那里是译电员和专业技术人员的宿舍，任何使馆都少不了这些人员。二层正对着技术科的地方，走廊右边还有两间办公室。走廊尽头是一个很长的大厅，里面摆着几张皮制的长沙发。奥雷尔·杜马大使喜欢坐在那里抽雪茄。我刚到北京工作的那几年，总能闻到浓郁的雪茄味。其中有很贵的品牌，也有很一般的，完全取决于他能买到什么样的货色。杜马大使不但抽雪茄，还抽烟斗。

他常对我说："我还抽过用报纸卷的玉米缨子呢，鲁博安，你知道那时候是啥样的吗？！”说完还自夸道：“我就是个穷孩子出身，在荒郊野地里长大。你看，我啥问题都没有，身体棒棒的！”

大使的个子很矮小，他从政没有凭借任何外力，照样取得了人生的成功。

楼上的这间大厅连着一道华丽的楼梯，可以通到一层的使馆正门。大厅另一头是某位参赞的办公室，他通常是大使的左膀右臂。楼梯正上方的门通往秘书办公室。右边是宽敞的大使办公室，内部装饰豪华，窗子正对着花园和使馆正门。屋子里摆放的都是巨大的老式家具，其中一部分是荷兰房主离开中国时舍弃不要的，另一部分则是专门定制的。大使的办公桌又宽又大，前面还摆着一张稍矮一些的长桌，两侧各能摆放六把椅子，供访客使用，但更多时候我们这些外交官坐在那里汇报工作或听大使布置任务。

大使办公室的对门是外交官们日常办公的地方，再穿过一道门，就是大使阁下的官邸。我从没进去过，也从没受到过邀请，所以无缘得见。

据说官邸内部装饰十分雅致，是首任驻华大使鲁登科亲自设计的，他是专业建筑师出身。所有的大厅和办公室都是他组织装修和布置的，亲自构思并设计家具样式后交给一家中国家具厂定制。

院子的左半部平淡无奇。沿着西边的高墙是一条沥青小路，墙外有一座废弃的天主教堂，已经关闭好几十年了，旁边还有一所小学。再往里走，在使馆门卫、司机和清洁女工宿舍的后面，则是法国图书馆。使馆大楼东侧的院子则被精心打理过，里面还有个很大的凉亭，亭子中央支着乒乓球桌。一个露台从使馆大楼东侧延伸出来，夏天的时候经常在露台上举行聚会，每年 8 月 23 日（当时的罗马尼亚国庆日）还会在那里举办招待会。

刚才我提到过第一间办公室的主人，也就是那位应先生。其实在我来之前，使馆还有一位从南方城市——上海来的中国厨师。我刚到使馆那几年，厨师已经换成西点师瓦西里·拉科维奇（Vasile Lacovici）了，不过仍然流传着那个中国厨师的故事。据说他在使馆工作的五六年时间里生了五六个孩子。他每年都在中国人举国欢度的节日——春节，也就是阴历新年假期的时候回趟家，在那里待上两三个礼拜，回到这里后逢人就说：

——我又有了个孩子！

——嘿，怎么可能？你是在北京生活啊，不是在上海！

——哎，去年我回家了，九个月后我孩子就出生了！

——明年你家还会添一口人吗？

——对，对！我老婆还会生的……

所谓使馆，就是一座在别国领土上建立的要塞。

我大学毕业后被分配到了外交部，一年后通过考试获得了外交随员的职衔，被派往北京常驻。希拉德、贝泽里安

(Bezerian) 等人的好日子一去不复返了，他们当年直接就被任命为参赞了！

1947 年 12 月 30 日，罗马尼亚人民共和国宣告成立。国王于 1948 年 1 月 3 日退位，乘坐专列离开了罗马尼亚。

1947 年 12 月 30 日，安娜•波克尔 (Ana Pauker) 任命外交部长。当时，无论在罗马尼亚国内还是在国际上，她都是公认的铁娘子。她是典型的罗共干部，坚信共产主义，对斯大林推崇有加。外交部长期处于她的领导下，直至 1952 年 7 月 9 日，她才被清除出去。

被任命为外长后，安娜 · 波克尔立即开始培植自己的亲信，其中不仅包括副部长和司局长，还包括所有拥有外交官身份的公务员。他们从全国各地被征调上来，马上拿到了外交部的工作证，很清楚自己该走什么路线该干什么活。有些懂外语的人担任着领导职务，另一些人不懂任何外语，没上过或没上完大学，忠诚和服从是他们仅有的基本素质。自从那天早晨米哈伊一世国王 (Regele Mihai I) 被废黜并流亡海外之后，罗马尼亚的职业外交官们就再未能踏入外交部的大门。所有证件都被更换过了！他们茫然地站在大街上，部里的职务、岗位、办公室都被那些秘密培植起来的人员接管了。

安娜 · 波克尔手下的副部长有爱德华 · 梅津切斯库 (Eduard Mezincescu)、乔治 · 普列奥蒂亚萨 (Grigore Preoteasa)、尼古拉 · 乔洛尤 (Nicolae Cioroiu)；我认识的司局长有米尔恰 · 伯勒内斯库 (Mircea Bălănescu)、巴西尔 · 谢尔班 (Basil Şerban)、安娜 · 托马 (Ana Toma)、

尼古·谢尔班（Nicu Şerban）、彼得·约瑟夫（Petre Iosif）、迪奥尼西耶·约内斯库（Dionisie Ionescu）、柯尔尼留·博格丹（Corneliu Bogdan）、克拉拉·阿尔德列亚努（Clara Ardeleanu），此外还有一位知名人物——干部司司长伊达·菲利克斯（Ida Felix）。很遗憾我没有在伊达手下工作过。据说她是个很丑的女人，对那些不听话的人极其恶劣。她选人用人有一套自己的标准。她会把你叫过去，对你说："你下礼拜到华沙去，去收拾行李吧！"或者"你们俩认识，结个婚怎么样？"那两个被同时叫过去的人完全没搞明白是怎么回事，正不知所措、哭笑不得的时候，伊达就发话了："好了，出去吧！我等着你们拿结婚证来……"有些通过这种方式组建的家庭还挺和美的。

1971 年是罗中双边关系实现飞跃的一年。当年 6 月 1 日至 9 日，罗马尼亚社会主义共和国主席、罗共中央总书记尼古拉·齐奥塞斯库对中国进行了国事访问。这次访问对罗中关系的影响一直延续到 1989 年 12 月。

中国领导人眼中的齐奥塞斯库是一位能干、睿智、极具胆略的政治家。据说在很多年前，当中苏关系开始破裂的时候，乔治乌－德治（Gheorghe Gheorghiu-Dej）曾试图在这两个社会主义大国间进行调停。他派出一个罗马尼亚代表团先后访问了莫斯科和北京，力求维护团结，希望不要将治党和治国方面的意见分歧公之于众，而是通过中苏两国领导人层面的磋商来解决。在与毛泽东主席的会晤中，罗共代表团的领导埃米尔·波德纳拉希（Emil Bodnăraş）和扬·格奥尔基·毛雷尔（Ion Gheorghe Maurer）

被毛泽东富有哲理的宣言震惊了：

“公开论战，第一条不死人，第二条天不会塌下来，第三条山上的草木照样长，第四条河里的鱼照样游，第五条女同志照样生孩子。”毛泽东提出的“百花齐放，百家争鸣”的想法来自中国古代，他知道这些争论是有利于发展和进步的。

就在罗共领导人不知如何回应时，位居代表团末席，坐在谈判桌尽头的尼古拉·齐奥塞斯库凭借着奥尔特尼亚人的机敏发话了：“停几个月不发表论战文章，天也不会塌下来，妇女也照样生孩子。几个月时间应该是能够等待的，你们是很有经验的，很有耐心的。”

毛泽东吃惊地看了他很久，目光中似乎带着一丝欣赏，然后问代表团团长：“这位同志是谁？”

“齐奥塞斯库同志是位很有前途的年轻干部。”回答可能是诸如此类的话。

1971 年的时候，那位曾经和毛泽东当面对话的人以一国领导人的身份再次访问中国，开始在世界社会主义大家庭中展现罗马尼亚的独立和主权。

我当时担任使馆的新闻和文化参赞，那时的说法叫新闻专员或文化专员。下面我将回忆一件不为人知，从未公开发表过的往事。在代表团来访前几天，我们从罗马尼亚外交部收到了将在人民大会堂举办的两场招待会上的讲话稿：其中一场由中方在 6 月 1 日举办，另一场则是罗马尼亚代表团从外地返回后，由罗方在 6 月 8 日举办。我负责将讲话稿翻译成中文。起草讲话稿的有两个人：其中一位是斯特凡·安德烈（Ștefan Andrei），他后来成了罗共中央对外联络部部长，著名的吉泽拉·沃什（Ghizela Vas）的副手；另一位则是罗共中央宣传部的康斯坦丁·米特亚（Constantin Mitea），他后来当上了罗共喉舌《火花报》的主编。

我当时已经把讲话稿翻译成了中文，由于不用担任随团翻译，所以很轻松，就等着访问结束了。一直到1989年，官方译员一直是汉学家扬·道洛班楚（Ion Dorobanțu）和欧夫罗西纳·道洛班楚（Eufrosina Dorobanțu）夫妇。我记得很清楚，6月8日早晨，我正在悠闲地把《人民日报》上一篇有关阶级斗争的社评翻译成罗语。苏联人很喜欢阶级斗争理论，但在罗马尼亚几乎快被人忘记了。那几年中国还在坚持这一理论，而我的职责就是把新的动向记录下来。大约在十点左右，我接到罗马尼亚大使奥雷尔·杜马的一个电话，通知我使馆的司机要给我送齐奥塞斯库当晚新拟的讲话稿，我必须立刻把它翻译出来。

“你看都不是机打的。你得直接按总书记同志的手稿来翻译。”

“当然，我明白了。”

司机很快就到了使馆，带来一个有钓鱼台国宾馆字样的信封，那是当时用于接待高级别政府官员的国宾馆。打开信封一看，我就明白了。经过一个星期的访问，以及与毛泽东、周恩来的谈判和磋商之后，国内那两人循规蹈矩起草的讲话稿已经不再适用了。齐奥塞斯库是位富有才干且极其聪慧的政治家。尽管他在处理罗马尼亚国内事务时（特别是在其当政的最后几十年间）在某些问题上犯了巨大的错误，但在外交政策方面却游刃有余。也许让他来统治一个大国，会名垂青史的！我仔细阅读了用圆珠笔在一张A3纸上书写的文字，真是太有道理了！这份新的讲话稿不仅代表了他个人，也代表着当时的罗马尼亚！我记得第二天招待会结束后，讲话稿就被刊发了，在北京的外交使团中赢得了高度赞誉。我很快就把稿子翻译完发回去了，因为司机受命要立刻将其带回钓鱼台国宾馆。我至今对自己犯的错误懊恼无比，因为那份齐奥塞斯库用小字密密麻麻写成的手稿是件珍贵的文物，尽管他的文字水平备受诋毁。我本该把它保存下来的，因为在我把它翻译成中文的同时，使馆的打字员已经把原文打下来了。上面的字迹虽然七扭八歪，就像小学低年级学生写的，但内容丰富，政治方向明确，字迹和内容之间的差距真大！

我参加了那天晚上的招待会，并一直仔细观察周恩来脸上的反应，他显然是看过最初的讲话稿的。尽管他是位伟大的外交家，但我还是在他的目光中看到了惊奇。在人民大会堂万人会议厅的幕后，联合声明直至最后一刻才敲定，招待会因此推迟了一个小时。而现在，齐奥塞斯库明确地表达了罗马尼亚的立场，没有任何模棱两可之处！罗马尼亚是一个自由的国家，既不会听命于苏联，也不会听命于中国。

那时，会场的一万个座位上坐的基本都是军人，大会堂成了一个绿色的军营，只有前面几排坐着寥寥几位来自外交部等部委的中国官员，还有罗方、中方和其他国家的记者。我们所有人都在会场上，不知道招待会为何被推迟了，但怀疑是双方的意见出现了分歧。当时气氛很紧张，法新社的记者突然对我们这些罗马尼亚人轻声说道：“弟兄们，能跑就跑吧！”

是个狗仔们开的玩笑，暗讽我们身边的那些军人。尽管他没有身处幕后，但这句话反映了当时所有人以及各大国际通讯社面临的状态。从那时起，罗马尼亚表明了自己的立场，从与中苏两国保持同等距离转变为与中国一起面对世界大国。罗马尼亚赢得了一个真正的伟大的朋友，中国则找到了一个前途无量，却不会对自己俯首帖耳的朋友。齐奥塞斯库在亚洲表明了罗马尼亚的主权，这在国际舞台上是必不可少的。罗马尼亚赢得了尊重和关注。

因为这份宣告罗马尼亚人独立性的文件是我带去的，所以我成了亲自公示这一事件的外交官。乍一看也许没什么，但实际上我已经成了当时状况的讲述者。在二十世纪七八十年代，我还是一名青年外交官，对国际政治事务并不太了解。但每当我去参加招待会的时候，都会成为最受注目的人，从不例外。其他外交官和记者、官员们都会来找我。如果我要打听什么消息的话，也不用大费周章。我只要在会议厅的座位上一落座，就会有人来找我。这就是那个年代的特点。整整二十年，无论走到世界上任何地方，罗马尼亚人都是别人“围攻”的对象。我们之所以受欢迎，是因为在所有国际问题上，罗马尼亚都有自己的立场，从本国的利益出发。其他国家的人总是跑来问我们："您怎么认为？您有何看法？您如何评价？这件事罗马尼亚怎么看？"

大家都知道，罗马尼亚从不人云亦云，从不拾大国的牙慧，因为她总是将自己的利益放在第一位。分析家为什么要在来自东欧或西欧某个中小国家的外交官身上浪费时间呢？只要知道苏联、中国、美国和其他屈指可数的几个国家的立场就足够了，而罗马尼亚就位列其中，其立场举足轻重。从前冷冰冰的世界上哪儿去了？

如果罗马尼亚的对内政策能够体现民意，为这种有利于国家的外交政策提供支持的话，我们可能会见证一个齐奥塞斯库王朝，罗马尼亚领导人和人民融为一体。我们清楚地知道，无论外交政策是某一个人还是某个权力机构集体决定的，想要获得成功就离不开内部因素的支持。不幸的是，罗马尼亚没有人关心自己的内政，去寻找属于自己国家的、原创的、普惠大众的政策。在我看来，正因如此，无论有无外国势力的干预，政治体制都必然发生变革。

通过1971年这次长时间的访问，罗中友谊在平等的基础上奠定了根基。此后开展了各类互访，双边贸易快速增长，罗马尼亚市场很快被优质的中国商品所占据。我们主要向中国出口技术产品，例如柴油机车、机器设备、石油钻井平台，还多年出口钻头（据说罗马尼亚人和美国人生产的此类产品质量最好）、煤矿设备、计算机、黑白电视机以及达契亚牌小汽车。我们在出口故事片方面也取得了巨大的成功。时至今日，老一辈的中国朋友们说起罗马尼亚影片的名字时都如数家珍，它们在中国引发的反响不亚于前些年的《泰坦尼克号》。这些影片包括：《齐波里安·波隆佩斯库》《多瑙河之波》《斯特凡大公》以及关于绿林好汉的系列影片，等等。那不仅对罗马尼亚而言是一笔很棒的文化生意，进口这些影片的中影公司也获得了意想不到的票房收入。

同样在1971年，我开始作为译员，陪同罗马尼亚代表团访问中国各地。我第一次陪的是一个乒乓球代表团，由我国著名的乒乓球女运动员艾拉·康斯坦丁内斯库（Ella Constantinescu）率领。后来又陪同罗军中央大厦歌舞团进行了为期三周的巡演，歌舞团团长是音乐家、指挥家迪努·斯泰利安（Dinu Stelian）将军。随着罗中双边关系取得了实质性的进展，此类团组越来越多，而且随着双边政治关系的发展，我的知识和语言能力也水涨船高。下面，我想说说中华人民共和国外交部在1971年5月组织的一次旅行。

各国外交部都会为常驻该国的外交使团组织各种活动，例如带有政治、经济，特别是文化特色的活动。1971年5月中旬，我正巧赶上中国外交部为各国大使和外交官安排的一次专列旅行，乘坐火车卧铺从北京到广州。由于大使要为罗马尼亚国家首脑6月初的访华做准备，无法参加此次活动。于是，参加旅行的有大使夫人玛利亚·杜马（Maria Duma）、二秘马里乌斯·杰奥尔久（Marius Gheorghiu）夫妇、我和我的夫人，还有来自经济师事务所的经济师克里斯托弗（Cristofor）的夫人，总共六个人。当时给了每个使馆四个名额，但是因为临近那次重要的访问，就多给了罗马尼亚使馆两个名额。那是1966年北京大学贴出那张著名的大字报以来组织的第一次旅行。在那个动荡不安的年代，我还很年轻，因此比我的同事们更能够理解年轻人的热情。他们坚信自己能够制定国策，并为此努力着。主要的方式是乘坐火车去全国各地串联，几百万名顶着红卫兵这一光荣头衔的人涌向天安门广场，等待毛主席在检阅台上亲切地问候他们。1971年，中国外交部看到全国的局势已趋正常化，便毫不犹豫地组织了这次极具反响的外交活动。我们从北京站出发，往返途中访问了郑州、洛阳、武汉、广州等城市及周边地区。我已经记不清具体的访问线路了，也想不起看过哪些名胜，但记忆犹新的是当时轻松的氛围以及与乔冠华副部长率领的外交部随行人员，还有各地接待人员开诚布公的对话。我们深入田间和工厂，看到了工作中的中国人，还和各省、市、乡镇、企业、生产大队的领导们进行了会谈。到处都是开放、期盼合作的氛围，人们都彬彬有礼。

那次旅行令人着迷，让我更好地认识和了解了中国，而我们在玛利亚·杜马夫人的带领下就像一家人一样，甚至忘了自己是从使馆来的了。无论是在火车上还是晚上下榻酒店后，我们都自由自在地谈论各种问题，一起说笑唱歌。大使夫人会唱一些介于民歌和俚曲之间的歌曲。有时她也会被邀请发言，而且能讲得很好。她有在党内工作的经验，其父二十世纪五十年代就是罗共的高官了，那时罗马尼亚刚开始确立共产主义制度。她高中毕业后没有继续念大学，而是成了一名普通公务员。但是退休之后，她马上当选为布加勒斯特某个街道组织的书记，那个组织主要由退休人员和家庭妇女构成。后来，米拉[①]想在广播电台谋职的时候，她还试图帮过我们的忙，因为那时广播电台只录用党员。后来我们放弃了那个职位，当然也放弃了加入罗共的机会。

"家里人来了！"我那时喜欢这样说。

当我们把自己锁在小窝里，米拉就开始整晚整晚地谈论孩子们，这是她的第一要务，也是永久的关切。

"他们现在怎么样了？"她大声问道，然后期待着我给她一个鼓励的眼神。

克劳迪娅·爱莲娜那时不满两岁，而阿德里安·达尼埃尔才九个月，把他们留在北京是个大胆的决定，只是我们俩都想利用那次机会从北到南好好看看中国。在十天的旅途中，我们享受到了最优越的条件，得到了主人们最热心的关照。那次考察不仅仅意味着要派出一个高级别的罗马尼亚代表团，当我看到中方的邀请函上写着"夫妇"两字，就明白是怎么回事了。于是我去找大使，请求他允许我对那次邀请做出完全肯定的回复。

"她能离开孩子们吗？"

"可以的，可以的，大使同志！我和外事人员服务局谈过

---

① Mira Lupeanu，是作者的妻子，女诗人，已亡故。

了，他们说可以再给我派两个阿姨过来。她和我们原来的那个阿姨一起，可以二十四小时看护孩子们。当然，我得付钱给她们！”

“那你小心点，别最后出了什么事又跑到我这儿来抱怨！”

“大使同志，那两个阿姨都上了岁数了，看过儿子和孙子，比我们更明白应该怎么看孩子！我们知道啥啊？我们只是照着从国内买的几本书上写的做，很多时候还得靠中国阿姨教我们。”

大使又嘱咐了我一通，然后就同意了。

那时候手机还没有发明，所以每到一个城市，我们就用酒店的电话和家里联系。我们在火车上度过了很多个日日夜夜，所以只能隔三岔五地和那三位接替少不更事的母亲的中国阿姨联系。我很爱自己的孩子，总是在想他们，祈求上帝保佑他们身体健康。直至今日，当我写下这些话的时候，克劳迪娅·爱莲娜和阿德里安·达尼埃尔的身影就会在我内心深处闪现，我将全部的爱不偏不倚地给了他们俩。米拉则怀着一颗慈母之心，希望一直守在他们身边，把他们抱在怀里。就像老母鸡展开扇子一样的翅膀，将小鸡崽儿护在由爱搭建成的穹顶之下。我接受了这个事实，和她一起谈论孩子们，两人互相鼓励着，相信一切都好得不能再好了。我鼓励米拉，让她要相信阿姨。每当回想起这些事，我都能体会到往昔的快乐和温情。

我记得和马里乌斯·杰奥尔久一起写过一份报告，里面记录了那次访问过的地方，从日程安排到各种琐碎的细节，不一而足，包括到各地政府、厂矿、人民公社的访问。我不知道那份报告是不是发回国内了，应该是发回去了。特别是在即将进行首次高级别访问前夕，那份报告一定会被发到外交部和党中央的。我们用好几页纸来证明中方精心筹备的考察是成功的，它展现了中国当时不容忽视的状况。外交官们凭借自己透过现象看本质的直觉，体会到了秩序、劳动纪律和经济增长，更为重要的是党的领导得以确立。持续多年的经济衰退已经过去了。从那时起，虽然在政治上还会出现一些不可避免的阻滞或彷徨，但中国的安定已经得以巩固，已经恢复了理性，将国家发展和改善生活质量、提高生活水平置于首要位置。一个党的优劣归根结底要通过什么来衡量呢？看它是不是有杰出的领导者吗？还得看它为广大群众做了什么。如果不能让群众的口袋里有更多的钱，不能改变城市和乡村的面貌，不能提升在国际上的影响力，所有意识形态的宣传就都是彻头彻尾的谎言。

我有几十个袖珍笔记本。我曾是一名普通的外交官，他人眼中的我首先是一名译员，我自己也是这么认为的。我的衣兜里总是装着一个小小的日记本和一支圆珠笔，去大使那里听候指示或是陪同罗马尼亚代表团的时候，它们就能派上大用场。现在随手翻开一本，便看到第一页上写着“1974 年 9 月”。那一年出版罗语版《中国画报》和中文版《罗马尼亚》

的杂志社先后在6月和10—11月进行了互访。我以文化和新闻专员的身份，和人民画报社社长兰子安，副总编辑蔡尚雄、编辑黄谷冰和法文翻译张金星一起策划了那次访问。我还记下了一个电话号码：556531转内线4047或4065。《罗马尼亚》杂志中文版的主编阿德里安·里泽亚于1974年10月26日（星期六）抵达北京，日程如下：抵达当天游览城市，晚上18:30在北京烤鸭店举行宴会；10月27日（星期日）赴长城和十三陵参观；10月28日（星期一）在编辑部举行会谈，然后参观工艺品厂和新华印刷厂；10月29日到30日的日程很丰富，包括与中国人民对外友好协会和杂志的读者见面，参观中罗友谊人民公社、清华大学、光学仪器厂、地毯厂、地铁、故宫、琉璃厂，并观赏文艺演出；11月1日，代表团出发赴上海和广州，每个地方停留三天。我在北京和外地全程陪同罗方的主编，来自中方的兰社长和翻译一直陪着我们，不然我真的很难自己搞定。我们从广州开车去参观一个生产大队，那是人民公社的下级单位。那个大队是广袤大地上的一个小村子，仿佛一只在杂草中迷路的羔羊。我们在那里受到了热烈的欢迎。在华南地区，11月初的时候植物还很繁茂，空气也是炙热的。我们穿着长裤、凉鞋和短袖衬衫，衬衫的下摆散在裤腰外面，那时中国人流行这种穿法。我们把车停在一栋传统风格的楼房外面，然后就被请进了会议室。当大队书记开口讲话（方言）的时候，我们感觉像到了另一个世界。我什么都听不懂，只能似是而非地听到有几个词接近中国普通话。我朝中方译员看去，他也无助地看着我，然后又转头看兰先生，他只能去问主人是否有人会说普通话。后来终于找到了一个小伙子，于是大队书记用广东话致辞，那个小伙子把它翻译成普通话，我们的译员再将其译为罗语。而阿德里安·里泽亚的致辞则由我翻译成汉语，再由那个村里的小伙子翻译成广东话。其实那个大队书记在学校也学过普通话，也许他的主业是劳动，而不是语言，所以忘记了。后来，我们慢慢可以相互理解了。他努力想要说正确，而我则需要全神贯注地去听，去猜他想说什么。就这样，我们成了朋友。他请我们去他家做客，尽管日程中并没有这个安排。那是一座用黏土砌的房子，我们奥尔特尼亚人管它叫木格填充结构，有两个房间。其中一间房里有灶台，兼具厨房、会客室和餐厅的功能，另一间则是卧室。他妻子在家，我觉得可能是他刚从地里叫回来的，因为那是一个阳光明媚的温暖的午后。我们坐在小板凳上，面前有几张长方形的桌子，桌椅都是竹子做的。他给我们沏了红茶，茶壶是陶制的，茶杯制作得很精巧，细细长长的，看起来很雅致，桌上灰色的盘子里盛着带壳的花生和一些糖果。主人很高兴我们能到他家做客，他谈起了他自己的生活，说他父母以前穷困潦倒，是社会制度的改变让他们的生活好了起来。他父母以前给当地的高官干活，而他则为自己劳动。那是个个子不太高的男人，但是很壮实，长得很端正。他的眼睛眯缝着，前额很窄，头发理得短短的。他会时不时拍一下巴掌，好像在为自己说的话鼓掌一样。我在回去的路上对兰先生说他有些拘谨，不知道该怎么做，该如何招待才能让我们感觉宾至如归。

“我给你们拿点吃的。”他说完就朝老婆喊了一声。按照中国古老的传统，女人没有和我们坐在一个桌上，而是待在旁边的屋子里，随时听候召唤。那个女人端着一大碗饺子一样的东西来了，还给我们每个人拿来一副碗筷，默默地把它们放在桌上。她面容姣好，只是因为在地里劳作，被晒得有点黑。我喜欢较深的肤色。我向她笑了笑，表达了谢意。她也报以微笑，面庞如同在曙光中盛开的芍药，也许在说“不用谢”。这是中国的客套话，直译过来就是“没必要感谢”的意思。

我仔细端详着她，她长得很漂亮、小巧。虽然个子有点矮，但是五官端正，胸部把夏衫撑得鼓鼓的，臀部曲线修长，略微有些窄，小腿不粗不细，和整个身体十分协调，一双丹凤眼投射出的目光如同黑色的闪电。

那个女人很快又消失不见了，把我们这些男人留在那里吃喝聊天。我尝了尝主人拿来的食物，很好吃，于是鼓动罗马尼亚代表阿德里安·里泽亚也尝一尝。

“我怕不干净。”他偷偷对我说。

“这挺干净的，而且很好吃。”我坚持道。

尽管主人和来自北京的陪同人员不停地劝他，但他还是拒绝了。

“我们回宾馆喝五粮液去，”我说，“那是一种大米酿的酒，有四十来度呢。”

“我不饿，”他说，“我吃几颗糖吧。”

这是个进步。他拿起一颗糖，剥掉糖纸放进嘴里，然后看着那张绿色的糖纸。

“他们连这都知道！”他对我说。

“知道什么？”

“你看看糖纸上写着什么？”

我拿起一颗糖，看见上面用汉字和汉语拼音写着“鸡蛋(jidan)”，表明那种糖是用鸡蛋做的，或成分中含有鸡蛋。“ji”表示“鸡”的意思，“dan”则表示“蛋”，然而对罗马尼亚人而言，“jidan”则是对犹太人的蔑称，用来指讨厌的犹太人。我们在外交部有个犹太同事，当他说某人坏话的时候会说：“嘿，那人不是犹太人，而是个 jidan！”

我俩大笑起来，尴尬的局面被打破了。阿德里安·里泽亚最终没有品尝主人提供的食品，但是我俩的衣兜里被装满了那种鸡蛋糖。这些糖算是拯救了我们。大队书记很高兴我们能去他家里做客，并送了我们很多的糖果。阿德里安·里泽亚后来还把这些糖果带回了罗马尼亚，用糖纸上的拉丁字母和他的朋友们逗乐子！

在广州，我们参观了每年春秋两季举办的广交会，外国人总是对之趋之若鹜。广州市是广东省的省会，距离香港仅一步之遥。在汉语里，香港就是“有香气的港湾”的意思。我至今还保存着一张草图，有人用黑色铅笔在酒店房间的便笺上给我画了从机场到东方宾馆的路线，还把中山路、广交会、瓷器商店、珠江公园、外交商店、老商业街等地标注在上面。

我们在上海下榻的锦江饭店由两栋宏伟的大楼构成，据说是来自四川的富人于二十世纪三十年代修建的。那回我们第一次见识了里面装有灯泡的衣柜，它们不仅可以照明，更主要还有除湿的功能，可以保持衣柜内部干燥，使其不受中国南部湿气的侵蚀。抵达上海后，我请求兰先生允许我邀请两位在上海学习的罗马尼亚留学生来吃个饭，他们在这里学习技术和化工。打了个电话，他们就来了，第二天我们还去参观了他们所在的大学。就是那次，我结识了奥古斯丁·约希沸斯库（Augustin Iosifescu），他很健谈，后来在使馆经商处工作过；另一个留学生在完成学业后回到了自己的家乡——雅西。

访问期间，两家杂志社还决定每年互派译审。双方就工资待遇等问题进行了磋商，包括提供编辑部附近的免费住房，这样每天上下班就不用小汽车了。《中国画报》杂志的罗马尼亚译审要保持清醒的头脑，对稿件中的表述不当之处进行修正，而在布加勒斯特《罗马尼亚》杂志编辑部工作的中方译审也需要做同样的事情。对我们来说，需求并不迫切，因为有柯列然（Clejan）夫人在杂志社工作。她是中国人，是柯列然大夫的第二任妻子。柯列然大夫曾作为志愿医疗队的成员，长期在中国工作。每年互派译审一直持续到二十世纪末这两份杂志停刊为止。

我后来又见过兰社长两次，再往后就杳无音信了。他是个好人，脸上洋溢的温柔甚至能流淌到微胖的身体上。他主意很正，但笑起来像个孩子，让你忍不住想去保护他。他不仅组织了那次访问，还全程陪同。每当我对中国的生活有所疑问，他都会立即给出解释。我很快意识到，他总是认真负责地对待每一个和他接触的人。下面，我想用一个小花絮来结束这段回忆。那是在去南方的飞机上，我看到一个空姐，于是问兰社长她是否漂亮。

"眉毛长得不好看。"他回答道。

我又盯着那位负责联系乘客与飞行员的空姐看了一会儿，觉得他说得很有道理，她的眉毛长得既不像奥尔特尼亚的豚鼠，也不像《诗经》中描绘的那样。

"还有呢？"我接着问。

"不好看，只是年轻罢了。"这是他的回答。

出于好奇，我还想知道更多，便继续向他请教。于是，一直到飞机降落，他都在谈论中国人心中的女性之美。很遗憾，我当时没能把这些内容记下来，只记得一些外部特征，例如面部特点、身材曲线，以及胸部和左右腿的协调能够反映一个女人是否温柔贤淑。如果一个男人不懂这些，那么就注重那个姑娘的心灵好了。谢谢你，我的朋友兰先生！

刚到中国的时候，有三周左右，我一直在等分配给我的三居室公寓。那段时间我和司机莫伊恰努（Moiceanu）合住在一个有四五间屋子的大公寓里。那栋七层公寓楼一共有五个单元，长长的一排紧挨着建国门外大街。北侧还建有五座三层的楼房，每栋楼有两个单元，其中有四分之一供外交人员居住。我刚来北京的时候，中国只和三十多个国家建立了外交关系，其中多数是社会主义国家，还有些亚洲国家以及法国。戴高乐将军和中国建交的决定极具远见卓识，同时也体现了他和美国的对立，那时美国还在中国台湾设有大使馆。如今，这一切都已成往事，美国在中国的首都设立了规模数一数二的大使馆。中国是世界上人口最多的国家，2010 年底已达到 13.3 亿人，并与 171 个国家建立了外交关系，拥有 162 所驻华使馆！早在 1982 年的时候，中国人口就破十亿了。如果我们知道 1949 年 10 月 1 日中华人民共和国成立时毛泽东领导下只有五亿人口，就会发现这是一个巨大的飞跃。1968 年 5 月我首次来华的时候，中国的人口有 7.77 亿，仅北京一地就有超过七百万人。到 2012 年，北京人口约有 206.93 万，而且还在不断增长，相比整个罗马尼亚的人口，只多不少！

我刚到中国时流传着一个关于阿尔巴尼亚的笑话。那是一个人口仅一百万的欧洲国家，也是当时和中国最亲密的国家。据说恩维尔 · 霍查（Enver Hogea）访华期间，毛主席接见了他，并问他旅途是否顺利。

“很顺利，”霍查说，“旅途非常愉快。”

“你们有多少人啊？”毛主席问道。他其实是想知道代表团的人数。

霍查正为阿尔巴尼亚有限的人口而烦恼，于是答道：“一百万，毛泽东同志。”

“好的，”毛主席丝毫没有感到惊讶，“好的。所有人都住下了吧？你还满意吗？”

这个笑话无疑凸显了两国巨大的人口差异。

飞机在这个巨龙之国一降落，我的感觉就好极了。

马克思主义将黄土地染成了红色，我来到了一个红色的国度。不过那时我对政治不怎么感兴趣，我一辈子都这样，现在依然如此。我来中国是因为仰慕她的文化，希望了解她的文明，想要向中国人学习。可以说，所有关于中国的书籍，无论是从各大图书馆还是从朋友那里借的，无论是罗语、法语还是英语的，我都读遍了。其实并没有多少，直至今日，罗马尼亚的图书馆里也没有太多关于中国的书籍。

当时我们使馆坐落于市中心的东交民巷。那里从前是欧洲人居住的社区，离天安门广场不到一千米，使馆后面就是法国图书馆。我上班不久，就很轻易地得到了图书馆的借书证。那年夏天，我频繁地从那里借书，其中有关于中国文化的，也有探案小说和休闲读物，各种书调剂着看。后来我开始从英国大使馆的图书馆借书，再后来，新的中国国家图书馆开放了，那里的书籍真是汗牛充栋。如果说在布加勒斯特，我可以横扫关于中国的图书，在法国、英国驻华使馆的图书馆也可以做到这一点，但中国国家图书馆彻底把我打败了。我在海量的典籍和论著面前缴械投降了，那是一个永不干涸的文化和文明之源，我请来的罗马尼亚史学家们都沉迷其中不能自拔。

1968 年 5 月，在鄂木斯克和伊尔库茨克两次转机之后，伊尔-62 型客机轻巧地降落在北京。我透过椭圆形的舷窗，审视着飞机外面的景色。放眼望去，只见一片大平原，绿色的田垄上有几座小房子。我和米拉站起身，拿着随身行李，沿着座位间的过道向外走去。当接近敞开的舱门时，我们就被一股热浪包围了，仿佛有条火龙向机舱内喷着火焰。我穿着灰色的条纹西服，还系着从莫斯科新买的红领带，汗流浃背。站在舷梯顶端，我看到了航站楼。那是栋很小的建筑，虽然也是楼房，但似乎被炎炎烈日烤趴下了，就像是电影《春风野火》里的火车站一样。铺着沥青的停机坪倒是很大。一道刺目的阳光鞭打着我的眼睛，我连眨了几下才适应过来。旅客们绕过我下了飞机，急于把双脚踩在实地上。飞机停在宽阔的沥青跑道中央，正对着航站楼。我的目光迷失在一片苍茫的原野上，田野是单一的浅灰色，一直延伸到天际，和远处灰白色的山峦轮廓融为一体。已经走下舷梯的旅客急匆匆地向航站楼赶去。他们跟在机场的一位中国工作人员身后，排起了一条弯弯曲曲的长队。

“终于到了！”我听到自己说。我只是在自言自语，宣告着从布加勒斯特开始的两天的行程终于结束了。

“别挡别人的道。”米拉悄悄对我说。

我一只脚踏上舷梯，感到眼中的航站楼变得更小了，仿佛要被四周无尽的原野吞噬掉一样。米拉在下面等我，我拎着沉甸甸的箱子，跟着其他旅客一起往下走。我逐级走下铝制的舷梯，并没有停下来欣赏展现在面前的中国，只看到宽阔的跑道在晨辉下泛着亮光。空气是滚烫的，我感觉自己就像鲁迅那首著名的诗里写的那样，闻到了玉石的味道。

北京首都国际机场到处悬挂着五颜六色的彩旗，这么隆重的欢迎方式让我有点吃惊。后来我才知道，那天还要迎接一架来进行高层访问的总统专机。航站楼的两扇门像一张大嘴，很快就把一大队旅客吞了下去。大厅很宽敞，四周都是座椅，唯有中间是空着的。旅客们被邀请就座。忽然，罗马尼亚驻华大使奥雷尔·杜马走了进来。他以前就认识我，所以径直向我们走了过来，丝毫没有理会在一旁欢呼雀跃的孩子们，看来他对这种表演已经司空见惯了。他向我询问了旅行的情况，以及我作为未来的驻华外交官有何感想。

“祝你们成功！你们肯定会成功的，”他打趣道，“因为罗马尼亚大使亲自到机场迎接你们！”

他实际上是跟随驻华外交使团一起来参加官方活动的，顺道和我们打个招呼而已。不过这是个好兆头！一会儿，使馆总务处处长瓦西里·佩内什（Vasile Peneş）也来了，他请我们坐下后开起了玩笑：“谁都跑不了！从几个月前，他们就把附近学校的孩子们带到这儿来了，让他们唱忠于毛主席的歌曲，读《毛主席语录》。”

“什么语录？”米拉问。

“你看，我就有一本，还是罗语版的！”总务处处长炫耀了起来。他从胸口的衣兜里掏出一本巴掌大小的红宝书来，有两百来页。“如果有人给你们毛主席像章的话，”佩内什大叔（我们后来一直这么叫他）补充道，“千万别拒绝。这是他们最快乐的事！”

不一会儿，来了一队红卫兵，向我们高喊着“热烈欢迎”！

他们并没有带旅客去办入境手续和提取行李，而是邀请客人入座，还端上了滚烫的茉莉花茶。一队小学生从旁边的房子里叽叽喳喳地走进来，开始载歌载舞。

我虽然会中文，但还是听不太清楚歌词唱的是什么，于是小声对米拉说：

“我听不太懂，不过很明显是对毛主席的祝福。他们想向我们展示民意，不是嘛！”

“这茶真好，很烫，大热天喝可以以毒攻毒，”她回答道，“特别解乏。”

我一点儿都没觉得累。向其他旅客看去，他们大多困顿不堪了，还有些紧张，几位上了年纪的女士则昏昏欲睡。大约进行了一刻钟歌舞表演之后，那些可爱的小学生们给我们每人献上了一枚毛主席像章。像章下方并没有写姓名，只有两个烫金的汉字——主席。

我在外交部的时候就认识奥雷尔·杜马大使了。他经常会回国，因为作为罗共中央委员，党的每次全会他都要出席。

他很早就是党内的积极分子了，后来突然被调到了布加勒斯特，升迁到团中央任职。在那里，他结识了后来成为罗共中央总书记和国家首脑的尼古拉·齐奥塞斯库，关系非同一般。他们俩都是贫农子弟，没念过什么书，也没什么文化，但天生具有政治敏锐度，对那些宣传手册可以倒背如流。从政之后，他对背诵讲稿或发表演说驾轻就熟，但一提笔写东西就唉声叹气，仿佛手中的笔有千钧之重。他很快就发现我很能写，于是就把我当成自己的私人秘书和最得力的助手。用中国人的话说，我成了他的左膀右臂。他毫无保留地给了我自由裁度权，所有东西都由我来起草、宣读和定稿：从使馆党务会议上的文件，到信息汇总、涉密电文和报告、贺电，甚至还包括一些家信。

他对我的信任是慢慢建立起来的。当时大使在机场像个陀螺一样忙得团团转，把我们托付给总务处处长后就消失了，来去匆匆。

除了红卫兵之外，周围还有一群十一二岁的女孩，都穿着蓝布制服、白衬衫和长裤，手捧纸花。伴随着颂扬毛主席的歌曲，她们笨拙地跳起舞来。她们都很瘦弱，让演出带上了一缕忧伤。跳完舞，她们又开始朗诵红宝书，接着还齐声唱了起来。因为许久不用，我在大学里学的汉语已经略显生涩了，只能时不时听懂几个词。

“她们在说什么？”米拉问。

“阶级斗争。”我回答道。这个词我听懂了，那年头“阶级斗争”是个流行的字眼。

从二十世纪五十年代起，罗马尼亚就不用这个字眼了，我也不太清楚它到底是什么意思，现在更没人在乎它了。那些瘦弱的姑娘们唱着、跳着、跨着大步，用中国歌舞向外宾展示青年人的热情和理想。我在国内的时候经常看中国报纸，知道很多大学生和中小学生都参加红卫兵或红小兵组织。他们在学校里是一群叛逆的、绿林好汉式的人物，直接听从国家的号召，而不受学校的管束。“原来，就是这样一群人啊。”我自言自语道。我一边用精致的茶杯喝着茶，一边面带微笑欣赏小学生们的即兴表演。

接下来，我们办理了入境手续。因为我持有外交护照，所以很快就办完了，领取行李之后就去了停车场。瓦西里 · 佩内什开来了一辆十座的面包车，所以我们坐得很舒服。从机场到城里有三十千米左右的距离，狭窄的沥青道路上没有几辆车，路边的树后就是稻田了。我如饥似渴地记录着自己看到的一切，魂牵梦萦多年后，我终于踏上了中国的土地，欣喜异常。愉悦的心情、灿烂的阳光，身边还有一位喜欢高谈阔论的总务处处长为我们解说，讲解中国的特点。从神鸟（指飞机）肚子里钻出来，安全抵达北京后，每一步的见闻都让我越来越喜欢这里，包括炙热洁净的空气、低矮的航站楼、蜿蜒曲折的小路、我们所处的空间以及热烈欢迎我们的演出团。

无论是在进城的道路上还是在城里的街道上，我们都要在那些横冲直撞的汽车、摩托车、轻便摩托车和自行车之间穿梭。它们会从四面八方冲出来，不过好在没出什么事，我们也没受什么阻碍。当汽车停在酒店门口时，我长出了一口气。

“这么混乱的路况，你怎么搞定的？”

“同志，他们都是些杂技演员，不过我们更粗鲁。这样开车很吃力，好在他们总能躲开，灵巧地闪避，让你目瞪口呆！”总务处处长说。

“你们住的这家酒店离使馆只有一步之遥，在外事人员服务局给咱们使馆分配舒适的公寓之前，你们就暂住这里。别担心，使馆会出钱的。你看，这是正式照会。”

当我们的汽车在街上狼奔豕突的时候，我不禁回想起了莫斯科宽阔的林荫大道。我用三天时间走遍了莫斯科，有时打出租车，有时乘公共汽车或无轨电车，当景点相距不远的时候，我就选择步行。有时我也会乘坐地铁，一方面是出于好奇，另一方面是觉得它与我们有着内在的关联。为什么呢？因为米拉有个远房表舅沦为战俘之后，整整两年时间都被关在地下挖掘迷宫，而现在莫斯科的地铁就在这座迷宫中穿梭。大家都知道，这里的地铁是战俘修建的！那时候，在地面上，在罗蒙诺索夫大学的小山上，莫斯科的街道像是纯净的血管。我们买了本城市指南，还从国内带了一本《罗俄会话词典》，它帮了我们大忙。游走在莫斯科街头，到处弥漫着米酒和Мороженое（冰激凌）的香味，冰激凌非常实在，像个巨大的拳头。我们用三天时间走遍了莫斯科，而现在，我们又踏上这世界上另一个伟大国家的土地，那就是中国的首都——北京。

“你们感觉如何？”总务处处长向米拉问道，似乎想听到她的心声。

“这一个小时以来的所见所闻真是太新奇了，太让人愉快了！我爱中国！”

“我们都爱中国！”我纠正道，“要我说，我和米拉都很高兴。很高兴能被派到一个这么大，有如此灿烂文明、如此热情人民的国家来常驻。”

“这里的人确实很好客。”

一个男人艰难地骑着辆自行车从我们面前经过，车上驮着一口足有一百千克的活猪，用两道绳子捆在后车架上。

“先别超过他。”我一边请求，一边向前探出身子，好看得清楚一点。

“这猪真乖！”米拉惊叹道。

“他们给它灌了一大口白酒，我们从前宰火鸡前也这么干。”佩内什说，“要知道，中国人可以轻轻松松地用自行车驮任何东西。人口那么多，而且每个人都有工作，他们的机动车总是不够用。看看它们是怎么运送死物和活物的吧，简直是脑洞大开。”

我们跟在那个骑车人后面走了一段，直到面包车被堵在一个路口，那人却在车流中游刃有余，一会儿就无影无踪了。进城之后，路边都是低矮的房屋。我们经过了工人体育场，还有一座同名的体育馆，街道两边开始出现一些四层楼房。当车子驶入建国门外大街后，总务处处长向我们介绍起了这座城市庞大的规模，虽然它的建筑并不出奇：

“这条东西向的马路横贯整座城市，据说有三十千米长。你们想想中国的首都有多大吧。”

“太厉害了！”

“在人口密集的亚洲，他们有着自己的标准。据说早在一千多年前，中国的都城就已经有超过一百万人口了，而且那时候还没有高楼大厦。”佩内什大叔笑道。

瓦西里·佩内什四十来岁，身材高大，风度翩翩，长着一头微微卷曲的黑发，衣着举止都很优雅。他曾在布加勒斯特市中心的雅典娜宫大酒店担任采供部经理，作为行政部门的负责人，他很善于管理司机、门卫、清洁女工和其他所有非外交人员。他对工作的要求非常苛刻，而且以身作则，经常搞突击检查，只有一切都井井有条才不会发脾气。不过，他也时常会给少数民族馆员或行政人员举办聚会。

“我通常会主动买饮料，但他们得自己掏钱买吃的，不然他们会蹬鼻子上脸的。我通过这种方式把他们团结在一起，不让人说三道四。”

经过建国门，我们就进入了老城区。与这条路相交的是王府井商业街，佩内什告诉我们前面几百米就是天安门广场了。

他向我们表示歉意：“如果可以的话，我现在就不带你们去那里了，以后你们有足够的时间慢慢逛。从这儿左转，再走一里路，左手边有一座天主教堂。一里就是半千米的意思，我不用再解释了吧，你俩都是博士，我只能在那些城里走马观花，而且不知道在中国该吃什么的人面前卖弄一下学识。

至于教堂么，现在不开放了，已经关了很多年了，可能会成为一家博物馆！我们在那里左转，咱们使馆就跟教堂挨着。”

我从大老远就看到了教堂的尖顶，一直到二十世纪五十年代它还在为天主教社群服务，主要是外国人和一些皈依基督的中国人。俄罗斯使馆的院子里有一座东正教堂，自从叶利钦上台并轻而易举地改变了世界上第一个共产主义国家——苏联的政治走向后，那里就重新开放了。一个国家有时那么脆弱，用一把弹弓就能摧毁，只是我们大多数人不知道这一点而已！

往左一转，佩内什大叔把车停下了。

“这就是使馆了。”他说，“不过咱们不下车。为你们安排的那家暂住的酒店还要再往前一点儿，就是左手边的新侨饭店。你们走着来上班就行，几分钟就到。”

酒店很不错，用今天的话说够四星级标准，是十年前修建的，看起来还很新。大堂很宽敞很雅致，房间也很大很舒适。我们在那里绝对安全，因为除了普通的安保外，每层楼的楼梯口还有一间用于监视和提供服务的办公室。“这是苏联的做派。”我心想。

我们在酒店里住了一个多月，因为外交大楼里没有空房了，而且外交官不能在城里随意租房住。一开始还很不错，但时间久了弊端就显现出来了，主要是因为缺乏私密性。我们那时才结婚一年，新婚燕尔，居住在一个公共空间里总觉得有点不方便。

我们起先是搬到了一个很大、很舒适的公寓里，大概在五层或六层，和司机莫伊恰努合住。他妻子是使馆的秘书，其实是个打字员，因为她不会说外语，他们俩都是普通工人。在国内的时候，他住在 Nottara 剧院对面的 Eva 大楼里。他们比我俩要年长十岁到十五岁。一开始，他们还有些拘谨，但后来就开始对我们指手画脚，以为自己岁数大，足够给我们当爹了。

“不可能！”我反驳道，态度有些偏激，“我可没有当司机的爹！”

显然，他把我这种非无产阶级的态度报告给了使馆！我只知道我爹是立图阿的王子！司机莫伊恰努怎么可能当我爹呢？

厨师拉科维奇负责给所有人做午饭，不过是要收费的。我们用多层饭盒打饭，有些人会打两份，可以留着晚上吃。我们住酒店的时候可以在两个餐厅里随意用餐，一层是中餐厅，六层则是西餐厅，主打俄罗斯菜系，我在那里吃过最好吃的斯特罗加诺夫鸡。搬家后，我们也去使馆打两份饭，包括汤、主菜、蛋糕或水果。因为厨师是西点师出身，所以他做的甜点备受好评。圣诞夜的时候，米拉央求我去管厨师借烤盘来做甜面包。后来还烤盘的时候，我们给了厨师半个甜面包。他尝过之后，立刻问米拉是不是还需要烤盘，因为他不仅自己做不出，而且是有生以来第一次吃到这么好吃的甜面包。米拉用的配方是她妈妈传给她的，妈妈又是从姥姥那儿学来的。那是个希腊方子，里面糅合了罗马尼亚和达契亚风味！

我们大概和莫伊恰努夫妇合住了两个礼拜。他们表现得很谦逊，但是米拉拒绝和他们走得太近。他们选了间靠近门口的小卧室，说要把主卧和客厅留给我们。他们还提议一起在厨房吃饭，但米拉不愿意。我们让他们自己在厨房吃，我们则在客厅吃。当然，米拉得自己打扫卫生。他们对我们的决定没说什么，但他们对别人是怎么说的我就不知道了！一个周末，我和米拉在院子里打羽毛球，在回房间的时候，叫了半天电梯工也没有应答。我知道那个新来的电梯工是个年轻的造反派，从来都不把工作当回事。我们住在五层，所以我就用羽毛球拍敲打着电梯，电梯工还是没下来。这时，莫伊恰努和他妻子回来了。我让他们等一会儿，可能是电梯工在休息。但他们不想冒犯任何人，所以决定爬楼梯。我一直等着，直到电梯工屈服为止，终于下来了。我问他，是哪儿惹着他了，为什么不给我们开电梯。他说我好几次在五层叫了电梯之后就回家了，让他白跑一趟。我向他解释到，虽然我很年轻，但我是罗马尼亚外交官，是中国人民的朋友，不会做这种事。“我可以发誓。”我说。

“那肯定是另一间公寓里的小孩子干的。”他断言。

“我保证不是我干的。请相信我，我们可以成为朋友。”

我们真的成了朋友，有时候还一起打羽毛球。不过他没在那里干多久，秋天的时候就不见了。接替他的是一个上了岁数的女人。

我没想到的是，那个司机莫伊恰努居然到临时代办那里去打我的小报告，那一阵大使休假了。我不知道他具体是怎么对伊斯特拉特（Istrate）参赞说的，他曾经是格奥尔基·阿波斯托尔（Gheorghe Apostol）[①] 的办公室主任。参赞把我叫去，让我小心点儿。令我意外的是，他没有让我提防中国人，而是让我小心罗马尼亚人。

“你还年轻，得小心点儿。别锋芒太露，当心有人在背后捅刀子！”

这件事我从没跟莫伊恰努提过。对于他和他那样的人，我总是小心翼翼，不让他们知道自己的行动和想法，因为他们总是缺乏理解力或心怀恶意。后来，我们的关系融洽了一点。他也意识到，我可以对使馆的勤杂人员以礼相待，但不可能推心置腹。他跟我说过很多关于他自己和他们家的事，还聊过他的两个儿子。当然，他对我说的话不可能传得满世界都知道！

在北京的第一个夏天，我们在这片神奇的土地上经历着奇迹般的日子。我们住的外交大楼离使馆大约有四千米，使馆有一辆蓝色的面包车，平时我们坐车上下班。司机莫伊恰努在驾驶室等着，显得很不耐烦，他总是早到十分钟。我们先

---

① 格奥尔基·阿波斯托尔（Gheorghe Apostol, 1913—2010），前罗马尼亚社会主义共和国党和国家主要领导人。曾任罗马尼亚工人党中央委员会第一书记，罗马尼亚共产党中央政治执行委员会委员、常设主席团委员，罗马尼亚人民共和国大国民议会主席、罗马尼亚社会主义共和国部长会议第一副主席、国防委员会委员。

进入建国门外大街，那是长安街的延长线。长安街可以通到天安门广场，然后再向西延伸，总长度有几十千米，超出了我们欧洲人的想象。我很喜欢这条街，每天都要从上面过好几趟，只要十到十五分钟就够了。我们周围都是自行车，很少能见到汽车。马路两边都是平房，灰色的墙体和蜿蜒的屋脊显得迷人、神秘又悲凉。很显然，它们是古代留下的遗迹。这些房屋中间夹着一条条小路，它们有个来自蒙文的名字——胡同，仅能供人力车和轿子通行。虽然庭院的大门都敞开着，但我们的视线却被影壁挡住了，这种用来辟邪的墙壁有两米高、三米宽，人们相信它可以保护里面的居民。

作为欧洲的基督徒，我们对此将信将疑，但多年后听到的一个故事却让我们喘不过气来。那时我在新加坡工作，在那里认识了一个印度尼西亚商人，是个海外华人。他邀请我们去他在新加坡修建的酒店做客。那是坐落在市中心的一家现代化的酒店，设施都是五星级的。因为他想去罗马尼亚投资，我就给他找了一些关系。头一次见面的时候，我就发现酒店全住满了。他神秘地微笑着对我说：

“现在，是的，还不错。”

“那就是说头几年的时候这家酒店没那么抢手？”

“开业半年后我头一次做盘点，发现我的酒店岂止是不抢手，客人们只住一两晚就搬走了，旅行社都避着它，手下人甚至劝我追加投资将它改造成一栋办公楼。”

“你没听他的……”

“在一个道教节日上，有人向我引荐了陈大师，他是位风水专家。有天早晨，我就请他过来了，就像邀请您一样。他要求一个人看看，只有酒店的经理远远地在前面给他带路。他在酒店里到处走动，看了几个房间，里里外外都转了一圈。两个小时后，他跟我说第二天会再来。我不知道那天晚上他到底干了啥，但他的办法真的管用了。他对我说，酒店的正门朝着一个招灾引祸的方位。楼宇的使用没问题，只是朝向在风水上犯了忌讳。他让我建了现在这座影壁，还有两根盘龙柱。据他说，这有辟邪的功效。施工完成后，他还来做了一场驱鬼的法事。我更换了所有的装饰材料，短短一个月后，生意就有了起色。他没有收取任何报酬，只是让我三个月后再找他。三个月后，酒店就生意兴隆了。”

车子到东单后，在第一个十字路口左转到台基厂大街，右边则是王府井商业街，就像布加勒斯特的利普斯卡尼大街一样。不过，王府井大街更宽，上面还有无轨电车通行。那时候，沿着台基厂大街依次是中国人民对外友好协会和北京市政府，而在拐角处，从东交民巷进去，就是外交部了。左边原先是奥匈帝国大使馆，后来成了外交官俱乐部，里面有餐厅、网球场和游泳池。

在二十世纪，一直到蒋介石定都南京之前，东交民巷曾经是与中国敌对国家使馆的所在地。这条巷子离紫禁城不远，西延至西交民巷，曾经见证了外国的侵略。在这里，曾经设有西方列强的使馆，曾开办了最早的外资银行，还建有一些商人的别墅。1949 年中国共产党的部队进入北京[①]时，特意选择经过这条交通干道，无疑带有某种象征意义。“文革”期间，这里更名为“反帝路”。就在这条街与台基厂大街交叉的路口，在我们使馆隔壁还有一座天主教堂。

罗马尼亚使馆在一座很大、很坚固的别墅里，历任罗马尼亚大使都对其进行过改扩建，其中有一位曾经是建筑师，但有人认为他只是个木匠。使馆的宁静经常被我们这些年轻人打破，我们会在上班时间偷偷溜出去打几局乒乓球，特别是在大使外出办事的时候。乒乓球桌在一个亭子里，离大使官邸才几步远，我们不止一次被他逮到过。

“你们在干吗，小伙子们？你们没事干了吗？”

我们能说什么呢？只能懊丧地低着头，心中却在暗笑，就像小学生没做作业被抓住一样。

夏天温度和湿度都很高，由于气候恶劣，我们每天只工作六个小时。我不知道时间是怎么过去的。有时我下班后并不着急回家，而是自己一个人或和妻子一起在城里闲逛，到晚上才回去。我们靠一本从法国图书馆借来的旧版北京导览来寻找目的地，从市中心向郊区探索。1968 年 6 月到 9 月是美妙的四个月，我们对这座城市已经了如指掌，可以依次说出如今二环路上每个城门的名字，那条环路以前是北京的护

---

① 此处“北京”应为“北平”。北平 1949 年 1 月解放，同年 9 月更名为北京。——编者注

城河。

有一天在逛天坛的时候，我和一个男人说了几句话。他带着个长得很好看的小男孩，眼睛很灵动，并没有因为我们是外国人而盯着我们看。我问他去八大处怎么走。他告诉我们应该坐几路车，于是我把这些号码都记在小本上。向他致谢后，我们就分开了，但他马上被一群年轻的红卫兵围住了。我怀疑我们刚才的行为越界了，很懊悔向那个人求助。实际上并没有必要这么做，因为我们使馆有个英语翻译，他已经向我解释过应该怎么走了。我祈求上帝，希望那个人别出什么事。我们和很多人说过话，男女老少都有，在问路的时候总能立刻得到帮助。那些说中国人生来冷漠、谨慎、功利的人肯定是别有用心。我很少有机会结识这些来去匆匆的人，也许他们有时只是出于礼貌才帮助你，但结果还是令人满意的。中国人绝不会让你空手而归。而且，就我个人的经验而言，如果你有个中国好朋友，能够尊重他、善待他，在必要的时候帮助他，他就会不惜为你赴汤蹈火。友谊是具有象征意义的，而不是儿戏。如果你真心帮助过一个中国人，经典的回答是："来生做牛做马来报答你！"太有说服力了！

我们是在一天早晨出发去的八大处，到那里的时候已经快中午了，没什么人。有个老人在用玻璃杯卖茶水。我们是坐着面包车去的，一路上口干舌燥。我喝了一杯淡黄色的花茶，很热，很好喝。一问价钱，便宜得令人难以置信。我留给他一元钱，就匆忙离开了。尽管觉得那杯茶其实值更多，但我没敢给他五块钱。不过现在，到 2016 年的时候，这种地方卖的茶水至少十块钱一杯！老人左右看了看，把钱收下了。他不得不收，因为我们早就走远了，否则他不会收下我们这点微薄的心意的。我也不想给他惹麻烦，因为那几年有一场反对收取小费的运动。我其实特别赞成这场运动的，因为小费就是腐败的雏形！

从唐代开始，人们就在北京西郊一些既不高大也不险峻的丘陵上给善男信女们修筑庙宇。如今向游人开放的有八座，其中最古老的已经有一千二百年了。周遭一片寂静，仿佛是在鸿蒙初辟之际。奇怪的是，1968 年的时候中国公园里都没什么草坪，只是间或长着几株铃兰。石子铺的小路有点像马赛克地面，连接着一座座寺庙。光看这些庙宇的名称，就足以让人五体投地：长安寺、灵光寺、大悲寺、香界寺、三山庵、证果寺、龙泉庵、宝珠洞。

入口处并不显眼，只是景点的一座古典式大门而已，看一眼就足矣了。穿过这座平淡无奇的大门后，才能见证奇迹。首先映入眼帘的是一座精致的宝塔，有七层六面，符合佛教中的“六合”之意。墙根下一棵松树破土而出，探出墙去，直冲天际，树荫遮天蔽日。一块山石构成了极佳的观景平台，站在上面就能将整座城市尽收眼底。房屋到处装点着莲纹、“寿”字纹或其他传统图案，让我们流连忘返。此次游览让我们满载而归，而且决定查阅更多文献后再故地重游。我们到中国来，如果不知如何利用我们的时间和格局，只是像游客一样怀着热情走马观花的话，终究会流于平庸，停留在一些粗浅的认识上，例如好看、有趣等等。如今，我们在游览一处历史名胜的时候，无论之前和之后都应该做一些功课。只有这样，我们才会从一些愉悦的感受和模糊的记忆中有所领悟。

扬·格勒恰努（Ion Gălățeanu）是罗马尼亚通讯社（罗通社）派驻北京的记者，居住和办公都在外交大楼的一间大公寓里，有四五个房间。他还有自己的司机、懂英语的秘书和清洁女工，这些人的薪水均由罗通社支付。如果我没记错的话，他的妻子曾经在金属进出口公司从事外贸工作。

奥雷尔·杜马是1966年4月递交的国书，他的使命是加强罗中关系，因为尼古拉·齐奥塞斯库决定与苏联以及其他社会主义阵营的国家划清界限。他成功了！齐奥塞斯库通过1971年的访华，不仅使罗马尼亚成了中国的亲密伙伴，而且并未损害自己在国际舞台上开展政治活动的自由。杜马同年年底回国后被任命为罗共中央书记处书记，这是个为其量身定制的职位，负责掌管党内的财产。在罗共中央内部，他被人称为“大嘴杜马”①，我觉得这种说法不对。他其实是个小心谨慎的人，和我完全不是一路人，恪守着一种我无法认同的人生信条，但他总是能明哲保身。

① 他的名字奥雷尔 Aurel 和罗语单词 aiurea（胡说八道）音近。

“鲁博安，”每当我拿着一条极具价值的突发性政治消息去找他的时候，他总是说，“咱们再等等。”

“那别人就该知道了，大使同志，各大新闻社会把它抢走的。”

“你会发现，我这一辈子可能会因为迟钝而遭人诟病，但从来不会因为犯错而被批评。”

我是1968年5月进的使馆，当时完全是个新手，就像一个学徒终于到了自己向往已久的地方。我对中国的探索，是在极为不利的文化条件下进行的，由于各种公务和嘈杂因素的干扰，只能时断时续。大使是个非常沉稳的人，说话总是慢条斯理、字斟句酌。我后来在读老舍的小说《四世同堂》时，发现他很像书中的主人公。奥雷尔·杜马是一位智者，懂得如何选择对自己最有利的道路。而做到这一点的前提就是不急不躁、明哲保身，这就是其平步青云之道。

他经常抽雪茄，但总是从鼻孔和嘴里同时往外吐烟，就像农家院里烤东西时用的烤炉罩一样。这种罩子下面有一个开口，上面还有两个眼，火舌上冒出的浓烟会从这三个地方同时喷出来。雪茄的烟雾给整栋大楼带来了一丝文艺气息，好像沾染着淤泥的东方小岛上的空气，既令人生厌，又有着不可言喻的吸引力。使馆老楼就这样度过了杜马时代，1976年的唐山大地震后那栋楼被拆除了。烟雾贴着墙壁缓缓下沉，从楼上向楼下延伸，顺着螺旋形的楼梯到达一层，沿走道进入宽敞的大厅。它飘进秘书处，秘书处一头是大使办公室，另一头的办公室则可以通往大使官邸。另一股烟雾向走廊的尽头飘去，在办公室里缠绵一会儿后，沉降到工作人员使用的楼梯上，笼罩着武官处、会议室和图书馆。这些烟雾最终在不知不觉间落到墙壁上，贴在天花板上，消失不见了，但我们依然能够在四周的空气中感受到它，似乎永远不会消散。它给这个地方留下了一丝东方气息，并使之成为标志性元素。它曾经让我开心，也不止一次让我沮丧，还让我了解并喜欢上了自己工作的地方。可以说，它已经成为使馆景观的一部分。当大使回国休假或参加中央会议的时候，烟味就会变淡，那时我就很期待他赶紧回来继续工作。如果现在要我来选择老使馆的标志性元素的话，刺鼻而感伤的雪茄烟味一定能名列前茅。

奥雷尔·杜马身材很瘦小，一双小眼睛炯炯有神，嘴边总是挂着和煦的笑容。因为会说匈牙利语和法语，所以他在外交使团中的人际关系可以延伸到说这两种语言的各国大使身上。他经常打网球，还喜欢去芬兰使馆洗桑拿。他为人谦逊，但有时着急了也会口不择言。我记得有一次在使馆例会上，他就脱稿教育我们这些常驻北京的罗马尼亚人应该在外人面前对其表示尊重。那次会议是我给他备的稿，其实就是给他提供一个参考提纲，并尽量简洁地列明他想表达的意思。在会议召开前几天，他把我叫到了办公室。

“鲁博安，我们要开会了，我想要讨论几个问题。”

“好的，大使同志！”

“你拿几张纸记下来。”

起先，他只是听说过我，并不相信我有能力将他想要传达的信息用优美的语言表述出来，所以总是教我怎么做。他直接用简单的词汇告诉我自己想表达的意思。好几次，他说出来的那些词之间毫无关联。这时他就会用手在空中比划一个圆圈，小声说：“把话说圆了！”

“你听好我想说什么。我把我的意思简要地说出来，然后你来润色。你得写得有头有尾的，明白怎么做吗？”

“我明白，大使同志。我懂。”

“你是执笔者，要注意写法！”

于是他开始说，我记了一会儿，他就有些前言不搭后语了。

“大概就是这个意思。”他说，“你看怎么弄得连贯一些！”

我遵照指令把他的话串了起来，不但有头有尾，还用了党内常用的话语风格，就是我们熟悉的《火花报》上的语言，也是他喜欢的那种调调。试了几次之后，他终于对我有了信任，一切变得顺理成章起来。

就在召开每月党内例会的前几天，外交官俱乐部发生了一件事。虽然我之前为他写好了讲话稿，但这件事让他觉得天要塌了，世界末日要来了，于是决定脱稿发言。那是一个星期天的中午，他去外交官俱乐部吃饭。餐厅里很多桌子前都已经坐了人，其中既有罗马尼亚人，也有外国人。奥雷尔·杜马独自一人走进来，侍者马上给他指了一张空桌，他坐下后便开始点菜。在座的罗马尼亚人都向他点头致意，并轻声问候了一句“Bună ziua！（您好！）”但这远远不够，远远达不到他的期望，完全配不上他的高官身份。于是，他在会上说了这件事。

“你们得站起来。职务最高的那个应该马上到我跟前，把我领到餐桌那儿去，向我做汇报，然后问我是否有什么需要。当你们国家的大使走进餐厅的时候，你们可以熟视无睹，手里拿着杯子，嘴里含着叉子，该吃吃该喝喝吗？！这是什么态度，同志们？”

他继续气急败坏地说着这个话题，全然忘记了会议流程。准备好的讲稿从手里滑落在地，等别人给他捡起来之后，他才突然结束了发言。这对他来说是很不正常的，与我熟知的那个温和谦逊的人全然不同。

“我就说这么多！我会让党支部书记来处理。”

他说完坐了下来，会没开完就提前离场了。之后几天，那些星期天去过外交官俱乐部的人都去向他道歉。后来，这件事渐渐被人忘了。当时有一句流行的口号：人是最宝贵的财富。但是当一个人被当作奴隶对待时，也就显得没那么宝贵了。

据我所知，奥雷尔·杜马大使没有伤害过任何人，尽管有时候说话比较重，态度比较恶劣，但总的来说他还是个善解人意的人。他活了很大岁数。1989年之后，他成了伊利耶·维尔德茨 (Ilie Verdeț) 领导下的罗马尼亚劳动党的成员。

他的夫人玛利亚曾经痛苦了很长时间，不久前刚去世。玛利亚夫人生性乐观，总是精力充沛、乐于助人。她和群众打成一片，从不在意等级尊卑。有一段时间，寄售商店里出现了很多非常廉价的物品，这些物品当时被认为是属于资产阶级的，不应该出现在真正的共产党员家里。寄售商店的主要销售对象是外国人和一些党内要员。我从那里买过两块男式怀表，表壳和表链都是14K金的，还有一块女式金表，不知道它们现在都上哪儿去了。杜马夫人也没能抵御住这些诱惑。于是，使馆的司机受命每天第一时间到使馆周边几个主要的寄售商店去，让人预留那些大使夫人可能感兴趣的值钱的东西。售货员们都认识他，会帮他把那些东西藏到柜台里，等白天杜马夫人过来的时候再摆出来卖给她。这得有多少资产阶级的物件被运回国内杜马家了啊！又有多少能留在他们家呢？大部分肯定都作为礼品送给当时更大的头头儿了。尽管奥雷尔·杜马作为大使在北京还算个大人物，但他还是罗共中央委员，按照党内的层级，还有很多阶梯要爬，而每一层阶梯都得用礼物铺路。

玛利亚·杜马没怎么上过学，尽管据说在罗马尼亚人民共和国成立之初，她父亲曾担任过地区领导。她只接受过基础教育，后来不知上没上函授班。她的行为举止就像个乡下姑娘，毫不矫揉造作，而且言辞朴实、性格开朗、心直口快！她只对我发过一次火。那是1969年的除夕夜，奥雷尔·杜马大使在圣诞节前后回国参加罗共中央全会了，要年后才能回来上班。我在除夕晚会上写了几首打油诗，其中一首的结尾比较突兀：

“别再闹了，

因为杜马同志要回来了！”

她轻易就找到了始作俑者。我是安排门卫来送这些纸条的，因为刚巧有邮包从布加勒斯特送来。她当着大家的面打开了信封，然后就有人把这首打油诗念了出来。

“好吧，嗯，那位同志成了轰鸟的稻草人了！”玛利亚·杜马那天晚上这样警告我。

在高层人士家里，他们就是这样说话的，也许他们所有人在党内都使用这样的称呼，因为党课上就是这样教的。同志关系是第一位的，然后才是夫妻关系以及父母和子女的关系。我不知道他俩晚上躺床上是不是也互称同志，但在公共场合，他们就这样称呼对方：同志，而且不带名字。

“只是首诗而已，杜马同志！和现实毫无关联。”

“怎么会没有关联呢？鲁博安同志，你什么时候能对他直呼其名了？！”

她说得对，我确实玩笑开过火了。

米拉怀孕了，并在1969年9月15日生下了我们第一个孩子——克劳迪娅－爱莲娜，是个如阳光般明媚的女孩。她从小就很讨人喜欢，如今已是一位貌美无双、举止高雅、知书识礼的女士。她生了两个孩子——约尔丹－康斯坦丁（Jordan-Constantin）和西莱纳－尼柯莱（Sireena-Nicole）。男孩是用他祖父和外祖父的名字命名的，女孩则有一个美式的名字，是阿尔塞尼耶·博卡（Arsenie Boca）神甫[①]起的，还结合了她父亲的名字。

整整一年后，1970 年 9 月 2 日，阿德里安-达尼埃尔呱呱坠地，他有一头靓丽的棕发。待产的时候，我们把米拉的妈妈希察（Sița）请来了。生产的过程很艰难，因为胎位不正，他是脑袋朝上的。米拉做了体操才把他转过来，但是他不愿意待在设定好的位置，我们最终不得不选择剖腹产。

这是两个降生在中国北京的罗马尼亚人！小时候，中国人经常夸赞他们漂亮、有才华。他们确实当之无愧：阿德里安-达尼埃尔是作家和医生，曾担任罗马尼亚驻华使馆文化参赞。他的儿子菲利普-加布里埃尔（Filip-Gabriel）出生在 2005 年 5 月 30 日，后来在芳草地小学读书，那里也是他父亲的母校。芳草地的意思是有香气的草地，从前可能确实有过这么一片地方，如今上面高楼密布，到处都是购物中心，里面有很多国际品牌，特别是大牌服装的店铺。

有人说，生命就是一个探索的过程，不断会有新的发现和收获，有得也有失。但最为重要的是，生命是一个需要你去用心体会的瞬间。仿佛你翻山越岭，穿过人迹罕至的森林后，终于捧起一掬纯净的山泉，贪婪地吮吸。这就是我们经历的生命，不仅仅是起起伏伏而已。如果我们的生命不是电光火石般的一个瞬间，那么它又是什么呢？

---

① 阿尔塞尼耶·博卡（Arsenie Boca, 1910—1989），罗马尼亚东正教神学家、美术家，被一些信徒认为是二十世纪最伟大的罗马尼亚忏悔神甫。

在国外工作四年回到了罗马尼亚后，很多人问我为什么没买车，因为几乎所有在国外工作过的人回国时都会带一辆小汽车。

“我买了不止一辆，有两辆呢！”我回答道，“我的汽车名叫阿德里安－达尼埃尔和克劳迪娅－爱莲娜！”

1968 年 6 月初，我去中国外交部拜会，和中国朋友们有了首次接触。那时外交部和罗马尼亚使馆只隔着一条马路，向西走几米就到了。为了表示重视，我是坐车去的，司机开着使馆的车，只用了一分钟时间。我按欧洲的礼仪穿着西服。一位穿凉鞋的女士在门口迎接我，她穿着蓝布长裤和一件没有任何装饰的朴素的白衬衣。那是位非常年轻漂亮的女士，手上没有戴戒指，也没有戴耳环或其他任何首饰。她用罗语向我们问好，我们很爷们地握手。作为会说罗语的外交官，她曾经在布加勒斯特工作过，即将和她的丈夫龚顺之再次常驻罗马尼亚。她叫张文英，后来我们曾多次合作，为不同活动担任翻译并陪同访华的罗马尼亚代表团。我被带到一个贵宾室里，天花板中央有个巨大的吊扇。

那时候空调刚刚问世，还没有进入中国市场。我喜欢湿热的环境，没有风扇也无所谓。苏联东欧司的一位负责人接见了我。他是位副司长，但没有透露姓名。

我用一个带盖的瓷杯喝茶。每隔一会儿，就有一个姑娘走进会见室，用一个足有三升的大暖壶往茶杯里续水。我没太注意那位负责人在说什么，因为我知道套路，没什么新鲜的东西。我就像漫游仙境的爱丽丝一样，四下观望，努力想要记住这个地方的氛围和特点。那是一个长长的屋子，三面都是沙发，地上摆放着几个带木头盖子的痰盂，盖子中间还有个一米长的把手。所谓痰盂就是些上了釉的圆形金属罐子，是供人们吐痰用的。吐痰是一种古老的习惯，也是中医推崇的养生法。器官中的气体，也就是我们今天所说的毒素需要宣发出来，通过打嗝、咳嗽、吐痰、放屁（将肠道中的废气通过肛门排放）等形式从器官中清理出来。现在的文明却要求你在体内留存它们，而不是摆脱它们。从身体中排放毒素是一种自然的行为，中国传统不认为随时随地排放这些毒素有什么不妥的。你可以尽情地打嗝，也可以坦然地往这些礼宾用痰盂中吐痰！我对这种人性的关怀佩服之至！

墙上挂着毛主席肖像和他的题词“学习，学习，再学习！”

这次拜会持续了45分钟左右，我们表达了今后继续合作和见面的意愿。那位年轻的女士一直把我送到门口。

“我们会经常见面的。”她轻声对我说，“我们是译员，需要帮助那些不懂汉语的人，特别是为那些访华的罗马尼亚代表团提供翻译。”

我完全同意。她并不是很乐观，因为她知道，在关系中断几年后，应该重新释放出开展对外交往的信号，尤其是与中国友好的国家。我完全理解这一点，回去后立即向大使做了汇报。他授权我将这一信息报给国内，但不是将其说成一位女士的个人观点，而是当作她受命向我们传递的信号！后来这件事真的实现了。很快，随着中国国内生活的正常化，罗中两国就开始互派代表团了。

第二章
我的祖国

罗马尼亚简介

罗马尼亚文化日

罗马尼亚语日和一点历史知识

罗马尼亚有一位非常受人爱戴的诗人，名叫约安·内尼采斯库（Ioan Nenițescu，1854 年 4 月 11 日生于加拉茨，1901 年 2 月 23 日卒于布泽乌），他写过一首叫《祖国》的诗。后来，图多尔·格奥尔基（Tudor Gheorghe）给这首诗谱了曲，并用其天籁之声演唱。格奥尔基 1945 年 8 月 1 日出生于博达利，是一位来自奥尔特尼亚地区的歌手、作曲家、话剧演员。此处援引一小段：

那里有参天的橡树，
还有橡树般挺拔的儿郎。
他们挺起坚硬的胸脯，
敢于直面死亡。

那里有巨石和高山，
还有勇士如高山般坚强。
他们两鬓斑白，
却仍将国土守望。

那里的人们永远依恋，
祖先打下的边疆。
只有勃发的勇气，
才是所有男儿的勋章。

那里是我的祖国，

生我养我的地方！
那就是罗马尼亚民族，
我愿为她而亡！

那里，在祖国广袤的大地上
随处可见
古老的荣光，
还有白骨累累的战场。

那里有千万座坟茔，
将敌军深深埋葬。
所有奴役我们的企图，
都已成为妄想。

那里是我的祖国，
生我养我的地方！
那就是罗马尼亚民族，
我愿为她而亡！

这首诗里不仅有罗马尼亚的自然风光、祖辈的英勇事迹、历史遗迹，还有埋葬着千万敌军的坟茔，重现了那些异常艰辛却充满英雄气概的时代。末尾的简单重复极具抒情意味，将我的祖国、我的民族、我的生命融为一体。

米哈伊·埃米内斯库（Mihai Eminescu，1850—1889）在赞颂爱国情怀时曾说过“心怀祖国便可众志成城！”

首先，我想说的是罗马尼亚和中国不仅是世界上最美妙的国家，而且存在极大的差异性和互补性。她们都拥有最为悠久的历史，考古发现证明至少七千多年前这些地方就有了生命和文明！您也许会说，她们不是唯一的古老文明，但只有这两个民族始终在同一片土地上，从远古时期一直留存了下来。尽管在那个时候，我们不知道若干年后会被称为罗马尼亚人，但我们创造了库库特尼（Cucuteni）文化等古老文化，就像中国人创造了仰韶文化以及其他许多古老文明。

在今人看来，罗马尼亚的形状就像一个攥紧的拳头：南部的多瑙河缠绕在腕关节上，它的三条支流在三角洲汇集后注入黑海，喀尔巴阡山则横亘在中部。地形从山顶开始逐级下降，山地、丘陵依次排列，一直延伸到富饶的伯勒甘平原、巴纳特平原、特兰西瓦尼亚中部平原、摩尔多瓦东部平原和比萨拉比亚平原。大小河流和密布的森林几乎覆盖了国土面积的三分之一，动植物种类多样。在这里，随处都可能遇见狼，它们是这片土地的主人——达契亚人的守护兽。尽管达契亚文明如今只留下一些木刻，以及高耸的城池和堡垒、神圣的教堂和修道院，但这些风格各异的建筑一直在向人们诉说着我们的故事。

在我的祖国，罗语是全国通行的语言，不存在方言形式。她的自然风光如梦似幻，各地的文化和生活方式虽然在本质上是一致的，却有着不同的表现。

无论外在还是内涵，罗马尼亚都是一个天堂般的国度。那些古老的地名，例如库库特尼、哈曼吉亚（Hamangia）、图尔达什（Turdaş）、特尔特里亚（Tărtăria），都能让我们联想到天堂的样子。

让我们从历史说起吧。

距今数千年前，在喀尔巴阡山东、西、南麓的谷地和多瑙河三角洲，确实存在过一种色雷斯—达契亚文明，那是欧洲最古老的文明（公元前5500年至公元前3500年）。在尼亚姆茨县（Neamţ）的特尔特里亚（位于阿尔巴—尤利亚和奥勒什蒂耶两座城市之间）曾出土过一些陶片和精美的工艺品。这证明，那些住在茅屋中的居民那时已经发明了世界上最古老的文字之一，已经开始了农业、采矿、冶金生产，并拥有了医疗、哲学和宗教。

库库特尼出土的陶器上的图案和纹饰和在特尔特里亚发现的器皿上的十分相似。这是一种高级的文明，当时的人们说着一种原始印欧语，为了抵御原始印欧游牧民族的侵袭，色雷斯—葛特—达契亚人的部落组成了一个庞大的联合体。

以我个人的理解，达契亚文明的血脉就源自对喀尔巴阡山—多瑙河地区文明的沿袭，一些代表人物从中脱颖而出，现代人熟知的包括：宗教层面的扎尔莫克西斯（Zalmoxis）；学术层面的德切内乌（Deceneu），他在达契亚人心中的地位与中国的孔子相当；此外还有众多国王，其中最著名的当属统一了达契亚各部落，真正建立起一个帝国，并让罗马人闻风丧胆的布雷比斯塔（Burebista，公元前82年至公元前44年）。

达契亚人亦称葛特—达契亚人，是伟大的色雷斯民族的一支。当今罗马尼亚的领土正处于古代色雷斯文明的核心地带，正是这一文明孕育了后来的欧洲文明。

达契亚人拥有极为富足的物质文明。他们分为两个阶层：其一是贵族阶层；其二是自耕农和手工业者阶层，但从未实行过奴隶制！

他们拥有天文学、植物学、医学知识，懂得利用药用植物，甚至还能施行外科手术，包括开颅手术。在萨米泽格图萨（Sarmizegetusa，达契亚王国的都城）发现过一整套手术器具，包括手术刀、镊子、储存药物的容器，以及一块用于促进创口愈合的火山灰。还有一些证据可以证明冶铁业在达契亚的发展，达契亚人还能够加工金、银、铜等金属。他们制作的大金手镯至今仍是最受瞩目的文物。

历史学家哈德利安·达伊科维丘（Hadrian Daicoviciu）在《达契亚人》一书中引用了十六世纪哥特史学家约达尼斯（Iordanes）对达契亚民族导师德切内乌的描述：

他善于观察每一个人的情绪，倾听他们的心声，而学生们也天生聪慧。他精通哲学的各个领域，因此能够在每一个分支对他们进行指导。他讲授道德，让他们脱离野蛮愚昧；他讲授物理，让他们尊崇自然规律生活；他讲授逻辑，让他们的智力水平高于其他民族。他还指引他们开展实践，教导他们多行善事，教会他们辨别黄道十二宫、行星的运行轨迹，以及各种各样的天文学奥秘，例如昼夜如何消长、太阳的光轮如何穿越大地，由东向西匆匆滑过、正在接近或远离天顶的346颗星辰分别叫什么名字，应如何标示。你会看到他在和一个人研究天象，和另一个人探讨草木的属性，和这个人研究月亮的盈亏，和那个人一起观察日食，思考天轮上的太阳是如何从东面开始缺损，又从西面得以补全的。

达契亚人的语言是一种印欧语系语言，与伊利里亚语、拉丁语有亲缘关系。

在宗教信仰方面，达契亚人是一神论者，或者说是单一主神论者。换言之，他们可能有一些次要的神灵，但至高无上的神只有一个，即扎尔莫克西斯。他起先是一介凡人，后来像耶稣一样复活并飞升成神，住在达契亚人的圣山——科伽雍山（Kogaion）上。其他神灵有掌管雷电和降雨的戈贝雷齐斯（Gebeleizis）、掌管爱情和生育的月亮女神本迪斯（Bendis）、医神德尔齐斯（Derzis）以及神母科迪欧（Kotio）。科伽雍山是布切奇（Bucegi）山脉中自然形成的一座巨大的神庙，高低错落，共分三层，代表着人类得到神启的三个阶段。

他们相信生命能够在死后得以延续，因此肉体的消亡是一件乐事，而非悲苦之事。他们相信神启和永生，有时候，一个男子会被当作信使送到扎尔莫克西斯那里，向他倾诉日常生活中的苦恼，并寻求帮助。他被抛向空中，然后落在三支矛尖向上的长矛上。如果那个人没有死，就说明他难堪大任，要派另一个人去。有些学者对希罗多德（Herodot）讲述的这个传说故事表示质疑，认为他意有所指。实际上，那个信使本身就是一个经历了三个阶段受神启者。他的死具有象征意义，在接受了第一阶段的神启后，他就从人世间消失了，作为祭司永远留在山顶上为扎尔莫克西斯效劳。

狼是扎尔莫克西斯最钟爱的动物，被认为是智慧、公正、独立的化身。旗帜上绣着的动物长着一个狼头，身子却如龙蛇一般，它是达契亚战士的保护神。当旗帜在风中猎猎招展的时候，会给敌人带来巨大的恐慌。狼是他们的图腾，不仅能够赋予器物神秘的力量，还能够鼓舞军心。

扎尔莫克西斯是一位神话中的君王，既是天神，也是凡人。大约在公元前五百年，达契亚国王名叫卡尔纳本（Charnabon）；公元前三百二十年则是德洛米凯特（Dromichete）；布雷比斯塔在公元前八十二年到公元前四十四年间执政；一直到公元前二十七年，继位的有布雷比斯塔的祭司德切内乌，以及科松（Koson）、迪科梅斯（Dicomes）等人，其中一些人实行过集权统治。公元前二十九年之前，科蒂索（Cotiso）曾是奥尔特尼亚的国王，最后三位国王依次是斯科里罗（Scorilo）、杜拉斯（Duras）和迪乌尔帕内乌斯（Diurpaneus，87—106年），人称德切巴尔（Decebal），据说他面对蛮族可以以一敌十。

达契亚物产丰富，盛产黄金和食盐。达契亚人凭借其战略位置，频繁对多瑙河以南的美西亚省（Moesia）发动劫掠，多次与罗马皇帝图密善（Domitianus）作战，迫使其最终不得不与德切巴尔缔结了和约。罗马新皇图拉真（Traianus）继位后发动了一场十六万人规模的大战，旨在将达契亚变为帝国的一个行省。最后以德切巴尔带着五万兵士撤退，图拉真占领了巴纳特和奥尔特尼亚而告终。在第二场战争中，达契亚人的抵抗被瓦解，城池被摧毁。德切巴尔在败亡途中被罗马骑兵抓获，为了不沦为阶下囚而自戕身亡。德切巴尔的心腹毕齐利斯（Bicilis）出卖了他，向罗马人透露了德切巴尔在萨尔杰奇亚（Sargeția）河底的藏宝之处。

图拉真占领了达契亚领土的三分之一，并宣布成立罗马帝国的行省，分两个地区进行守卫，达契亚王国自此分崩离析。但为什么所有达契亚人，包括那些在罗马帝国疆域之外的三分之二达契亚领土上的人都熟练掌握了拉丁语，至今仍是一个未解之谜。正因为此，今天的罗马尼亚语是一种高度统一的语言，不存在方言形式。

答案可能是，这两种语言之间本来就存在亲缘关系，就像一门语言的两种方言形式。所以，达契亚人没有必要去学习拉丁语，只需借用一些罗马帝国的词汇就足够了。

博格丹·佩特里切伊库·哈斯代乌（Bogdan Petriceicu Hașdeu）曾写过一篇著名的文章——《达契亚人消失了吗》。他指出，色雷斯—达契亚语是一种原始于拉丁语，比拉丁语要早好几千年。拉丁语在公元前 6 世纪才出现。

根据希腊阿陀斯山的文献记载，罗马自身的传统是由特洛伊人奠定的，特洛伊人属于色雷斯人，也就是达契亚人的一支。不过，罗马的奠基者不止一小撮达契亚人，还有那些和埃涅阿斯（Enea）一起逃离特洛伊，流亡到意大利的人，他们将自己的语言也带到了流亡目的地。因此，当图拉真占领达契亚后，他和他手下的罗马人发现达契亚人说着一种和他们一样的语言，而且比他们的语言更纯正。就这样，两个民族轻而易举地融合了。因此，不是罗马尼亚语源自拉丁语，而是恰恰相反，达契亚人教会了意大利人学习拉丁语。

罗马人对达契亚的统治持续了 165 年。271 年，罗马人离开了达契亚，撤到多瑙河以南。然而，由于来自东方和西方游牧民族的侵袭，达契亚人依然处于分崩离析的状态，未能再次实现统一。这些侵袭可以追溯到 3 世纪的蒙古人。

匈奴人越过乌拉尔山，把俄罗斯西南部的哥特人撵到了欧洲。

哥特人和汪达尔人追逐至高卢和西班牙。

西哥特人则越过了意大利、高卢和西班牙，将汪达尔人驱赶到北非。

东哥特人追随着西哥特人的足迹，在意大利定居，匈奴人则紧随哥特人之后，定居在匈牙利。

蒙古人将斯拉夫人（波兰西部和白俄罗斯地区的一些爱好和平的农民）驱逐到了东欧。

西哥特人还将盎格鲁—撒克逊人驱赶到了德国东北部和

不列颠。

这些游牧民族都途经达契亚，特别是从南部的多瑙河谷或喀尔巴阡山北麓穿过。一直到8—9世纪，分散的达契亚人部落才开始组建自己的国家。据历史记载，12—14世纪形成了三个独立的国家：南部的瓦拉几亚、东北部的摩尔多瓦，以及西北部的特兰西瓦尼亚。

1859年1月24日，瓦拉几亚（亦称蒙特尼亚）和摩尔多瓦实现统一，组建了罗马尼亚——这一国名在1866年颁布的《宪法》中得以确定。比萨拉比亚（Basarabia）在1918年3月27日回到祖国的怀抱。1918年对罗马尼亚人而言是值得庆祝的一年，其他罗马尼亚人居住的地区相继回归祖国，实现了罗马尼亚人的大统一，完成了构建大罗马尼亚的梦想。

我们需要记住的是：1918年3月27日，比萨拉比亚回归；11月15日，北部布科维纳回归；12月1日，特兰西瓦尼亚回归。自此，罗马尼亚的人口翻了一番，面积增至29.5641万平方千米。由于“二战”后1947年2月10日在巴黎签订的和约，如今的罗马尼亚只有23.8397万平方千米，比萨拉比亚、北部布科维纳、黑尔泽地区（Herţei）、蛇岛（Insula Şerpilor）、卡德里拉特尔（Cadrilaterul）等地被划归他国。尽管未能恢复古老达契亚的版图，完整的罗马尼亚在二十世纪存在了二十年，所有罗马尼亚人居住的地区都统一到一起。即使在达契亚时代，也有一些罗马尼亚人居住的地区处于邻国的统治下。

罗马尼亚人未曾窃取过任何人的领土。这些罗马尼亚人居住的土地一定会回归，无论这些地方的人们遭受到怎样的强制同化。当永久统一的钟声敲响，他们就会记起自己的祖先是达契亚人和罗马人，最终走向真正的永恒！

十六世纪曾有一些人试图重建达契亚王国，但不幸都以失败告终，这是罗马尼亚人的悲哀！

1529 年，斯特凡大公（Ştefan cel Mare）和拉列什瓦娅（RărEşoaia，1483—1546）之子佩特鲁·拉列什大公将蒙特尼亚大公之位传给自己的女婿弗拉德·温蒂勒（Vlad Vintilă），后者在菲尔迪瓦勒（Feldioara）大捷后占领了特兰西瓦尼亚的一大片地区。尽管他没有宣布成立统一的达契亚公国，但实现了罗马尼亚人三个公国的短暂统一。史学家格里戈雷·乌雷克（Grigore Ureche）在《摩尔多瓦公国编年史》一书中指出，“他确实是善良的斯特凡大公的儿子，因为他和他父亲一模一样。在战争中，他总是很走运，总是能够获胜。他做了很多善事，向一个牧羊人一样看守着自己的国家和领地，做出公正的裁决。他是一个仁慈的统治者，有勇气处理各种事务，言出必行，所有人都知道他勤于治国。”

从 1551 年起，奥地利入侵特兰西瓦尼亚，并占领了五年之久。奥军的统帅是乔瓦尼·巴蒂斯塔·卡斯塔尔多（Giovanni Battista Castaldo，1493−1563）将军，他出生在意大利，因军功卓著获封卡萨诺侯爵。他废黜了摩尔多瓦和蒙特尼亚大公斯特凡·拉列什（Ştefan Rareş）和米尔恰·乔巴努（Mircea Ciobanul），让自己的副手来接替他们，并改国名为完美复兴达契亚（Daciae Restitutori Optimo），这位古老达契亚的统一者还铸造了钱币。后来他离开了罗马尼亚各公国前往米兰，并于1563年在那里逝世。

1595年，特兰西瓦尼亚大公，同性恋者西吉斯蒙德·巴托利（Sigismund Bathory，1573—1613）被哈布斯堡皇帝鲁道夫二世（Rudolf II）封为阿尔迪亚尔、摩尔多瓦和罗马尼亚公国大公。为了实现自己开疆拓土的梦想，他毒杀了摩尔多瓦大公阿隆（Aron Vodă），并与勇敢的米哈伊（Mihai Viteazul，1558—1601）大公签订了宗主协定，并为此铸币。遗憾的是，他在担任了几届特兰西瓦尼大公后，于1596年被迫退位，回到了波西米亚。

1600年，勇敢的米哈伊大公有意识地对达契亚进行重建，他在1599—1601年间依靠自己的力量成为“罗马尼亚公国、阿尔迪亚尔和整个摩尔多瓦公国的大公”。尽管土耳其、波兰、奥地利等列强环伺，但他没有使用任何阴谋诡计，而是纯粹靠手中的军事力量完成了这一壮举。

1601年8月19日，哈布斯堡皇帝鲁道夫二世授命杰奥尔久·巴斯塔（Giorgio Basta）将军派一位名叫雅克（Jacques）的瓦隆军官在图尔达（Turda）附近刺杀了勇敢的米哈伊大公。

关于罗马尼亚应该知道些什么呢？罗马尼亚是一个中等大小的欧洲国家，位于欧洲大陆中部，巴尔干半岛北部，面积23.8397平方千米，人口约两千万，位居全球前五十，欧盟第七。罗马尼亚族占全国总人口的89.5%，信仰东正教。首都布加勒斯特有二百万居民，这座城市名称的来源有两种说法：一种说法较为简单，表示一个名叫布古尔的人的村庄；另一种说法略显深奥，即欢乐（Bucurie）之城。罗马尼亚呈湿润的温带大陆性气候，冬季温和，有时有降雪，夏季炎热，首都和南部地区的温度最高。

几千年来，罗马尼亚人一直以放牧和农耕为生。二十世纪，特别是1950年后，现代化工业得到了长足发展。如今，经济活跃，实行市场经济制度，科学技术发达，农业生产能够满足群众的饮食所需。

罗马尼亚人是世界上最好客的民族之一，有着古老而极具原创性且富含生活哲理的风俗习惯。罗马尼亚人善于发明创造，全球有很多罗马尼亚籍或罗马尼亚裔的发明家。例如：航空精英奥雷尔·弗拉伊库（Aurel Vlaicu）、特拉杨·弗亚（Traian Vuia）、亨利·科安达（Henri Coandă）；控制论之父斯特凡·奥多贝亚（Ştefan Odobeja）；胰岛素的发明者尼古拉·鲍列斯库（Nicolae Paulescu）；约安·坎塔库奇诺（Ioan Cantacuzino）发明了治疗霍乱的药物；安娜·阿斯朗（Ana Aslan）开创了永葆青春的化妆品品牌Gerovital；佩特拉凯·波耶纳鲁（Petrache Poenaru）发明了自来水笔；尼古拉·特斯拉（Nicolae Tesla）也是一位伊斯特洛—罗马尼亚族发明家。

罗马尼亚文化有着深远的影响。

对于一个民族而言，庆祝文化日是其走向文明的标志。在一个尚不完美的世界，罗马尼亚人每年年初都要纪念自己的文化和文明。我们对文化有一种宽泛的理解，包括所有的生活经验、精神产品以及目前达到的发展水平。这些足以让我们感到自豪。罗马尼亚文化不是从今天或昨天才开始的，而是有着古老的传统，从人类源起之时就出现了，和中华文明一样经历了不可胜数的岁月。

罗马尼亚文化日是1月15日，正巧和伟大诗人米哈伊·埃米内斯库的生日是同一天。这个纪念日是由科学院院士尤金·西米翁（Eugen Simion，1933— ）确定的，人们在这一天对罗马尼亚文化进行反思，并对全国性的文化项目进行回顾。每一个民族的文化都包含着长期以来创造的物质和精神产品，如语言、传统、习俗、宏伟建筑、城乡生活、各领域的成果以及价值观。

罗马尼亚文化是几千年前由达契亚人创造的，侧重农耕文化，长期以来口耳相传。具有启示意义的扎尔莫克西斯及其长生不死的传说一直延续至今，近两千年东正教不断丰富着这一文化的内涵。米哈伊·埃米内斯库的诗歌被翻译成全球一百多种语言，传播四方，罗马尼亚文化也随着他的诗句拥有了新的面貌。在中国，他的诗歌有三个译本，此外还有本人1994年在新加坡出版的一个中文译本。

从1521年出现最古老的罗马尼亚语文本到米哈伊·埃米内斯库的时代，一共经历了三百多年。在此期间，罗马尼亚语不断发展完善，一个由农民构成的罗马尼亚民族也涌现出一代又一代的知识分子。各类中小学和高等院校相继建立，教育在农村得到普及，书刊杂志大量出现。斯特凡大公1433年出生于波尔泽什蒂（Borzești），1457—1504年担任摩尔多瓦大公。尽管他在任期间不断与西方说拉丁语的民族和东方说斯拉夫语的民族接触，但他说的依然是罗语。勇敢的米哈伊大公也是一样，作为一位在1600年恢复了达契亚版图，首次实现罗马尼亚人所有公国统一的政治家，说的也是罗语。

他们和其他很多人一起创造了罗马尼亚历史、文化和文明，其中包括大量政治家、外交家、神学家、科学家、地理学家、教授、艺术家，特别是有众多的史学家、哲学家、作家。在平凡的工作中，同样有着千千万万的人，他们的作品共同构建了罗马尼亚文化，那是世界上最丰富、最具原创性的文化之一。

各界泰斗和他们的作品构成了一支霍拉舞，推动着文明从古到今不断发展。在作家乔治·克利内斯库（George Călinescu，1899—1965）看来，我们的文化之所以能保持自身的特点并广为传播，关键在于其深厚的原创性，而且是用罗语表达出来的。正因为此，它才能在罗马尼亚各地流传数千年，好似一道牢固的战线守卫着国土。

这就是罗马尼亚人民，她有着向世界开放的胸怀，与全世界休戚与共。

如何来对我们进行定义呢？罗马尼亚文化有何特点呢？十六世纪早期的编年史家，例如因显而易见的原因备受质疑的迪米特里耶·坎泰米尔（Dimitrie Cantemir，1673—1723），就给出了答案。这里我们可以引用哲学家、逻辑学家阿塔纳塞·若亚（Athanase Joja，1904—1972）的观点，如今在我们身上仍能找到其列举的罗马尼亚人的特点：理性、现实、热爱自然、多伊娜般的多愁善感、浪漫、看透生死、深沉的民族情感、宽容的心态、非凡的接受能力、分寸感和审时度势的能力、拒绝神秘主义。

罗马尼亚文化日是一个让我们真正进行思考，并享受快乐的节日，可以尽情地展现罗马尼亚人杰出的创造力。让我们用诗人乔治·考什布克（George Coşbuc，1866—1918）的诗句来对本节做一个概述吧：

我们一路走来，历经考验，
我们手无寸铁。
只有祖先留下的爱国情怀，
还有神圣的上帝，
是守护我们的盾牌！

第三章
中华大地

中国——国土面积堪比大洲的国家

对中国的简要介绍

我一直认为，地球比人类更为古老。人类是怎么出现的呢？《圣经》上说亚当和夏娃是人类的始祖，鲁迅则说人类是女娲用黏土塑造出来的，她冲他们的头顶上吹了口仙气，他们便有了生命。

中国作为一个大洲般的国度，有着多样的地貌。高大的山脉下是绵延不绝的高原、盆地和广阔肥沃的平原。长江、黄河及其大大小小的支流大多由西向东流淌，注入中国海，最终汇入太平洋。雪域上的喜马拉雅山脉被认为是地球上最年轻的土地，世界最高峰——海拔高达 8844 米的珠穆朗玛峰亦在中国与尼泊尔交界处。

总之，中国有数十座值得我们关注的山脉，各具特色和魅力，如果有勇气攀登的话，每一座都能让我们驻足。我听说过，甚至亲自游览过的有山东的泰山、新疆的天山、安徽的黄山、江西的庐山、四川的峨眉山，等等。除此之外，还有三四十甚至上百个旅游胜地，哪些更值得一游呢？

雪后的中国别有一番风韵。这里的山不像我们那里的山那样，完全被积雪覆盖，而是像一副精美的版画。冬天，它们银装素裹的时间并不长。雪层下的岩石好似厚厚的云朵，上方的天穹则像一个保护罩。有些山峦低矮而温驯，另一些则傲然矗立，如刀剑般刺出大地，凌驾于尘世之上，使人望之目眩。与其他季节相比，冬日的悬崖更为可怖，因为你根本无法分辨崖边的白雪和蓬松的云层。在北方，放眼望去皆是白雪皑皑的群山，让人感受到冬的严酷；南方的雪却是妖娆的，光秃秃的岩石在其装点下变得风流倜傥。当树叶落尽，各式庙宇便显露出来。这些庙宇随处可见，其中有佛寺，有道观，还有用于祭拜先师孔子的文庙。

夏日的群山显得更为亲和，似乎更容易征服。实际上，由于被当作外宾对待，我们很少有机会徒步游览这些名山。我们会被车送到某个寺庙或景点附近，轻轻松松地登上几级台阶就到了山顶最佳的观景位置。也许应该有一位像卡利斯特拉特·霍加什 (Calistrat Hogaș) 那样独具慧眼的诗人带着一只小猫来亲自走上一小段山路，才能用饱含幽默与温情的笔触来把这些山峦描绘出来，让罗马尼亚读者像热爱摩尔多瓦地区的山脉那样喜爱它们。

中国是一个堪比大洲的国度，地貌特征无奇不有，各种地形由东向西呈阶梯状递升。我们可以想象一下，顺着雄伟的三大高原一路向东，就能到达黄海。大约三分之二的国土面积被山地和丘陵占据，平原则分布在太平洋沿岸的海岸线上。全国海拔最高处位于西南部的青藏高原，平均达 4500 米。那是全球最高、最广阔的高原，被誉为“世界屋脊”，也被称为“固体水库”，亚洲的很多大河都发源于此地夏季的冰川融雪。喜马拉雅山是这座高原的最高处，位于中国和尼泊尔边境的珠穆朗玛峰是藏地的圣母峰，高达 8844 米。其他大山还有：昆仑山，高达 5000—7000 米，从帕米尔高原绵延 2500 多千米，直达四川盆地；天山也不乏 7000 米以上的高峰，此处丘壑纵横，甚至能找到中国地势最低的地方，位于海平面以下 154

米；喀喇昆仑山在突厥语里是“黑水”的意思，越过这座高山，地势便陡降至1000—2000米，构成了中国阶梯状地形的第二级，向西北和西南两个方向延伸，直至中缅、中越边境。此处有三大高原和三大盆地，黄河流域被称为中华文明的摇篮，一些游牧部落也在文明光辉的映照下崛起。中国西北部的塔里木盆地位于天山的沟壑间，是地球上最广阔的盆地。太行山环绕着第二大台地，这一山脉的最高点位于小五台山，平均海拔2500米。这些大山之外是辽阔的平原地区，海拔通常在500米以下，土壤肥沃、气候宜人、人口密集，四周是低矮的山丘，主要包括华北平原、长江中下游平原、珠江平原。此外，专家们还会提到一直延伸到大洋中，位于海平面以下200米左右，由河流中的泥沙冲击而成的大陆架。每年从黄河流域流失的泥沙就多达数十亿吨。

中华大洲水网纵横，大小河流湖泊总数达1500多，其中包括6条大江大河，370个湖泊，以及众多人工开凿的运河和水库。

中国的海岸线长达1.8万千米。如果算上太平洋西部渤海、黄海、东海、南海水域中的诸多岛屿，海岸线长度可达2万千米。

中国的气候总体上属于季风性气候，夏季炎热潮湿，冬季寒冷干燥。由于幅员辽阔，各地的气候存在显著差异。沿海地区四季分明；西北部干燥少雨，昼夜温差极大；东南部则受太平洋的影响，湿润多雨，温差并不显著。温度由北向南、自西向东递升。值得一提的是天国般的昆明市，那里的气温常年保持在25摄氏度的水平。

中国的自然资源同样极为丰富。

境内的物种包括1150种鸟类、400种哺乳动物、420种爬行动物和两栖动物，其中最为著名的当数大熊猫。

土壤和气候的多样性导致了植物的多样性。如果我们沿着地形逐级向下，可以依次看到因严寒而植被稀少的荒漠、草原、大陆性植被、亚热带植被和茂密的森林。据统计，中国大约有3.2万种高等植物，其中包括2800种乔木和无数的药用植物，它们构成了中华传统医学的宝库。

中国储有地球上所有种类的矿藏，主要有石油、铁、有色金属、硫、磷、盐和石膏。

这片广袤土地上的财富属于56个民族，汉族是中国人口最多的民族，占总人口的94%。

文明是人类创造的，是其基于环境创造出来的，因此我们认为有必要将地理、气候、自然资源等因素考虑在内。人类历史证明，当生存条件极端恶劣或极端优越时，文明发展的进程就会变得迟缓。起先，是环境主导着人类，但是当人类群体构建出文明的轮廓后，环境因素的作用就受到越来越多的限制，逐渐衰退。与此同时，环境也可以促进人类知识的产生和发展。人们根据自身的需求进行自我塑造，不断提升其科技能力。

中国科学家认为，人类的发祥地集中在亚洲南部，位于由肯尼亚的特南堡（Fort Ternan）、印度北部的哈利达良卡（Harita Lyangar）和中国云南省小龙潭构成的三角区域内。围绕这个三角地带分布着更新世的人类化石，并向欧洲（瓦隆内洞穴 Grotte du Vallonnet 和布久雷什蒂 Bugiulești）、南非（塔翁 Taung）、华中（河套地区）、印度尼西亚群岛（桑吉兰 Sangiran）延伸，形成一个四边形。

中国盛产化石，这些化石充分证明在一百多万年前的石器时代，中国就有史前人类存在。此类考古成果中最为重要的是 1927 年在首都北京附近的周口店发现的古人类化石。距今 40 万—50 万年前的北京猿人具有人类的基本特征，例如直立行走和使用火，在地下 40 多米深处还发现了大量简单的工具。在云南元谋、陕西蓝田等地同样发现了古老的猿人化石。几乎在中国所有省份，考古学家都发现过远古时期的遗迹。所有这些考古发现证明远古时期曾存在过多个发展水平不一的文化发源地，分别被称为北方文化、南方文化、长城沿线文化、西北方文化、东北方文化，等等。如果想象有贯穿南北、东西的两条直线的话，那么这两条直线交会之处显然都有人类文明的发祥地。相关地域不仅具有发达的技术条件和组织水平，还拥有肥沃的土地和便于砍伐的森林。西安—洛阳—开封一线属于黄河流域文明，其出现时间晚于底格里斯河和幼发拉底河之间的美索不达米亚文明。从社会组织形态看，公元前 5000 年至公元前 3000 年的仰韶文化具有母系氏族特点，龙山文化则是宗族文化的代表。仰韶文化时期有几十人到一百多人规模的村落，成员间无贫富分化，实行一种怀柔而非暴力的领导方式。当时的人们依靠农耕（种植旱地作物粟，后来从长江以南引进了水稻）、渔猎和采集野果生活。他们不但活着的时候有居所，还知道埋葬死者。驯化的家畜和家禽有猪、狗、鸡、牛等，包括制陶在内的手工制作已经十分普遍。龙山文化属于旧石器时代晚期，当时仍使用石制工具，但已经出现了青铜器。墓葬不再像母系氏族时代那样整齐划一，而是远离村庄且有着大小不同的规制，这表明已经出现了阶级分化。人们挖掘水井，并开始建造城池，证明已有战争出现。群葬墓的发现证明当时离蛮荒时期并不遥远。

原始公社晚期，黄河流域出现了很多部落。古老的甲骨文记载着中国汉民族祖先的神话故事。公元前 2953 年至公元前 2838 年间的伏羲氏教会了人们如何用藤蔓编织渔网来捕鱼，如何使用火，还发明了瑟，为人们制定了古老的卦象。他的妻子女娲在用黏土造人并区分了等级之后，还完成了其他壮举，例如修补了即将崩塌的天空。伏羲之后，神农氏（公元前 2838—公元前 2698）将其治下之民从猎人和渔夫变为农民。一些史料中将上述三人冠以三皇之命，即天皇伏羲、地皇女娲、人皇神农。

中国人被认为是黄帝的子孙，在整整一个世纪的时间里（公元前 2697—公元前 2597），他用睿智统治着自己的人民，在政务、军事、社会生活管理方面表现出色。

距今 4600 年前，中华大地上的人民分别处于黄帝、炎帝和蚩尤治下。他们之间既有兄弟情义，也经常发生战争。当时的都城涿鹿如今看来是一个不起眼的小地方，但历史悠久。

那里位于北京西北方不远处，一片平原在绵延的山丘间铺陈开来，开启了上下五千年的中华文明。在大约二十平方千米的土地上到处都能找到古代各个时期的历史文物。

我去这些地方游览的时候总是心有戚戚，就像去布切奇山看狮身人面峰一样。三祖宫南面的合符坛是为了纪念黄帝而修建的，他第一次统一了中华大地上的各个部落。圆形的祭坛中央矗立着一座青铜的皇冠，四周环绕着大理石柱子和展现历史场景的精美雕塑。

黄帝泉是一泓清冽甘甜的矿泉，富含钙和镁，长年保持在 12—13 摄氏度。如今泉口被修筑成圆形，汇聚了七眼源自地下 2000 至 5000 米深处的泉水。黄帝泉泉水源源不断地向轩辕湖输送，使其面积达到 6.5 万平方米，储水量超过一百万立方米，最深处达十二米。

不远处是黄帝城遗址，位于涿鹿县矾山镇以西。矾山镇呈四边形，南北、东西均为五百米，考古发掘出许多仰韶文化（和库库特尼文化十分相似）和龙山文化时期的文物。

要参观已经出土的文物需要好几天时间，还有很大一部分深深地埋藏在地下，要等到合适的时机才能重见天日。我们记住的是，涿鹿是一片古老的土地，黄帝曾在我们走过的地方生活过。

中国无疑是这个世界上农业文明的源头之一，考古发现证明早在一万年前人们就开始从事种植和饲养禽畜，这是从旧石器时代晚期的渔猎和采集衍生而来的。此前有一些理论认为旱地种植起源于西亚地区，后来才被引进到黄河流域，而稻米文化则起源于东南亚，通过印度传入中国。但近几十年发现了一些古老的证据，让中国本土农业起源说站住了脚。无论粟、水稻还是大豆都具有中国血统，只有小麦和大麦是在公元前二千年左右从小亚细亚传入中国的。此外，在一百种常见蔬菜中有一半起源于中国，如大白菜、萝卜、茄子。果树也是如此，中国是多种水果的原产地。

新石器时代晚期，中国人开始饲养六畜，即马、牛、羊、鸡、猪、狗。而养蚕更毫无疑问是中国人的发明，源自5500年前的陕西和河北。另有证据表明六千多年前，长江三角洲也出现了蚕桑文化。这说明黄河流域并非中华文明的唯一摇篮，而只是组织形态最为完整、最为著名，也最为强势的文明起源。

中国的古文献中多次提到农业在中国的优势地位。最早的帝王都是一些拥有超凡能力的神祇，伏羲制造了渔猎工具，神农则鼓励人们种植粮食："斫木为耜，揉木为耒，耒耨之利，以教天下，盖取诸益"；另据记载："古者民茹草饮水，采树木之实，食蠃蚌之肉，时多疾病毒伤之害，于是神农乃始教民播种五谷"；"神农之寸。天雨粟，神农耕而种之。作陶冶斤斧，破木为耜、阻、耨以垦草莽，然后五谷兴，以助果蓏之实"。这表明人们不再单纯依靠猎杀动物，而是开始通过其他途径获取粮食。关于饲养动物的记载相对较少，可见中国的农业从一开始就是围绕着种植开展的。但关于蚕桑文化，远古时期的文献表明那是黄帝的妃子嫘祖的发明。

在耕种方式演进方面，专家通过历史文物确定了三个阶段：最早是新石器时代早期的刀耕火种；然后是新石器时代中期用犁开垦土地；仰韶文化时期开始培育秧苗。这些阶段都涉及工具的使用，主要是石制和骨制的工具。到新石器时代晚期，石制和木制的犁就已经得到运用。

斫石、制陶、纺织等技艺几乎是在同一时期出现的。金属加工更是任何文明进程中不可或缺的阶段，在中国，是从仰韶文化后期青铜器制作开始的。

原始人类起初居住在洞穴中，中国的摩崖石刻对这一古老的时期有着丰富的记载。新石器时代晚期开始出现了房屋，有一些是用六块石板搭建成的，后来木材彻底取代了石材。《易经》中指出，在远古时期，人们冬天居住在洞穴里，夏天则住在田野上。后来，神改变了这一状况，修建了上面有屋顶，下面有四面墙壁的房子，为人们遮风挡雨，也许还曾经把六边形作为建筑范式。当时最流行的房屋是圆形的，全部或一半位于地坑中。后来，当具备一定的技术条件，人们学会建造屋顶后，带土墙的正方形或长方形房屋才开始盛行。社会组织形态是围绕家庭和宗族构建的，更上一层的是部落，各部落后来为自己划定了居住范围。这意味着跨向文明一步，因为civilizație（文明）一词就源于拉丁语的civis，意为“市民”。

中国一共发现过七千多个新石器时代的部落定居点，它们通常位于山脚下，其中一千个属于仰韶文化，均依水而居，这样有利于农业生产、捕鱼和交通运输。据说罗马尼亚有四千多个此类遗迹。

例如，著名的姜寨遗址就是由五个宗族组成的部落，面积达五万平方米。遗址中央部位有一块一千四百平方米的正方形巨石，四周均有建筑遗迹。所有房屋都朝向这块巨石，遗址边缘有三条运河围绕。西面，在河流的左岸建有制陶所；东面，运河对岸则是墓地。居住区可以分为五组，每一组中央都有一座大宅，四周环绕着一些中小型房屋。大小不同的房屋功用各异：小屋子供一母所出的成年女性居住；中等大小的屋子由家长或族长及其全家老幼居住，屋子里有两个灶眼，男女分房睡觉；大屋可以容纳百人，用于宗族庆典活动。

天文学是一门很早就出现的科学，因为它在史前就对农业生产具有重大意义。起初，人们将大自然与日常生活联系起来。根据宋代史料的记载，鞑靼人的部落用草木萌发来记载岁月流逝，甚至用这种方式来询问人的年龄，看到多少次草木变绿就意味着有几岁。中国南方有一个少数民族至今仍保留着用小米成熟来纪年的传统，另一个民族则用飞鱼洄游来纪年。随着农业生产条件日趋复杂，人们需要通过确定季节和月份更替来记载物候变化。没有人知道是什么时候开始推算历法的，但据《史记》记载黄帝曾“获宝鼎，迎日推策”，就是观测太阳的运行，用占卜用的蓍草推算历法，预知节气日辰。也许在此之后不久，中国人就发明了十个今天看来毫无意义的符号，被称为天干，配合十二地支来记载年份、月份和时辰。相传夏朝帝王启的妻子生了十个太阳，她的母亲每天带着十个太阳去洗澡，这被认为是十个天干的由来。有据可考的是夏朝的帝王用天干来命名，而中国的古人也经常用孩子出生的日期为其命名。后来，在天干循环使用三十六次后，一年就被认为有三百六十天。1972 年发现的一处属于仰韶文化的考古遗迹中，人们将绘有太阳图案的陶片复原后发现一个陶罐上共有十二个太阳。这一发现具有天文学意义，可能表示十二生肖，以及阳历中一年的十二个月……另据《山海经》中的传说记载，夏启的另一个妻子常羲生了十二个月亮。常羲就是奔月的嫦娥，这个名字难道不应该属于一个杰出的占星家吗？通过对十二个月的使用，产生了阴历。根据中国学者的研究，新石器时代之前的天文学发现还有四象和太阳黑子的存在。《尸子》中记载黄帝有四张面孔，这除了凸显其睿智之外，可能还代表着他能够识别四个方向。

据说，数学知识产生于实际需求。以数字为例，早先的时候并不抽象，而是和实物近似。后来，出土文物和文献记载表明人们开始通过结绳或在骨头、木头、金属上刻画来计数。甲骨文中就有一些数字形式不但能表示简单的数量，还能用于乘法表达式。同样，陶器和建筑物上的纹饰表明当时的人们不仅知道直线，还会绘制圆形和柱体。中国人在新石器时代就开始使用指南针和角规了。

医学是一门极为复杂的科学，最初当然与保健有关，基本的医学知识可以追溯到人类出现之时。在中国，传说尧帝时代就开始用舞蹈来锤炼筋骨，一直流传至今。通过长期实践，人们学会了用草药来治病，伏羲和神农就通过草药来统治其民众。《山海经》在描述很多动物的时候都会加上一句“食之（如何如何）……”最古老的医学著作当数《黄帝内经》，相传是黄帝与其顾问岐伯共同编撰而成。黄帝被认为是一位具有超凡能力的人，即使肢体脱落也可以再生。我们注意到，在中国古代医学典籍中经常会提到巫师。

在社会组织形态和传统方面。距今五十万年前的北京猿人被认为是基于血缘形成的氏族公社时代的典型代表。在中国，母系社会是旧石器时代中期出现的，而最早的等级制度则出现在新石器时代晚期。最著名的早期母系社会代表即山顶洞人。在这一时期，所有财产都是公共的，劳动和消费均由所有氏族成员共同完成。男性从事渔猎，女性则从事更为复杂的劳动，例如烹制食物、缝制衣物、料理家务，等等。当时不允许在氏族内部进行婚配，但可以自由选择配偶，子女属于母亲，家庭谱系也是从母系认定的。这种习俗直至今日依然有迹可循，中国的很多姓氏都带有“女”字旁。

父系社会出现在公元前2000年左右的黄河流域和长江流域，龙山文化就是这一社会组织形态的代表。这一形式最初通过血缘来维系，但后来血缘不再发挥决定性作用。这一时期出现了私有财产，父亡子承，家庭则由一夫一妻构成。从族群内的婚配关系来看，婚姻制度在夏朝就已得到巩固。汉字“娶”字是由一个“取”和一个“女”组成的，表示男人获得一个女人，而“婚”字则由一个“女”和一个“昏”组成，表示男人是在黄昏时分将新娘偷回家的。这时的社会关系不再平等，父系的长辈作为族长最受尊崇。相传伏羲时代的家庭是由一夫一妻构成的，他娶了自己的妹妹女娲，而一夫多妻制则是在黄帝时期出现的，这在奴隶制时代十分常见。在中国还有过一个非常古老的习俗，即由一个男子迎娶同一家庭中的所有姐妹。同样，也存在一女嫁多男的情况，通常是兄弟多人为了不分割财产，或仅仅因为贫困而娶同一个女人。

最初用皮毛、树叶和树皮制成的服饰并无男女之分。考古研究发现，新石器时代的女性已经开始穿着用麻布或丝绸制成的裙子了。骨针的使用可以追溯到旧石器时代晚期，之前使用的是木针或竹针。新石器时代出现了纺织工具，丝织品的出现可以确定在新石器时代晚期。商代的甲骨文包含 105 个汉字，其中包括“桑”“蚕”“丝”“锦”等。那时开始出现了领导者、神职人员、舞者专用的服饰。这一时期的人们开始佩戴皮带和帽子，鞋履早在夏商时期就被广泛使用了。新石器时代晚期出现的还有用石材、贝壳、兽牙或鱼骨制作的饰物。

食物在中国人的生活中占据着重要地位。中国人见面有时不是用“你好”来问候，而是问“吃了吗？”你看，这是一种非常合乎礼仪的文明的表现。远古时期的人茹毛饮血，后来学会了炙烤和烹饪，如今全世界都掌握了这些烹调方法。中国的哲学家韩非子（公元前 280—公元前 233）曾说过：“民食果蓏蚌蛤，腥臊恶臭而伤害腹胃，民多疾病。有圣人作，钻燧取火以化腥臊，而民说之，使王天下……”在北京猿人和其他著名的旧石器时代洞穴中均发现了用火的痕迹，但不确定他们当时是否掌握了取火技术，火种也许是来自自然界的火灾。在沟壑间还发现了数以千计的陶器、烹饪器具以及用于保存火种的灶台，充分证明了新石器时代人们已经开始享用熟食了，每日日出和日落时各进食一次。人们将谷物作为主食，主要为五谷，包括麻、黍、稷、麦、菽。稻米在中国南方出现后，又与上述五种谷物被合称为六谷。中国古书记载，种植的粮食和蔬菜种类均曾超过百种，说明蔬菜种植范围之广。《诗经》中则提到过一百三十二种植物，其中二十种可作为蔬菜食用。甲骨文中还有关于养蜂的记载，在商代之前就有专业人士从事这一行业了。中国人最早种植的水果是桃。酿酒同样有着悠久的历史，有研究者认为至少有七千年历史，基本与食用谷物同期。仰韶文化及其后的考古发掘中出现过大量相关遗迹。

墓葬是人类历史演进的见证者。《易经》有云：“古之葬者，厚衣之以薪，葬之中野，不封不树，丧期无数。”当今发现的墓葬最早可追溯到旧石器时代晚期。在母系社会，女性在葬礼中得到很高的礼遇，以期在死后的世界中继续自己的生活。骸骨旁有大量的随葬陶器和骨制饰品。

仰韶文化的一大特点是曾在同一地点发现过八百多个墓葬，按血缘亲疏依次排列，其中很多是男女合葬墓。原始社会末期由于等级分化，墓葬的规制也按财产的多寡出现了差别。在一个年仅一岁的孩子的墓中，出土了二十多个陶器和一个陶筒。同样，用活人来进行生殉，让奴隶在另一个世界为其主人服务也变得流行起来。随葬器物中还有阴茎形状的器具，旨在祈求逝者的家族人丁兴旺。死者的落葬方位各不相同，由于各地宗教信仰的差异，头部有朝南的，也有朝西北或东方的。

生命的概念是后来才形成的。将距今一百七十万年的猿人化石与距今仅五十万年的北京人化石进行比较的话，可以发现后者能够聪明地使用工具，懂得用火，但与动物的差别并不大。他们的脑容量达到1059克，是猴子（415克）的2倍，但仅仅是现代人类的三分之二。1.8万年前的山顶洞人生活在旧石器时代晚期，脑容量与我们相当，他们学会了取火，能使用二十多种工具，其中一些制作得非常精巧。其墓葬具有一定的价值，因为四周有一些红色的铁粉痕迹，此外还有一些石制的物品和穿孔的骨制饰物。由此得出的结论是，这不仅意味着对死者的怜悯，而且当时的人们可能相信灵魂是存在的，认为死者是去了另一个世界。五六千年前，埋葬死者时头部是朝西面的，与日出的方向相反，这与古埃及人的理念不谋而合。人的肉体属于这个世界，灵魂可以脱离肉体，存在于另一个世界，并在那里与子孙后代重聚。

哲学家墨子写过一本题为《节葬》的书，显然，那时人们就开始质疑生命的意义了。中国人相信世间万物皆有灵。

起初，他们像其他民族一样崇拜太阳。除此之外，古代的崇拜对象还有山、土地（当地的神灵）、鸟、雨、风、月、星，等等。直至今日，云南省的一些地方还相信所有天体都是保佑我们的星宿。一些器物上的图案也表明某些宗族与神灵之间有某种血缘关系。它们因此成为一个家族或一个宗族的保护神，成为族徽上的图案，并进入族人的姓名中，这种古老的崇拜从原始公社一直流传至今。仰韶文化的墓葬中经常可以发现此类族徽。如果说，对鸟兽或自然现象的崇拜是很容易理解的事，那么对龙的崇拜就需要深入解释了。龙是中国自创的，中国人自称为龙的传人。这种奇妙的动物同样源于图腾崇拜，他们想象出一种无所不能的动物，通过汇聚各种代表性元素才形成了如今的样貌。在汉代编纂的一部辞书（译者注：《说文解字》）中，是这样对“龙”这个词进行阐释的：“龙：鳞虫之长。能幽，能明，能细，能巨，能短，能长；春分而登天，秋分而潜渊。”黄帝的子孙将其作为自己祖先的标志。据《史记》记载，在尧舜时期，有一些部落将龙作为自己的姓氏。近期，在山西的一座寺庙中发现了一个刻有龙的陶盘，证实了龙姓部落存在的传说。那么，什么是龙呢？它在一条蛇的身子上糅合了鱼和其他动物的元素，具有不可思议的巨大力量，甚至被人们奉为神祇。另一个需要解释的神奇动物是叫作凤的鸟，它汇聚了很多鸟兽的特征，《说文解字》是这样定义的：“凤，神鸟也。”

关于世界是怎么产生的，中国人有两种不同的说法，分别来自母系社会和父系社会。前者是女娲造人的传说，女娲是伏羲的妹妹，后来成了他的妻子。她在鸿蒙初辟之时完成了这一创举，握起一把黏土不断揉捏，最终造出了一些和自己很像的生物。第二个传说更为复杂，是从盘古开天的故事中衍生而来的。很久很久以前，天和地还没有分开，宇宙混沌一片。有个叫盘古的巨人，在这混沌之中，一直睡了一万八千年。有一天，盘古突然醒了。他见周围一片漆黑，就抡起大斧头，朝眼前的黑暗猛劈过去。只听一声巨响，混沌一片的东西渐渐分开了。轻而清的东西，缓缓上升，变成了天；重而浊的东西，慢慢下降，变成了地。盘古死后，他的头颅变成了中国的四座大山，双眼变成了太阳和月亮，肠胃变成了江河，头发变成了草木。如果说女娲是女性的神祇，那么盘古就是男性力量和创造精神的体现。

通过在现实生活和神话中确立男性至高无上的地位，人类步入了男权时代。著名的龙山文化遗迹中有用陶瓷或抛光的石头做的阴茎，这是一种生殖能力的象征。这些象征物以图案的形式表现出来，或直接写成象形文字“且”，看起来像一柱擎天的宝塔。甲骨文中也经常出现这种代表物种繁衍不绝，家庭和宗族永世长存的标志。有人认为在这一刻，一些重要部落最出色领导人的事迹被发扬光大，被笼罩在神圣的光环下。

随着生活日益富足，人们对美的感觉和审美能力也开始形成。他们用更多时间对自身进行修饰，将物品制作得更为精致，并注重观察光线和色彩。彩陶出现了，玉石也开始被加工成各种饰物。仅在龙山文化的一个考古点，就发掘出一千九百多件装饰物，以及至少七百一十五把骨梳，向我们展现出那个时代的审美品位。在牛河楼遗址出土的一个栩栩如生的女性头部陶俑，被专家认为是触及文明门槛的标志。

在道德层面，人们认为原始公社和母系社会时期的共居是相互尊重的前提。那时人人都是平等的，不存在个体利益。是私有财产的出现改变了道德观念。

宗教据说是在旧石器时代晚期出现的。最古老的宗教遗迹存在于北京附近的山顶洞，处于旧石器时代晚期，母系社会的初始阶段。与北京猿人相比，处于母系社会的山顶洞人显得更为先进，不仅会使用火，还会用兽皮制作衣物，并开始佩戴饰物。除此之外，山顶洞人还对逝者表现出了极大的尊重，除了在遗体旁边放置日常生活用品和饰物外，还在四周撒了红中带金的粉末。这意味着他们相信肉体消亡后人还会生活在另一个世界，红色是血与火的颜色，将其放置在遗体旁边可能会帮助其重生。后来，人们发现了各种各样表示太阳的图案，在阴山的一处洞穴中刻着一个人膜拜太阳的图形。《尚书》记载尧帝“肆类于上帝，禋于六宗，望于山川，遍于群神”。在属于仰韶文化的二千多座墓葬中，可以发现一些共同的特点：所有死者的头部都是朝向西方的；红色代表着权益；对女性和老人有特殊的关注；虽然有群葬坑，但不会把一男一女葬在一起。然而，在黄河流域代表父系社会的大汶口文化中，仅一个考古点就发现了八座男女合葬墓。男性居左，女性居右，推测可能是男性死后，他的妻子被活埋到墓中，在死后也成双成对。如果男性有两个妻子，那么他就会被安葬在中间位置，男权的地位显而易见。与母系社会相比，这些墓葬无疑要丰富很多，而且因死者家庭的物质条件不同而具有很大的差异性。从墓穴中也能看出当时人们的审美，逝者被精心装扮过，还有大量的陪葬饰品可供逝者在阴间享用。可见，在那个时代，人们已经确立了对神祇的崇拜和对阴间恶鬼的恐惧。

新石器时代有很多关于动物崇拜的图案和雕塑，例如鹿、虎、鸟、鱼、蛙、龟，等等。后来出现了图腾，最常见的是伏羲和女娲的形象，他们上半身是人，下半身是蛇，蛇尾通常交缠在一起。炎帝则是人身牛首的形象。可见，中国人倾向于将蛇认作自己的祖先，后来基于此塑造出龙的形象，使其成为无上力量和智慧的象征，而蛇则在生肖中被称为小龙。所谓图腾，就是一些可以借助其拜祭神灵的形象，中国人后来也将相关动物作为自己的姓氏。女子婚后需离开自己的家，嫁入夫家，但是她依然依恋自己的娘家，并可以保留娘家的姓氏（至今仍是如此）。所以，有血缘关系的亲属间的婚姻是被禁止的。中国的古书上有“男女同姓，其生不蕃”的说法。

中国人最喜爱的图腾当数龙和凤，两者在历史记载的第一个朝代——夏朝就在一起出现了。它们的来源有多种说法。最早的时候，龙被画作某种动物看待，类似于蛇或某种海洋动物，后来这些动物形象被糅合到一起，从简单的图腾变为一种象征。龙，在空中霹雳般的蛇身上长着牛头、鹿角、虾眼、鹰爪、狮尾，通身还长满了鱼鳞。凤最早的时候是一种平常的鸟类，然后渐渐向燕子的形象靠拢，又演化成类似五彩孔雀的神鸟。这两种图腾后来成为帝王的符号，龙是皇帝的化身，凤则代表着皇后，所谓龙凤呈祥。

据古籍记载，尧帝让夔担任乐正，在宫门前表演乐舞，鸟兽都跟着他起舞。相传伏羲也曾制作过三十五弦的瑟。更有力的证明是：距今约五千八百年的一处墓葬中出土了一个圆形的容器，内壁上绘有三组舞者，每组各五人，手拉手翩翩起舞。源自黄帝时期的一首民歌有这样的歌词：“断竹、续竹，飞土、逐肉……”除了制作弹弓外，黄帝还命其乐官伶伦作乐律，伶伦用竹子做成竹管吹奏。一个叫飞龙的人依照黄帝之命，创作了用于典礼的乐曲，还有人创作了类似进行曲之类的乐曲。很多和音乐相关的传说都与夔有关联，他似乎是一个在宫廷中掌管礼仪的官员，兼巫师和教师于一身。他创作的一段叫《韶》的音乐一直流传到二千多年后的战国时期，成为最受欢迎的庆典音乐，孔子的门生曾记载夫子听到《韶》乐之后“三月不知肉味”。

神话故事中记载了很多伟大乐器发明者的姓名，另有很多古老的乐器被从地下发掘出来，包括铃、骨笛、陶埙，等等。

舞蹈是人类最为古老的艺术形式之一，通过巫师的活动逐渐发展成熟，但怎么确认这一点呢？中国二十世纪的学者郭沫若在著作《中国古代社会研究》中写道："关于中国古代社会的史料苦于不多，而这苦于不多的史料却又苦于包含着很多困难的问题，这就限制了我们所能获得的应有的成果。对于古代社会的看法，在学者之间很难取得一致，主要的原因之一也就在这里。"相关历史文物包括：甲骨文图案上有伸展腿脚和手臂的人物形象；继铭文和图腾之后，随着社会的发展，出现了在祭祖和出征时表演的舞蹈（有人认为"舞"和"武"同音是一种巧合）。中国舞蹈的精髓在于集体，而非个人，这是一种群体紧密团结，和谐统一的活动。

彩陶的出现被认为是进入新石器时代的标志，这一说法在中国得到了验证。距今六七千年前就出现了彩绘葫芦，史学家、诗人闻一多认为伏羲就是葫芦的化身。之后又相继出现了动物和人的雕塑，以及木制、石制和玉石工艺品。

书写，是最重要的文明象征之一，对于发明了方块字的中国人而言，其重要性可能远远高于其他民族。中国古代史学家司马迁在《史记》中写到，文字是在四千多年前的黄帝时期，由神话人物仓颉根据鸟兽的足迹发明出来的。最早的书写符号出现在新石器时代，这是对话语的记载，与结绳记事或在木头、兽骨上的刻画有着明显的不同。在山东大汶口发现了九个文字，其中有六个可以被识别出来，比殷商时期甲骨文的时间更早。这些文字被仔细刻画在多个地方，可以追溯到公元前二千八百年至公元前二千三百年，也就是距今四千年前的黄帝时期，证实了神话传说。

古汉语是由单音节词汇构成的。如今用于书写的文字始于象形文字，后来又加上指示和会意两种造字方法，并最终出现了形声字（由形旁和声旁两部分构成）。例如，“牛”“马”“刀”等属于象形字；“隻”这个字由一只“手”和一只“鸟”构成；“爱”的繁体字中则包括“房屋”“心”“拥抱”等含义。

甲骨文书写的内容已经十分复杂，甚至可以组织起句子来。郭沫若认为中国历史自此才真正开始。

第四章

火车上

乘坐火车游览黄河以南，

介绍宁波和杭州

我蜷缩在鹅黄色的丝绒座椅里，目不转睛地盯着窗外。一闪而过的树木、田野、房屋，使人倍感轻松愉悦。

从北京开往杭州的高铁让我感慨良多，一千多千米的路程只要五六个小时就可抵达。这里一切都是新的，尤其是速度。在 308 千米的时速下，我的思绪也飞了起来，飞回了我的家乡。

罗马尼亚到底怎么了？她为什么不能进入世界前列？曾经的勇士去哪儿了？我们如今在电视上看到的那些政治家似乎很厌恶他们的国家，这些政客没有文化、没有正义、没有品格。历史上曾经的黑暗时刻一再重现：德切巴尔被出卖并被迫结束自己的生命，当时的达契亚人和后来的罗马尼亚人屡屡被孤立，陷入倒退和纷争，最终成为欧洲的末流。勇敢的米哈伊大公时代，历史再次重演，他也被出卖了。假若他能在 1600 年为我们建立起他心中的统一国家，罗马尼亚今天将和那些欧洲大国平起平坐，国家领导者们也将为此而感到骄傲。那么……

铁轨、机车、车厢，一切都是崭新的。高铁上的女服务员就像现代飞机上的空姐，为我们供应茶水、咖啡、水果，甚至还有冰淇淋——尽管车厢内几乎感觉不到天气的炎热。到了用餐时间，她们还会提供餐食。车厢里时不时会进来一位服务员，好似圣诞老人一样拎着个大口袋，收集乘客的垃圾。车上有空调，舒适极了。

我的邻座来自浙江省东北部的宁波市，那是中国最古老的城市之一，也是个繁忙的港口城市。宁波的意思是宁静的波浪，这两个字很好理解，第一个字代表着屋顶下的安静生活，第二个字表示水的流动。旅途一开始，我就认识了这一家三口——父亲、母亲和一个十岁的儿子。他们的座位在同一排，但是两张票在左边，另一张在我的右边。于是他们很客气地问我是否可以调换座位，我欣然同意，但前提是在他们下次来北京时一定要参观罗马尼亚文化中心，参加我们的文化活动。他们听了兴奋不已。男孩的父亲是一位作曲家，有自己的录音棚。于是，一路上我就一直在听他从微信上转发给我各种美妙的音乐。

我也用微信给他们传了几首音乐，都是我之前下载的，本来是在杭州工作之余听的。其中包括乔治·埃乃斯库（George Enescu）的《罗马尼亚狂想曲》和《海的声音》，还有埃乃斯库、赞菲尔（Gheorghe Zamfir）和米哈拉凯（Marius Mihalache）三位音乐家演奏的不同版本的《云雀》。我的新朋友饶有兴致地给我介绍他们城市的发展，生产总值仅有百分之二十靠国有企业创造，余下的都归功于私企。老城区被很好地保存下来，四周则是高楼林立的新城区和蓬勃发展的自由贸易，这些都得益于二十世纪后二十年邓小平实施的改革开放政策。随后，他们又聊起寺庙、古城、博物馆和自然保护区。我承诺下一次去宁波的时候，一定要带去一个和罗马尼亚音乐有关的项目。

第二年秋天，我带着一份精彩的PPT，去宁波参加了一个题为“库库特尼文化和达契亚文明”的会议，赢得了满堂彩。

我看到的这个城市现代、整洁、优雅，不像其他地方到处都是旅游大巴。行政中心的文化广场汇集了当代各种人文思想。这里有拥有一千五百个座位的大剧场，海岸边遍布着展览中心和露天演出平台，简直是艺术的天堂。那里还有一座建于 1936 年的桥梁，跨度达一百米，是当时中国唯一的三拱钢桥。

令我颇为震惊的是几座古建筑被完好地保存下来。其中有一座 1566 年的楼房，是中国乃至亚洲最古老的图书馆。一位名叫范钦（1506—1585）的文官收藏了七万多册古籍，包括大量古代评论、文献、明代的科举试卷，等等。范家曾经非常富有，后代不断扩建宅院，将十几座传统风格的老房子连成一体，花园亭台错落别致。宅子中还有一台世界上保存最完好的木雕花轿，高 3 米、长 1.5 米、宽 0.95 米。

溪口，顾名思义，就是小溪的入口，是一座完整保留传统风格的小镇，也是蒋介石的出生地。这里行政上隶属于宁波，交通便利，游客很容易涉足此地。玉泰盐铺是蒋介石的祖父蒋斯千于 1871 年创办的，后来由其父蒋肇聪继承，又传给其兄蒋介卿经营。如今看到的这个商铺的建筑是 1948 年翻新和扩建的，旁边蒋氏祖宅也是后来扩建的，占地四千八百平方米，有四十九个房间。蒋介石的第一任妻子叫毛福梅，是他在十九岁时迎娶的。第二任妻子宋美龄比他年轻十一岁，其父是上海著名的银行家。蒋介石偶尔回溪口时的住所后来被称为文昌阁，1987 年得以重修，旁边还修建了一座欧式小洋房。除了这些宅院之外，城郊还有蒋母王采玉（1864—1921）的墓地，墓前有一座四柱三间的石牌坊。除此之外，这里还有很多传统建筑和无与伦比的自然景观，例如一座主殿前有两棵巨大银杏的古寺，以及山间一百八十六米高的千丈瀑布。

傍晚，我来到了素有“人间天堂”美誉的杭州。整个城市当时都处于建设之中，几个月后的2016年9月4—5日，这里将主办第十一届G20峰会。会议期间会有多国领导人到访杭州，这里的人们都以此为荣。像中国的很多大城市一样，浙江省省会杭州的变化让十几年前来过这里的人们惊叹不已。此处盛产西湖龙井茶、鱼、丝织品等，还是中国七大古都之一。比其他地方更具特色的是这里秀丽的风光，西湖、雷峰塔、三潭印月都是人们耳熟能详的景点。对西湖的修缮和维护可以追溯到1000年前的两位地方官员，同时也是著名文人——唐代的白居易（772—846）和宋代的苏东坡（1037—1101）。钱塘江穿城而过，这条河流以其高达十二米的全球最高潮涌闻名于世。

俗话说，“上有天堂，下有苏杭”。

人们还说：“生在苏州（这里的人们最友善）、活在杭州（这里美女如云、美景如画）、吃在广州（这里各种小吃最精致）、死在柳州（这里盛产适合做棺木的樟树）。”

对我而言，更重要的是接下来有几个大型活动都要在杭州举办。2016年5月在这里举办巴纳依特·基福（Panaite Chifu）和瓦西利克·基福（Vasilica Chifu）的雕塑展和油画展。6月，一个奥尔特尼亚的乐队和游吟诗人扬·克雷茨亚努（Ion Crețeanu）将来此访问，下半年还会有一个罗马尼亚交响乐团来访。2018年，文化主管部门要求我举办一个科尔内留·巴巴（Corneliu Baba）的画展，因为这位二十世纪的罗马尼亚艺术大师曾经为中国培养出了一大批美术家。在此之前，还有很多策划中的文化活动因故未能如期举办。2017 年 5 月，三位手工艺大师在杭州展示了他们的劳动成果，引起了不小的轰动，其中包括地毯编织大师德尔齐泽·毛赖什（Delciza Mareş）和两位木管乐器制作高手。罗马尼亚文化部长伊丽娜·卡扎尔·马林（Irina Cajal Marin）女士和罗马尼亚文化中心总部主任、作家伊万娜·德勒冈（Ioana Drăgan）女士的讲座则旨在向听众解答一个学术问题：“罗马尼亚民间艺术意味着什么？”

杭州和全球十六个城市建立了友城关系，其中有三个美国的城市，还有几个欧洲城市，分别来自英国、法国、荷兰、德国、匈牙利，等等。人们总是对我说，希望罗马尼亚也能有个城市和杭州结缘，也许某个城市的市长不久后会付诸行动的！值得一提的是，十六世纪和十七世纪时，杭州曾是一个重要的犹太人聚居区，有过两个犹太教堂，很遗憾后来都不见了踪迹。十八世纪中期，中国曾兴建了很多伊斯兰教的清真寺，至今依然存在。这个城市有一千多万居民，行政区面积近 2 万平方千米。

六和塔——取自“六和敬”之意，建于 1165 年。我们站在该塔的第八层，可以远眺西湖的景色。这座六十米高的古塔曾属于一座佛寺，最初是为了镇住钱塘江里的河神而在四世纪修建的。望着这座中国古代宗教建筑的代表，能够感受一种光与影的和谐，犹如一座灯塔照射着对面的江水和山脚下的绿树。

闭上眼睛，火车仍在以三百千米的时速飞驰。

我仿佛回到了很久很久以前，自己就是马可 · 波罗，千里迢迢来观察忽必烈大汗治下和谐共处的芸芸众生。泛舟京杭大运河（如今高铁的前身）之上，1776 千米的水路我们需要整整走五天，路上还要躲进避风的船篷中自己做鱼、下面条吃。

我喜欢做饭，我一边想，一边将双手抱在胸前，轻轻摇晃着身子。

我穿着那件多年前皇帝钦赐的袍子。这件中国高官的官服很合身，人们纷纷向我道贺，特别是年轻的姑娘们。

“到了杭州，我要再做一套真丝的。”我嘟囔着，“我迫不及待想要离舟登轿或在西湖边策马飞奔了。”

我笑了起来，因为知道自己并不孤单。从梦中醒来，就发现自己被文人墨客包围了。他们喝着米酒，吟诗赏月。在三潭印月，人们欣赏着湖水中倒映的三个月亮，一边品着美酒，一边为每个月亮吟诗一首，其才华让我赞叹不已。

我看着那三个月亮，呷一口酒，吟一句诗。作为回报，那三个月亮化作三个女子，一个比一个漂亮。我想要像诗人李白（701—762）一样跳入水中，用情诗和她们对话。唉，就在我下定决心之前，那些衣着如敦煌壁画中的女子却突然消失了。我惊讶地看到空中闪过一道闪电，天空中气泡和雨水环绕着我，是那么干净、清爽。刚才在我身边的那些文人不见了。对于这种奇幻的景象我毫不诧异，因为此类事情经常会在这块土地上发生。他们是不朽的，肯定是离地飞升了。

我又变得形影单只了。这一次，我作为伟大的布雷比斯塔国王的特使，正在参加里海附近举办的达契亚和汉王朝关于和平共处的谈判。我刚刚走过这条后来被称为“丝绸之路”的路，也就是后世的“一带一路”。有朝一日，是否会有一位年轻的罗马尼亚或中国史学家在中国的档案中发掘出证据，并确切无疑地向世界展示罗马尼亚人拥有五千年的历史呢？看，至少在遐想中，我就是最好的见证！

此后三个世纪，拜占庭皇帝查士丁尼于一百六十六年沿着同一条路线抵达中国西安，送去了和平的信息。这就是杭州丝绸如何成为风靡罗马帝国和欧洲的时尚面料的故事。商人、工匠和各行各业的人在不同的部落、宗教和文化之间增加了这种交流，证明了那句孔子曾说过的真理，即所有人都是兄弟——四海之内皆兄弟。

在杭州，我邀请牡丹花神来为我照亮前方的道路，就像打着神奇的灯笼一样。

苏苏是丝绸帝国万事利的经理，我与她进行了一场天马行空的对话。我们谈到中国，谈到杭州这个被称为人间天堂的城市，还谈到那美得无法言表的丝绸及其在中国人生活中的作用。素素小姐看起来像一个国际模特，气质中蕴含着独特的丝绸文化和中国古典美。她充满激情地谈论丝绸时，显得那么甜美、温柔、坚定。

也许只有丝绸才拥有一种完美的质地，轻薄、柔滑、简洁，同时又不失优雅和华丽。它是一种有着独特传播道路的产品，几个世纪以来，东西方乃至全球各地的相互交流，使得一条丝绸铺成的国际道路在我们脚下展开，好似一条以中国为中心铺开的庞大丝绸卷轴。五千年前，黄帝的妻子嫘祖发明了丝绸，而“丝”这个汉字也如丝绸般优雅。皇后走到桑园边，一个蚕茧掉落在她的掌中，就像落到发明家头上，并使他扬名的苹果。她用棍子捻开蚕茧，发现了它上面缠绕的银丝。于是，她鼓励自己的臣民养蚕，并教他们如何用蚕丝制作精美的服饰。丝绸的历史就像所有神话一样令人兴奋。

后来，出现了丝绸之路，达契亚人也曾踏上这条道路。九十六年，汉代一位著名的军队指挥官通过这条路到达黑海。罗马尼亚人应该为这位伟大的将军竖立一座丰碑，因为他后来留下了有关德切巴尔时代的信息。

中国是十三亿人的家园，拥有五六千年的悠久文化，以及无数发明。我认为应该把中国和西方（包括欧洲、美国以及其他地方）的发明进行对比研究。中国有四五十处文化古迹进入联合国教科文组织的世界遗产名录。每年有大量的游客前来游览长城、北京故宫、孔子家乡曲阜、明十三陵、秦始皇陵、长江、桂林山水等名胜，当然也顺便买点儿丝绸。

中国是东南亚文化的主要来源。中国人向外界展示他们的艺术、科学、管理思想和哲学理念，虽然没有被世界上所有国家借鉴，但对周边邻国产生了巨大影响。孔子的哲学思想构成了亚洲人生活方式的基础。汉语是一种高度文明的语言，它过去和现在一直是人与人和谐共处的标志。只有丝绸的制造工艺长期保密，并不是因为自私。它是一种商品，按我们如今的理解，是一个属于皇室的注册商标。很多特效的中药也是某些家族在数百或数千年前发明的专利，今天仍然生产着。

杭州是丝绸之乡、鱼米之乡……

此地八家公司组成了一个丝绸集团，就像一个丝绸帝国，生产厂家和销售分支遍布中国和世界，最近还收购了法国最著名的纺织厂。这个集团的历史可以追溯到 1975 年，拥有大量的专利。此外，它还是中国 500 强企业之一。“我们参加过 APEC 会议、奥运会、亚运会和上海世博会，”素素说，“怎么样？凭借着优质的产品，我们活跃在各种活动中。”

“当然，你们继承并发扬了传统。”

万事利传承了中国的丝绸文化，它并不满足于生产，而是成为中国文化的载体，超越了一般产品的文化和艺术价值。现如今，我们称之为文化创造力。新丝绸之路意味着中国通过包括互联网在内的各种形式向世界推广其技术和创新，同时振兴传统工业和代表性产业。

这是一个占地十万平方米的工业园区，集生产、设计、创意、现代物流和工业旅游于一体。

每年大约推出三千种新的个性化产品。除了将重点放在丝绸产品外，同时还关注人类健康、产品包装、文化价值。作为一家从事全球营销的企业，它还不断发掘、继承并捍卫传统丝绸文化的中国元素。西湖是杭州这座大都市的旅游中心。

过去几十年间，他们一直在努力寻求变革，并将创新能力作为有力的武器。他们的设计灵感来自中国古典或民间绘画、剪纸、瓷器或丝织品上的图案。例如当今很受欢迎的定制围巾，客户可以按自己的品位和需求选择板型和面料，根据自己的兴趣确定设计方案，并可通过万事利互联网平台跟踪生产到交付的全过程。

品质高于一切。

如今，无论是杭州万事利集团，还是中国其他地方生产的丝绸，都能够在夏日给人们提供最精致和凉爽的产品。这些丝绸行走在新的丝绸之路上，从中国运抵欧美和世界各地，装扮着所有爱美之人。

晚上，我们在嵩山宾馆会议室与主人见面，并参加了欢迎宴会。在纯正的中国传统氛围中，我又一次开始了遐想，不过这次离现代更近了一些。

第五章

茅台、宇宙能量和爱

茅台

贵州

黄帝、孔子、小玉和卓然

北京“DUANG DUANG”的文艺竞争

春节——传说与现实

姓氏的含义和太极拳

中国国家博物馆举办的“罗马尼亚珍宝展”

在10月底的一个早晨，我在深秋的北京登上了一架飞机，飞行三个小时后降落在了二千五百千米之外的一个西南省份，气温也从北京的十五摄氏度攀升到二十二摄氏度。这个省份叫贵州，人口四百万人，面积约17.61万平方千米。这里属于受季风影响的亚热带地区，能明显感受到空气中的湿度。在刚刚经历了北京萧瑟秋风的鞭笞之后，我们的面庞在这里得到了充分的滋养。我们驱车行进在这条不同寻常的高速公路上，这里的海拔由2000米下降至500米，在崇山峻岭间绵延向东。到处都是岩石和溶洞，蕴含着丰富的地表和地下水源，山坡和盆地上的各式民居让我们目不暇接。该省自古以来就盛产木材，以杉木为主，此外还有多种矿产资源。每当人们说到贵州，就会想起这是一个水银之国，除此之外还有铅、锌、锑、铁及多种稀有金属。当地的主要农作物是水稻和玉米，还广泛种植水果、烟草、油菜、麻和茶。还有什么呢？旅途上的每经过一个景点，导游都会给我们补充一些信息。这里有中国最大的瀑布——黄果树瀑布。长达三四千米的隧道与高大的公路桥首尾相连，这些桥梁全凭几十米高的粗大柱子支撑着，将草垛一样的群山衔接起来。这些公路和铁路桥（上面可以通行高铁，只需几个小时就能走完上面提到的遥远路程）就像一条条臂膀环抱着群山，让它们在孤独千年后走到了一起。

我们走进茅台镇，这个镇子以生产一种叫作茅台酒的白酒而闻名。这种水晶般纯净的酒有53度，奇怪的是，它是用红色的高粱酿造而成的，酿酒用的水也取自一条以红色命名的河流——赤水河。

今年（2015年）是茅台酒品质获得国际认可一百周年。1915年，它在旧金山举行的首届“巴拿马太平洋万国博览会”荣获金奖。据说在展览开幕式上，在官员和摄影记者入场之前，主办方因为茅台酒的包装平淡无奇，把那些酒瓶子藏了起来。品酒师们在桌边就座时不小心撞翻了茅台酒瓶子，空气中立刻弥漫着浓郁的酒香，让他们都停止了品尝。当他们发现这种神圣的气息来自何处后，亲自测试了这款烈酒，一致决定授予其金牌。茅台酒从此蜚声海内外，此后又在1985年、1986年两度获得巴黎国际博览会奖章。迄今，茅台酒已获得十四枚国际奖章，十二枚全国性奖章。

我们下榻在仁怀市的五星级天豪大酒店，茅台镇就在该市行政区划内。如今这座城市中有一座巨大的酒厂，去年（2014年）向世界各国出口了二百多吨高品质白酒。二十世纪七十年代，我们亲眼看到茅台在罗马尼亚仅售七十列伊，现在再也找不到这么便宜的价格了。在中国，我就不说价钱了，免得吓着你，我的朋友！不过你造访中国的时候可以找个酒类批发商谈谈，在原产地顺便品尝一下这种世界上最醇正的白酒。驱车半小时抵达这座城市后，发现身边的一切都与中国的国酒——茅台息息相关。

抵达酒店后，我们在前台品尝了五年醇的茅台，然后又在酒品部喝了刚刚蒸馏过六次的白酒——我们喝不太出来老酒和新酒有什么区别。据介绍，茅台酒独一无二的口味是由各种自然因素决定的，包括土壤、气候、在岩层中流淌的略显红色的水质、空气中的微生物、椭圆形硬质高粱，此外还取决于千百年流传下来的保密工艺，当然也离不开当地人民。曾经有人尝试在中国其他地区，按照同样的工艺生产茅台酒，但都以失败告终。如果失去了茅台镇独有的魅力，只能制造出一种好酒而已。这个位于海拔四百多米处的镇子长年被青山环绕，本身就像是扼守在河道上的一座酿酒锅炉。史料中对茅台镇最早的记载可以追溯到公元前135年（别吃惊，中国人热衷于文字记载）。如果说地球起初只是一团混沌的话，那么经过蒸馏提纯后，茅台酒就和自然、人类一起出现了！人们相信，茅台酒不仅仅是一种酒精饮料，还是一种让人长生不老的灵丹妙药，可以治愈各种疾病和伤患。1972年，美国总统尼克松在对中国进行历史性访问时曾以这“万能的灵丹妙药”举杯敬酒。全球政坛上的魔术师亨利·基辛格则宣称喝足够多的茅台，就能解决一切问题。他认为喝茅台可以和登长城、吃烤鸭并列为在中国的三大经典享受。

在茅台酒首次得到国际认可一百周年之际，我们参观了茅台镇——这种至高享受的原产地，中外诗人一起用现代自由体诗庆祝这一盛事。诗与酒相融合，迸发出了千万灵感，有些直抒胸臆，另一些发人深省。

我们在茅台镇喝了茅台。

我想用一些篇幅来写一写关于三个中国人的故事，其中包括一位帝王、一位导师和一位母亲。当然，他们不是生活在同一个时代的人，而是彼此相隔了几千年。一代又一代的多是普通人，能被称为超人、圣人或能决定世界命运者屈指可数。在这个遥远的东方世界，尊老爱幼的美德从孔子的时代传承下来，一直延续至今。

黄帝来自外邦，他死后被埋葬在曲阜，那里是鲁国的都城，今位于山东省境内。他有二十五个儿子，他们后来将黄河流域的部落统一起来，组建了国家，中国人自认是黄帝的子孙。

黄帝将各个部落联合起来，组成了一个今天我们可以称之为第一个中华帝国的国家，并在战争中击败了蚩尤等怪物。《山海经》中是这样描写战争场面的："蚩尤作兵伐黄帝，黄帝乃令应龙攻之冀州之野。应龙畜水。蚩尤请风伯雨师，纵大风雨。黄帝乃下天女曰魃，雨止，遂杀蚩尤。魃不得复上，所居不雨。叔均言之帝，后置之赤水之北。叔均乃为田祖。魃时亡之，所欲逐之者，令曰：'神北行！'先除水道，决通沟渎。"

黄帝凭借其睿智统治了一个世纪（公元前2697—公元前2597），不仅在军事上功勋卓著，在治国理政方面也取得了巨大的成就。他根据月亮的盈缺制定了首部历法，为子孙后代留下了关于天地、山水、金石的知识，并通过他的妻子创造出养蚕、纺织、刺绣、印染等技艺。

一块巨大的墓碑标志着黄帝的陵寝，几千年后，那里诞生了中国伟大的导师——孔子。

孔子也被称为孔夫子（公元前551年9月—公元前479年3月），是其父七十多岁时与一个正值豆蔻年华的女子野合生下的。因为出生时额头凸起，形似小丘，故名孔丘。

公元前三世纪的哲学家孟子是这样评价孔子的："孔子之谓集大成，集大成也者"。

《论语》有着重大的教育意义，至今广为流传。这本书是在孔子去世45年后由其弟子编纂而成的，收录了大量孔子及其弟子对话的片段。

在罗马尼亚很少有人知道，这本书是中华文明的经典著作之一，其余几部包括《易经》《诗经》《尚书》《乐经》《礼记》《春秋》。孔子将这些书用作教科书，教授了几千名弟子。他作为一名档案管理员，以极大的热情将当时各个诸侯国的档案搜集整理出来，补充完善后加以评注，并融入了自己的思想。如果没有孔子，这些古代典籍也许就会亡佚，这将是中华文化的一大损失。这也正是他二千五百多年来备受尊崇的原因。

曲阜是儒家的都城，也是中国人心目中的圣地，历朝历代的帝王都亲自或委托高官来此瞻仰。公元前四百七十七年，也就是孔子逝世两年之后，为了纪念这位民族的导师，合称为"三孔"的三组建筑群被保留了下来，包括孔庙、孔氏家族的陵园孔林以及孔府。每天都有成千上万不同年龄、不同职业的游客前来参观。多年后故地重游，我依然有同样的感受——身边的一切出乎自然，却没有神圣感。我身边的老老少少心怀敬意，却无关宗教的虔诚。中国人到孔庙来是为了更多、更好地了解这位民族教育者的学说。他们关注的是建筑，是细节，还有儒家学说，聆听着孔子门徒们用文言记录下来，并流传至今的孔子的话语片段。我的一位作家朋友对我说，这是一种由孔子传下来的极为肃穆的尊重，意味着对自己要严格、谦逊并仁慈、公正地与他人和睦相处。他的核心理念就是“仁”，但什么是“仁”呢？简而言之就是“爱”。对于敌人，用友善来对待他们是可耻的，孔子不能理解“以德报怨”的做法，而是主张“以直报怨，以德报德”。

孔庙并不是一个让人顶礼膜拜的场所，正如孔子的学说也不是一种宗教一样。所谓孔庙只是一系列的亭台楼阁和庭院，还有巨龟驮着的石碑，装饰繁复的大理石柱子，柱体上缠绕着皇权的象征——龙。要真正了解这个一万平方米的建筑群，就必须耐心地游览，详细地记录各种名称，牢记导游对各种符号和含义的阐释。无论我们要进入何处，都要先跨过至少一尺高的门槛，据说其作用是为了体现对先师孔子的尊崇。这是一座仅次于北京故宫的宫殿，四周高墙环绕，壁垒森严，永世不灭。中国传统建筑间点缀着一片松林，波纹起伏的屋顶上覆盖着黄色的琉璃瓦。在中国漫长而潮湿的夏日，松林给我们带来了一片阴凉，使鲜明的色调也变得和谐起来。

游览期间，我们不止一次与一位带着八岁女儿的少妇小玉擦肩而过。小玉额头高高的，脸长长的，眼睛炽热而明亮，并不像典型的当地人那样长着圆圆的脸蛋和惊疑不定的眼睛。

她的陪同人员邀请我们到树荫下喝杯热茶休息一下。

小玉出生在仁爱中，当然，是在曲阜。当她还是一个小姑娘的时候，大家就都说她很迷人。这让小玉很不好意思，因为不知道为什么人们没有对她的表姐妹们说过这样的话。

“你和她们不一样，”有一次，妈妈对她说，“在你落地之前，咱家房顶上飘来一片祥云，我就知道，我的孩子是从天上下来的。”

“梅花比我更美。”

“不，你更美，我的孩子！人们说你迷人，其实是想说你拥有世界上的所有财富。”

妈妈曾对她说过一件往事：有一天，她在家门前的马路上跳皮筋。一起玩儿的一共有五个孩子，都是本家亲戚。后来大家跳乱了，就吵了起来，并把她当成罪魁祸首。她很委屈，知道不是自己的错，可是别人都联合起来针对她。她奋起反抗，向她们大喊，说自己一直都遵守规则，不应该被冤枉。表姐妹中有一个人跳出来扇了她一巴掌：“闭嘴！你这个坏家伙！”

她哭着躲到了一旁，独自在水井边抽泣。过了一会儿，她抬头看向天空，发现太阳正在冲她微笑，便高兴了起来。后来，她发现太阳也在朝她的表姐妹们微笑，包括刚才扇了她一巴掌的那个女孩儿。

“这说明我不该生气！”她嘟哝着，然后大声要求伙伴们带她一起玩儿。

她是在仁爱中出生的，因此对身边的一切都心怀仁爱，能够宽恕自己遭遇的不公。不仅小玉选择宽恕和遗忘，她的表姐妹们，还有其他人也是如此。她很小的时候，父母就去北京工作了。父亲要进京从政，母亲也获得了一份很好的工作，只能把小玉托付给邻居家的老人照料。那时她才五岁。

“其实是他们把我抚养成人的，”小玉说，“他们都是些普通人，不识几个大字。我从他们讲的故事里了解到了历史，讲得最多的就是关于孔子的故事。这些故事是从他们父母那里听来的，我觉得应该是一代代口耳相传，因为他们不识字，无法阅读原著。孔子的学说也这样传承了下来。最重要的是，他们教会了我怎样做人。”

长大后，小玉从一个靠邻居照顾的孩子变成了当家人，成了一个护士，里里外外一把手。这时候，浩劫开始了，她身边的人一个接一个地被打倒。父母相继离世后，她因为父母的政治问题被学校开除了，而她对相关的问题一无所知。获得平反后，她被大学录取了，但不久后又被开除了。一位曾经收养过她的人也在此期间去世了。

“如果要把我遭受的苦难一一列举的话，恐怕永远没有尽头。我常说：‘还好我没有对发生在自己身上的那些事耿耿于怀。从小我就想，应该要仁爱、宽恕、遗忘。正是这些想法帮助了我，照亮了我的生命。’”

小玉手里抱着女儿卓然。在我的陪同人员追问下，我从小玉的只言片语中得知，她的丈夫抛弃了她，搬到情人那里去住了。每次一回家，就会骂她们娘儿俩，而她总是默不作声。小玉恪守着黄帝要求的统一和孔子宣扬的仁爱，总是用沉默和宽恕来回应一切。

“一句温柔的言语、一个微笑、一次握手、一个拥抱，一个微不足道的善意的举动不仅仅能为别人带来快乐，还可以为自己带来幸福。所以我是幸福的。我为卓然活着，她以后一定会知书达礼，她很喜欢读书。”

她在北京的一家公司工作，空闲的时候会练习书法。

“对我来说，写字是一种找回自我的途径。我能够通过运笔和着墨，通过起笔和收笔传达出自己的状态，很多时候和自己写下的字并没有什么关联。”她解释道，“你们知道吗？如果现在拿出几年前写的一幅书法作品，我虽然记不起来是什么时候写的，但看着它就能说出当时是何种感受。”

她掏出手机，向我们展示了一幅作品的照片——《爱永不止息》。

“你是个诗人！”我的朋友赞道。

“这是我三年前写的，为了怀念我的继母。”

“你是个出色的书法家，是个艺术家！”

“才不是呢！我只是个普通女人罢了，只是内心充满爱而已。”小玉轻声说着，站起来向我们欠身致谢，然后抱起卓然走了。

这就是一个能够和黄帝、孔子产生共鸣的普通中国妇女。

中国二十世纪代表性作家老舍因小说《四世同堂》（军事出版社 1983 年出版）而被罗马尼亚人熟知。半个世纪前，他在一篇散文中描述了北京、成都、青岛的理想生活。在他看来，应该“有七间小平房……古玩字画全非必要……没有下房，因为根本不预备用仆人……院子必须很大，靠墙有几株小果木树。除了一块长方的土地，平坦无草，足够打太极拳的……屋中至少有一只花猫，院中至少也有一两盆金鱼。”现如今，中国的首都几乎在一夜间摩天大楼林立，大型购物中心里可以找到所有国际时尚品牌，堪与全球各大贸易中心争奇斗艳，到处都是公司和商会。购物中心里摩肩接踵的人群和流水般的交易额大大超出了我们保守的想象。

让我们来看一组数据吧。中国近年保持着百分之七的经济增长速度，稳居全球首位，成为全球发展的引擎。失业率保持在较低水平、物价平稳、社会繁荣，在强有力的反腐态势下，无论贪腐者拥有多高的政治地位或多硬的后台都难逃法网。全国人大通过了一项法律，允许对外逃贪官进行缺席审判，没收其财产！外国对华投资与中国对外投资基本持平，保持在几千亿美元的水平。目前已有 1.6 万千米高铁线路，占全世界高铁里程的 60%。如此种种，不一而足。

对个人而言，怎样才算富裕、幸福、和谐的生活呢？对于国家又该是怎样的呢？在中国的大街小巷，经常会在意想不到的地方出现用美术字书写的标语，用以表达民生和社会的发展道路：富强、民主、文明、和谐，自由、平等、公正、法治，爱国、敬业、诚信、友善。我们为什么要羞于不断告诉人们文明意味着什么呢？

演出和文化活动？那简直数不胜数。根据二千五百年来被详细记载的家谱，孔子（公元前551至公元前469）的第七十五代孙孔奇不久前在北京艺术博物馆举办了画展开幕式。而在旁边的展厅里，分别有一个油画展、一个书法展和一个在宣纸上进行创作的中国画展。孔奇是一位著名的肖像画家，善于用传统绘画技艺表现现代题材，其作品典雅自然，能够从日常生活中发掘惊喜。他1950年出生于曲阜，那也是其祖先——孔子的故里，他将自己的画室命名为“载真堂”。

我曾经参观过国家大剧院。那是一座位于市中心的穹顶形建筑，紧邻人民大会堂。四周绿水环绕，好像一座中世纪的城堡，只有吊桥放下来的时候才能从唯一的入口通行。剧院内部仿佛《一千零一夜》故事中描绘的场景，共有八个大小不一的剧场，适合话剧、歌剧、交响音乐会等不同类型的演出。

我在那里观看了芭蕾舞剧《马可·波罗》，该剧富含传统舞台元素和原创音乐，同时也传递着清晰的信息：和平与和谐，人类文明和人文精神永世不灭。剧中的主人公——意大利人马可·波罗和他的东方公主在面对社会的不公时，为了世界的和平而牺牲了个人的幸福。

中国古典小说《西游记》也向孩子们传递出了同样的信息。这部小说的罗马尼亚语译本于2008年由玉麒麟出版社出版。

在故事片《天将雄师》中，当一支罗马军团和中国官府代表在丝绸之路上相遇时，由成龙（国际上家喻户晓的 Jackie Chan）饰演的角色在不同民族间表现出了人道、合作、开放与理解。这正是当代中国想要传达的信息。

如何才能将中国的文学和艺术尽可能广泛地介绍给罗马尼亚呢？如何才能让中国人尽可能地了解我们的作家呢？这些都是值得我们深思的问题。在二十世纪中叶，一大批罗马尼亚经典作品被翻译成汉语。在此之前，第一位有作品被翻译为中文的罗马尼亚作家是米哈伊尔·萨多维亚努（Mihail Sadoveanu）。鲁迅在其小说《斧头》出版后不久，就将其中的一些章节介绍给了中国读者。如今，埃米内斯库的作品已经有两个中译本问世，我们正在考虑出版一部由年轻译者翻译的新版本。罗马尼亚现代诗歌暂时还不为人所知。目前正在筹划出版一部尼基塔·斯塔内斯库（Nichita Stănescu）的作品，马林·索列斯库（Marin Sorescu）的诗集获得了罕见的成功，很快销售一空，出版社也因出版罗马尼亚诗歌获得了经济收益。

中国文学目前正处于创作高潮期，在全世界享有广泛赞誉，诗歌、散文、戏剧等创作都达到了国际文学大国的水平。我在二十世纪 80 年代结识了高行健[①]，我在编纂《中国当代诗歌》（达契亚出版社，1986 年出版）一书时他还为我提供了资料。2000 年，他获得了诺贝尔文学奖，此后不久，中国小说家莫言也

① 高行健为法籍华裔作家。——编者注

获得了这一殊荣。莫言、余华、苏童、陈忠实、王刚等小说家的作品印数都有几百万册，受众广泛。他们的作品被搬上了银幕，在他们自己还没有获奖时，根据其作品改编的影片就已经在各大国际电影节上屡屡获奖。例如今年（2015年）年初，一部根据余华作品《许三观卖血记》改编的韩国电影《许三观》上线仅仅一周，票房就已高达四百万元。小说描写的是一个男子的故事，每当他陷入经济困难，就会去卖血，实际上反映了中国二十世纪下半叶的政治运动。中国版《许三观卖血记》的导演则是余华之子余海果，他开创了一种新的电影视角。两部影片相继上演，引起了极大关注。

在文坛的竞争中，我们认为高质量的罗马尼亚文学还是有其发展空间的，所需要的只是努力和经济支持而已，哪怕是一点启动经费就可以。

如果说冬天属于围炉夜话，那么春天就是一个属于诗歌的季节。2015 年 3 月初的北京是诗的海洋。羊年的大年初五是一个寒冷的日子，早上的气温低于 0 摄氏度，到中午才接近 6—7 摄氏度，晚间室外气温又急剧下降。但我们这里却暖意融融，喝着黄酒，品鉴着唐诗和现代诗歌，浅吟低唱驱散了寒意。《为你诵读》是一款由诗人项建新和计算机专家孙欣开发的软件，被誉为可以阐释心灵的成果。我也在上面录了一首罗马尼亚的爱情诗歌，迄今已有数千位访问者！看看吧，这就是中国现今推广诗歌的模式，特别是青年人，争先恐后地在手机上下载这款应用软件。每一个人都可以在一个日益壮大的文学社团中，把自己诵读的诗歌录制下来。

1996年，玉麒麟出版社出版了《易经》的罗马尼亚语全译本，分上、下两册。这部古老的哲学和占卜书籍教导我们物极必反，只有永远保持谦逊才能得到回报。这一点是不是也适用于求学和知识的获得呢？难道会有人满腹经纶，却因其积累的学识而灭亡吗？至少从巴别塔的故事以来，无论是询问自己、质疑他人，还是在书中寻找答案，都需要持之以恒。知识可以带来力量，只有弄清身边的事物才能获得真正的知识。

思想家孔子的学说在中国，乃至整个亚洲都有很大的影响。他曾说过："学而不思则罔，思而不学则殆。"中国古代学者力求尽可能深入地认识和了解生命，从而成为圣人，也就是成为一个真正有能力、有智慧的学者，但更重要的是成为一个纯真、诚实、开朗、行为端正并能兼济天下的人。

DUANG是一个近来在社交网络上飞快传播的词汇。这个说法是电影明星成龙在一则洗发水广告中首创的，用来描述一种令人吃惊的状态。这个用拉丁字母写成的形式本身没有任何含义，也没有对应的汉字。不管怎么说，应该有一头"DUANG DUANG"的清新头发，应该生活得"DUANG DUANG"的。

水，同时蕴含着儒理、道韵、禅意。

水，是诗和女子的肌骨。

如水的月光静静地环绕着我们。

我们这里一共只有五个人，都是汉学家。我们竭尽全力，希望承载着罗马尼亚人的邮轮能够在中国的文化海洋中尽快起航。我们带来了罗马尼亚的珍宝，包括历史、地理、风俗、人生哲学、文学、艺术以及古代、现代和当代文化，希望将罗马尼亚的现状，特别是艺术界的状况，以及在经济和科技发展方面的愿景介绍给中国。有谁知道文化交流的起点和终点在哪里呢？罗马尼亚文化中心为古老的达契亚构建了一个温馨的家，即将在复活节前夕正式开放！

你也许还不知道吧，在很久以前，达契亚王国曾经和汉朝签署过一份互不侵犯条约。德国历史学家在十八世纪发现的这一信息本该由中罗两国的史学家通过对汉史（汉朝是继秦朝之后建立的王朝，直至220年。公元前221年，秦始皇成立了第一个帝国）的研究加以阐释的。在布雷比斯塔（Burebista）时代，中罗两国就有交集了吗？

12月，从圣诞节期间一直到元旦后，北京都与全球各国遥相呼应，播放着同样的广告，商场里同样人山人海，街道也在节日期间被装点一新。不仅在市中心和主干道能看到大红灯笼和书写着祝福的对联，甚至在最狭窄的胡同也有它们的踪影，处处洋溢着节日的气息。但激情并未至此消退，而是延伸到另一个更为辉煌、历时更长的节日中。我敢说，中国人的生活和宇宙紧密关联，从中国的农历就可见一斑，这可不仅仅是一部按某种途径规定人们生活方式的历法而已。如果以黄帝来纪年，中国人今年进入了4716年，每个人至今恪守的习俗都带有传说的光环。北京的冬天没有积雪，而且十分干燥。虽然气温一直在零摄氏度以下，街道上临时布置的标语，包括一些文字和微缩的宫殿模型都结了冰，但是冬季已接近尾声。在辞旧迎新之际，人们依照千年以来的传统，要庆祝一个月的时间，欢乐驱散了严寒。尽管法定年假不到一周时间，但传统上的新年却要从春节（农历正月初一）一直延续到元宵节，也就是农历正月十五。

据说很久以前，有一个叫作年的非常凶猛的怪物。因为生活在海中，所以有长长的脑袋和巨大的触手。每年，年这个怪物都会上岸一次，吞噬它见到的一切东西。为了逃避它的怒火，人们躲进了深山。有一次，在某个村子里，当人们想再一次逃避年的侵害时，来了一个老乞丐。村东头的一个妇人给了他一些吃的，劝他赶紧离开那个地方。老人抚着自己的长胡子笑道："收留我一晚吧，大嫂，我会为你驱灾挡祸的。"妇人盛情款待了他，老乞丐坦然受之，只是笑着坐在那里，什么也没说。怪物在半夜进了村子，发现东头有一座宅子的大门上贴了两条红纸，灶台里则生着火。当它靠近时，院子里传出一阵爆响。怪物大惊失色，不敢再靠近一步。显然，它害怕红色、火光和爆炸声。这时，宅子的大门开了，一个穿红袍的男人站在院子中央大笑。吓得魂飞魄散的怪物立刻就不见了踪影。第二天，村子里的所有人都知道了平安度过新年的方法。

从那时起，中国人就形成了一套习俗，例如在住宅的大门两边垂直贴上两条红纸，称为春联，上面写着祝福的话语（如福、禄、寿、喜，等等），以及点灯笼、放鞭炮等。在大年初一的清晨，亲朋好友们相互走访问候。人们借用了年这个怪物的名字，来命名岁月的更替，并将新岁旧岁相交称为过年。所以，在中国，继阳历元旦之后还有第二个新年，叫春节。在这个日子里，有两种食品对每一个中国人都是必不可少的，第一种是鱼，第二种则是包裹着菜馅或肉馅的饺子。我曾经自问，这两种食品有什么特别的呢？其实根本没有什么特别之处，甚至连味道也无关紧要，但它们出现在每年最重要的夜晚，有着深刻的内涵。“鱼”的发音与另一个汉字“余”相同，饺子的形状则与元宝相近，象征着富足和繁荣。我们得学会在各种符号中生活！

春节就像我们的圣诞节一样，是一个举行盛宴、阖家团圆的日子。地球上的十五亿人会一起迁徙。按照传统，哪怕离家千里之遥，每个人都要回家。每年春节期间，飞往中国的航班班次都会增加一倍。在这片被称为“中央之国”的大洲上，飞机票和火车票早在几个月前就已一票难求。这种节日氛围很难形容，即使是寒冷干燥的北京也到处生机盎然。大街上人山人海，商家纷纷举行各种促销活动，日进斗金，在公园、寺庙、街角会举办各类集市。家家户户都要打扫卫生，因为“灰”和“晦”谐音，清扫也是辞旧迎新之际必须要做的工作。除此之外，人们还会换上新衣服，为卧室和厨房添置新用品，近年来还有人置新居、买新车！

在此期间还会举办一年中最重要的文化活动，包括大型展览、话剧或传统戏剧首演、音乐会，等等。“亚洲舞台”是一次令人难忘的大型绘画、雕塑和摄影艺术展览，旨在通过现代艺术手段，更为准确地弘扬亚洲艺术，展现中国现状，并将在春季期间到德国和其他欧洲国家进行巡展。我从中发现了几个重要主题，即：城乡的过去、现在和将来；乡村宗族文化；都市神话中的个体；开放的当代中国。此外还有李浩然教授的右脑书法，旨在通过左手执笔书写来开发右脑机能。北京启泰远洋文化传媒有限公司与北京罗马尼亚文化中心相邻，都位于北京市中心的同一栋建筑——银河 SOHO，与中国外交部仅一步之遥等等。

根据传统，猴年是不同寻常但成果丰硕的一年。猴子这种聪明的动物有极强的记忆力，能够在任何情况下展现自己的能力，并像狡黠的政治家一样左右逢源。人们可能会有很多预测，但事实是猴子总能以正确的方式完成任务，做到有始有终。它所倚仗的不是令人生畏的宇宙能量，而是其自身的能力。

我们在隆冬时节迎来了中国的农历新年，北京正经历着最严重的霜冻。因为没有积雪，所以也无法期盼雪花莲从晶莹的雪地中破土而出，甚至连梅花的花期也推迟了。据说，梅花傲雪迎霜，一生高洁，与兰、竹、菊合称“四君子”，梅花高傲、兰花雅致、竹子坚韧、菊花隐逸，它们兼具了强大的力量、独立的品格和优美的外观。

春节共有七天假期，从除夕开始。但传统的习俗被官方制定的法定假日忽略了，因为庆祝活动一直要持续到新年的第十五天，届时会有一个盛大的民间节日，即元宵节。节后，中国人就要投入到春天的劳作中。节日的气氛弥漫在天空中，就像在我们国家圣诞节和圣约翰节期间一样，是一年一度合家欢聚的日子！

中国人相信天圆地方，中国古代铜钱的形制因此而来——圆形的铜板中央钻了一个正方形的孔。圆形可以消除或减少阻碍，促进流通，使人获得收益和成功；方形则是筋骨，给人以安全感，就像那些创造了历史的务实、积极、勇敢的英雄人物一样。正因为此，据最新的统计数据，北京的人均年收入已经超过了十万元人民币（一美元约合七元人民币）！

“宝剑锋从磨砺出”“真金不怕火炼”，中国有无数的成语和俗语，一些历史故事也可以用诗化的语言清楚地描述道德规范。正如我们所知，英雄人物价值的体现并非一朝一夕之功，而是克服无数艰难险阻后的爆发。“梅花香自苦寒来”，这和我们罗马尼亚人赞赏雪花莲是一样的道理，它纯净清新的面貌来自皑皑白雪。如今，很流行养水仙花，黄水仙是中国十大名花之一，象征着思念、家庭团圆和亲人相聚。水仙、兰花、菊花和风信子是四种雅致的花卉。在农历新年之际，很流行送一盆水仙作为礼物。它如白雪般纯净，有幽淡的香气和赏心悦目的姿态，就像一位优雅迷人的女子。

明代（1368—1644）《帝京景物略》中有这样的记载："入春而梅，而山茶，而水仙……"宋代（960—1279）诗人杨万里则是这样描写水仙花的：

韵绝香仍绝，
花清月未清。
天仙不行地，
且借水为名。

开处谁为伴？
萧然不可亲。
雪宫孤弄影，
水殿四无人。

我们罗马尼亚人则在农历新年前夕举办了一次百年不遇的"罗马尼亚珍宝展"，展出了我们祖先土地上出土的几百件古代文物，此外还为排箫王子尼古拉·沃伊古莱茨（Nicolae Voiculeț）举办了两场独奏音乐会，并在北京和上海举行了康斯坦丁·布朗库西（Constantin Brâncuși）年揭幕研讨会。

在罗马尼亚文化日，情感细腻的画家兼作家康斯坦察·阿伯拉谢伊－多诺瑟（Constanța Abălașei-Donosă）展出了取材于埃米内斯库诗作的绘画作品，而享有罗马尼亚金钟美誉的埃米尔·博罗吉讷（Emil Boroghină）则在中国两个城市的舞台上用其无与伦比的嗓音朗诵了埃米内斯库的作品。

国家博物馆位于天安门广场，距故宫仅一步之遥，在此举行的“罗马尼亚珍宝展”吸引游客数量之多超乎想象。我的好友，诗人彭世团在 2016 年 2 月 12 日赴国博参观展览时，面对展品当场赋诗一首，并用微信发给我。

据说，中国人可以根据母亲的年龄和受孕的月份来预知胎儿的性别。

我好几次问中国朋友：“这是真的吗？”后来，我意识到对这个问题的答案取决于回答者当时的心态。这张表很久以前就为人所知了，依此行事当然也不会有什么危害。中国人不相信巧合。对他们来说，世界上不存在什么无缘无故的东西，哪怕是最微不足道的事情也必然有其缘由。

如果你遇到一个人，然后和他一起完成一项任务，或与其合作，或者他帮助了你，中国人会非常平静地告诉你这是自然而然的事，因为你们的相遇并非巧合，而是缘分，是命中注定的！如果某次干柴烈火般的相遇无果而终，同样是一种缘分。并不是所有人都注定与你有缘的，如果某些人会对你的人生造成阻碍或危害的话，你甚至要刻意疏远并躲避他们。

至于生男生女，中国人认为这是上天的安排，旨在达到天、地、人之间的和谐。从比例上看，每年出生的男孩占多。

中国人的姓氏也是如此。正如《论语》所言，“四海之内，皆兄弟也”，中国人认为自己都是最先统一了黄河流域各部落的黄帝的子孙。据历史记载，黄帝是第一个凡间的帝王，此前的三位帝王都是具有超凡能力的神祇。史载黄帝共有二十五个儿子，其中十四人被分封得姓。

《百家姓》是一部专门记录中国姓氏的著作，其中罗列的姓氏很早就存在了。因此，今天姓王、姓李或姓张的人都属于某个具有上亿人口的大家族的一部分。有一次在长江沿岸访问时，我发现身边很多人都姓王，例如王乐、王大全、王炳丹什么的。我开玩笑地问这是什么原因，在那个村子里会不会有某家人不姓王。“不会的。所有人都姓王。”“他们是亲戚吗？”“不是。出了三代以后就算不上亲戚了，不过我们五百年前是一家。”

《百家姓》成书于960年的宋代，由杭州一位学者编纂而成，收录了411个中国汉族的姓氏。后来，这部著作经过增补，扩充到了504个姓氏，其中包括444个单姓和60个复姓。全书用四言格律写成，二四押韵，读之朗朗上口，就像诗歌一样。直至今日，小学生们除《百家姓》外，还能背诵《三字经》和《千字文》。

如今，约有9500万人姓王。这是一个非常简单的汉字，三横构成了一个数字三，中间用一竖连接起来。自古以来，王姓的名人有 3000 多位，所有人都是王公之后，因为王字本身就是帝王之义。所有王姓者都有高贵的王室血统。王姓最多的省份是河南、山东和湖北，例如笃信佛教的著名诗人王维（701—761）。

李姓在上述几个省份也有广泛分布，总人口约 9300 万人，从古至今有 2777 个名人。中国人最爱戴的诗人中就有诗仙李白（701—762）、27 岁英年早逝的诗鬼李贺、善于表现时政题材和咏古的诗人李商隐（813—858）。在此之前还有举世皆知的老子（公元前 571—公元前 471），俗名李耳，相传是黄帝的直系后代。

中国的第三大姓是张，也是黄帝苗裔，相传曾发明了弓箭。汉字“张”就是开弓射箭的意思。丝绸之路的开辟者名为张骞（公元前 164—公元前 114）。张姓人口约 8500 万人，华中地区最多。和其他两大姓氏一样，古往今来张姓的名人也有超过 2000 个。

在此，我想引用吉狄马加的诗作《我，雪豹……》中的一段，来结束这个关于中国姓氏的段落。

昨晚梦见了妈妈
她还在那里等待，目光幽幽
我们注定是——
孤独的行者
两岁以后，就会离开保护

独自去证明
我也是一个将比我的父亲
更勇敢的武士
我会为捍卫我高贵血统
以及那世代相传的
永远不可被玷污的荣誉
而流尽最后一滴血
我们不会选择耻辱（生命意志与尊严）
就是在决斗的沙场
我也会在临死前
大声地告诉世人
——我是谁的儿子！
因为祖先的英名
如同白雪一样圣洁
从出生的那一天
我就明白——
我和我的兄弟们
是一座座雪山
永远的保护神
我们不会遗忘——（生命意志与尊严）
神圣的职责
我的梦境里时常浮现的
是一代代祖先的容貌

我的双唇上飘荡着的
是一个伟大家族的
黄金谱系！
我总是靠近死亡
但也凝视未来

古老的庙宇已经成为公园，特别是在早上6点到9点，这里会变成一个巨大的健身俱乐部。这些庙宇中已经没有道士，只有练武的师傅和各种艺术家。在中国的首都，到处都是这种绿树成荫的场所，城市的喧嚣在这里消失得无影无踪。在紫禁城的四个方向，分布着最重要的四座庙宇，分别是天坛、地坛、日坛和月坛。如今，天安门广场已经成为北京的地标，它的名称取自紫禁城的南门。

日坛与罗马尼亚大使馆隔街相望，始建于1530年，被构思、设计、建造成正方形。进入东门，就能看到一块几公顷大小的长方形区域，中央是一个代表太阳的圆形，四周有2米高的坛墙环绕，琉璃瓦反射着太阳的光芒。外围设有亭台楼阁和花园。祭坛位于坛墙之内，朝西设置。旁边是木制的栏杆和解说牌。千年古松的树干苍劲有力，两三个人方能合抱，树枝如同一个人扭曲向上的身躯，有些树木的树冠堪与高楼比肩。五百年前，这个祭坛是在一座道观的基础上修建起来的。

清晨6点，公园的大门打开了（夜里大门是关上的，而且有人值守，禁止闲人进入），日坛公园会在接下来的几个小时里变成一个健身俱乐部，同时也是凡人们尽情欢乐的天堂。那里有一条四千米长的环形慢跑道，上面挤满了老老少少的跑步者。可以想象一下几十年前，几百万辆自行车挤在北京的大街小巷上，现如今它们早已被各种型号和尺寸的小汽车取代了，成为一股制造污染的钢铁洪流，而这座北方之都真正的居民不得不退避到公园里。穿过跑道，清晨的奇迹就开始了。

中国人像所有亚洲人一样，有早起的习惯。刚过6点，公园里已经人头攒动了。有的三五成群，有的则好几十人聚在一起，跟着某位师傅练功。老老少少一起练习太极拳、气功或者其他各类武术，也有人在练瑜伽，目的都是为了强身健体。我们发现最简单的运动就是用手掌拍打胸口、肩膀、大腿、臀部、胳膊和脚，每个部位拍打三十六次，然后以大喊“啊啊啊”收尾，就像人猿泰山一样，目的是为了将夜间郁结的浊气排出头脑和胸部，促进呼吸和血液循环，并刺激各个穴位。这些穴位连接起一个不可见的奇妙通道，重要的穴位有头顶的百会穴、腹部的丹田、下身的会阴，以及背后的前阴和后阴。

我们很快成为一位名叫王光迪的师傅麾下的成员。他是位经济师，在区政府工作，每天早晨会到公园里教一些太极拳的基本动作。我们在一块很小的场地上练习，面前是开满鲜花的开阔草地，背后则是一道高墙，可以把它想象成保护我们精气不泄的高山。所谓“气”就是生命的精华，是宇宙的初始能量。我们的右侧有一棵千年古松，巨大的树冠可以为我们遮蔽突如其来的暴雨。学习着那些柔缓的动作，我们努力使身体的运动和自己的思想、呼吸一致起来，就像清风拂过手臂。突然间，动作又快了起来，上上下下动个不停。所有人都专心致志，正因为此，这些团体离得那么近，却不会相互打扰，每个人都生活在自己的一片天地中。当喧闹的音乐在我们耳中消失，而且可以无视身边的过客时，我们觉得这就是所谓的全神贯注了。

有位叫段金福可以保持好几分钟金鸡独立的姿势，纹丝不动，就像一根花岗岩柱一样。他时不时会换一条腿，抬起的脚掌一直举到头顶。他已经 77 岁了，有时会看我们练太极拳。

“不，我不是体操运动员。”他告诉我们，“我只是个工人，退休后才开始练这个的。我每天都运动，不光在这里，在家时也练。从早上到下午，连着练好几个小时。我练的这个叫软功。你练太极也不错。就像我喜欢吃蔬菜一样，吃什么蔬菜并不重要，反正它们都是有好处的。只要每天坚持，长年不断，所有的功法都会取得好的效果。几个月后就能看出好处来了。与其跑到医院去打针吃药，还不如锻炼身体呢。不出三年，你的器官就会焕发第二春！”

他向我们展示了一个劈叉动作，足以让专业运动员汗颜。我们请求他重复一下那个金鸡独立的动作。只见他将左脚提升至膝盖处，然后用两手将其直直地举到头顶上，和另一条腿形成一条直线，稳稳地戳在地上！他用左手托住脚后跟，右臂高高上举，伸出两个手指头比了一个胜利的手势。他注视着前方，心绪仿佛已经飘出公园离开了我们。他的精神已经和宇宙融为一体了，只有肉体还像一根柱子一样留在尘世。我们即使作为看客，也难以保持长时间一动不动。我们从他身上学会了如何自控。

旁边有人在随着佛教音乐运动，另一边，相距不到四五米处，人们却在跟着现代音乐跳舞。更远的地方，有位老师在教拉丁舞。一个巨大的伞盖下，一群男男女女手持巨大的折扇或长剑，正在跳着优雅的中国古典舞蹈。

耳中不仅可以听到意大利的咏叹调，还有京剧和越剧。另一边，有人在下国际象棋或中国象棋，还有人在打牌（并不赌钱）。

公园里有一些碎石铺成的凹凸不平的小路，踩在上面可以对脚底进行刺激，据说脚底的穴位连接着人体所有的内脏器官。

花坛边、树丛边、亭台边以及北、西、南三个入口处古朴厚重的大门边都是各种健身团体，数不清到底有多少个。

有些地方的路面是用一尺见方的方砖铺成的，早上会有人在那里练习书法。写大字是最好的脑力活动，可以将呼吸和思维协调一致，还可以训练记忆力。他们手持拖把大小的毛笔，用清水在水泥砖上写方块字，通常是古诗词，但写下的书法作品通常只能保留一会儿时间，就会被炎热或寒冷吸收了。

别忘了旁边还有混凝土的攀岩墙，其中一面只有十米高，是专门供孩子们玩耍的，另一面则如悬崖峭壁一般。还有不少打羽毛球，或做其他运动的人。只有祭坛的位置没有人。无论我们的思想有多么现代，这个地方依然被看作一块圣地！

在两三个小时的时间里，日坛公园就是青年人的精神俱乐部。他们一直都这样吗？还会是别的样子吗？他们每天花一个小时左右来这里补充能量，然后到工作岗位上开始一天的劳作，日复一日，一生都是如此。这些健身团体无疑是成功的。在我们看来，他们似乎是一成不变的。但我可以向你保证，我的朋友，早晨六点的他们和我在八点半上班途中看到的他们有着天壤之别。

看着他们在上班路上精力充沛的样子，我会想起孔子对他的弟子说的话："一箪食，一瓢饮，在陋巷，人不堪其忧，回也不改其乐。"这位伟大的导师提出一个人应该具有仁、智、勇三种品德，换句话说，就是要为人正直、有荣誉感、懂得尊重。我们不要忘了，孔子不仅是那个时代最博学的人，还是一位武术大师！他教育我们，仁爱之心对人是没有坏处的。组成汉字"愛"的各个成分，就体现了奉献、温柔、快乐、愉悦、激情，而中央位置的"心"，则体现了心灵、呼吸和高雅的举止。我们可以从中得出结论：爱可以使内心充满能量，使举止变得优雅。

炎炎夏日如同一颗慈母之心，植根在我们的生活中。我们感受到了它的温暖，只能俯首帖耳。春节后还不到两个礼拜，北京的天气一下子就热了起来。到了三月份，温暖的气流和来自西伯利亚的冷空气不断交锋，大自然一冷一热的两大力量你方唱罢我登场。按照《易经》中的哲学思想，无论是善和恶、冷和暖都有一个物极必反的过程。

在一年中的这个时节，人们的注意力会集中到无所不在的爱上。在古代，唐玄宗和二十二岁的杨玉环之间的爱情被认为是千古绝唱；宋代的爱国诗人陆游以及汉代学者司马相如缠绵悱恻的爱情故事也被载入史册，并通过文学作品流传千古；《梁山伯与祝英台》是一个浪漫的爱情故事，被誉为中国的《罗密欧与朱丽叶》，他们不顾父母和宗族的阻挠，双双殉情后化作两只蝴蝶，在每个春天都重温着那段短暂而凄美的爱情，这就是纯真的爱。

第六章

与中国人的不解之缘

几则心腹之交或萍水相逢的人物故事

罗中友谊不断深化过程中的一些榜样人物

曾经，在罗马尼亚没有中国人的身影。在战争之前，或许有几个人曾生活于此。我认识一位老人，他曾在齐什米久公园[①]出售剪纸、风筝之类的物品，精湛的手艺和独到的创造力在这些玩具上体现得淋漓尽致。据说他有一位罗马尼亚妻子。我不能说我了解这个男人，但每当我经过银行对面的小巷并与他擦肩而过时，一股敬佩之情不禁从我的内心油然而生。

我大三那年，系里来了一位中国教授——马天祥先生，教授我们汉语精读课与古汉语课。马教授温文尔雅，治学严谨，学识渊博，为学习罗语也下了不少功夫。我们却总是从中作乐，教先生学说一些俚语说法，比如：用“Mişto”[②]代替“好的”；用“M-am prins”[③]代替“我知道了”，诸如此类。我们那位和善的女教授常因此责备我们，马教授倒是对此不以为意。我曾经与一位同事一道去马先生家拜访他。我录下了老先生诵读中国古诗的片段，想着要一一学习，并在日后将其翻译为罗马尼亚语。

因此，当我写下这些文字时，我感到自己仿佛从记事起就认识中国人。他们也生活在这片土地上。书中有关于他们的内容，荧幕上有他们的身影，直至后来，我在现实生活中

① 齐什米久公园，罗马尼亚语为 Parcul Cişmigiu，为布加勒斯特市内第二大公园，占地 17 公顷。

② Mişto 为罗马尼亚俗语用词，意为“好的、漂亮的、棒的”。

③ M-am prins 为罗马尼亚俗语用句，字面意思为“我抓住了自己”。

认识了真正的中国人。或许，我们早在库库特尼文化和仰韶文化时期便已相知相识？我曾是布加勒斯特大学的一名学生，当时学习中文的五个学生当中，有三个女孩和两个男孩。我们曾见过一群在中国学习罗语的学生，他们的罗语讲得那样好！我和我的同学们既为他们感到高兴，同时也备受鼓舞。那意味着我们也能说得一样好！先是他们，而后我又认识了很多中国人，他们与我在书中读到的和想象中的那些人又是否相同呢？现实总能超越想象。

如今看来，我确实自记事起便与中国人有不解之缘。在他们身上可以觅见这世间的一切品质。我好友无数，仅从中选择几位来详谈实在为难。

短短几句，我应该谈谈谁呢？一些罗马尼亚语学习者，在大使馆共事过的职员，抑或是我这个不起眼的小公务员？我的脑海中浮现出人民文学出版社编辑张增信的身影。他一直致力于推广具有普世价值的罗马尼亚古代与当代文学作品。张先生自己翻译了不少书，同时也负责李家渔所译书籍的编辑工作，因此成为最高产的罗马尼亚语作品译者之一。

有些人在某段时期内同我合作过，之后便杳无音信了。另一些人则在多年后又与我重逢，上海的周明德便是其中之一。才情出众的周明德先生怀瑾握瑜，曾翻译二十余部罗马尼亚故事片。我们和无数中国观众都为此十分感激周先生。他的罗马尼亚语水平与我们相差无几，甚至还胜过我们一筹。光是听他说话的声音，你根本无从得知他不是个罗马尼亚人，而是个中国人，因为他的发音如同演员般无可挑剔，语法也毫无瑕疵。北京罗马尼亚文化中心很荣幸能授予周先生“友谊大使”的荣誉称号。

另一位朋友是在一次山东省推介会上相识的。他们在北京设立了省驻京办，我应邀参加揭牌仪式。驻京办的建筑雄伟气派，办公室、酒店、展览厅、餐厅以及其他各种设施一应俱全。这一切令人叹为观止！它宛若一个特殊的“省级大使馆”！我骄傲极了！我的姓氏——“鲁”，让我感到自己同旧日的鲁国一脉相承，相信自己与曲阜有深厚的渊源，这让我十分欣喜。当时他只是一位普通的代表处员工，身份并不显赫。我们惺惺相惜，之后也保持着电话联系，我还时不时邀请他来参加大使馆的活动。忽然有一天，他说想见见我。于是，我便邀请他来大使馆喝咖啡。有一个商务代表团需要访问几个欧洲国家，其中也包括罗马尼亚，他想问问我关于签证的事儿。我对那套规定不怎么熟悉，于是致电领事处寻求帮助。我还曾参观过山东的一家地毯工厂。有一次，我问他是否可以帮我订制两条具有罗马尼亚特色的地毯。

“我试试吧。”他回答道。

在这种情境下，我们罗马尼亚人总会反复地向对方保证这事儿包在自己身上，即便我们可能对于接下来该怎么办毫无头绪，也会把胸脯拍得山响。要是事情出了差错，我们便会缄口不言。我的朋友则用了另一种回答方式。在亚洲工作期间，我也逐渐习惯了这种方式。一个月后，他说想同我见一面，让我在大使馆门口等着。

“你知道吗，这次可花了大价钱！”他还告诉我得为这两条地毯付多少钱。

这看起来不过是一件鸡毛蒜皮的小事儿，对真正的友谊而言微不足道。却又掷地有声。真正的友谊无须堆砌辞藻，而是实实在在的。

还是不在书中提及那位山东朋友的姓名了吧。如今，他不再居住于北京。省驻京办也已不复存在。他是一个象征。建立在价值和尊重之上的真正友谊是不可战胜的。像他一样的人数不胜数，十亿多的中国朋友都像他一样！

说起中国的政治人物，1968 年我同周恩来见了面还握了手。最初，我们将他的名字写成“Ciu En-lai”，主要是受了俄语的影响。

那是一个骄阳似火的夏日。“二战”欧洲战场于 1945 年结束，苏联获得了胜利，欧洲大陆的政治格局风云突变，罗马尼亚的国庆日也从 5 月 10 日改为 8 月 23 日。1968 年，中国的国务院总理周恩来出席了罗马尼亚使馆国庆招待会，而我三个月前才刚到北京。曾有一段时间，我除了本职工作外还需要承担一些礼宾工作。作为新闻和文化随员，我的工作范围相当有限，仅限于同《人民日报》《光明日报》接触。我们组织过几次大使会议。为了筹办招待会，我得准备名单，并将邀请函发给中国官员和外交使团。当时国庆招待会上的最高代表是当时中国人民对外友好协会副会长李锡龄。我们也做好了接待他的准备。然而在 8 月 20 日这一天，苏联人开着坦克进入了布拉格。波兰、匈牙利、保加利亚、民主德国都欢呼雀跃。罗马尼亚则谴责了这种一个社会主义国家入侵另一个社会主义国家的行径。于是，俄罗斯人陈兵在罗马尼亚边境。当时罗马尼亚国内流传着一个笑话：一名俄罗斯士兵从布拉格寄了一张明信片回家：

布拉格一片宁静。即便那些捷克人都看我们不顺眼，但他们还是屈服了。指挥官告诉我，如果我表现好，他还会带我去布加勒斯特！

周恩来参加了这场特殊的招待会，正式向全世界传达中华人民共和国支持罗马尼亚的消息，就像是在回复那位莫斯科士兵的信件。

我在小路的尽头等着他，这条小巷通往使馆花园，招待会就在那里举行。花园里到处都是中国人和外交官，还有一些驻华使节。当时，驻华外交使团的规模不大，只有社会主义国家、部分亚洲国家、英国、法国、意大利、瑞士和其他一些非洲法语国家开放了大使馆。有一百余人回复了邀请函。按照当时的礼宾要求，我穿着十分俭朴：下身着深色长裤、黑鞋，上身着白色短袖衬衫，领口处不系扣，下摆束于裤中。我们的首要客人的穿着也是如此，只是衣物的质感有所不同。一辆黑色红旗牌轿车停了下来，一位看起来和国家高官别无二致的安保人员先下了车，打开后门，让来宾行走在小路正中间，也就是我等他们的地方。我已记不得自己说了什么、谈了什么，但我知道自己临时改了一些说辞。那些能在多年后一字不差地回忆以往对话的人一定是在撒谎。不，是在创造。也不准确，那是一种幻想，或是一种文学创作。没有人告诉我应该说些什么。我只是等着他，将他带到露台处。那里有一个主席团正匆匆安排着什么，旁边摆着一些扶手椅和小桌子。

“您好！欢迎您！”我用中文向其问好。

“罗马尼亚国庆节快乐！”客人说道。他握住我的右手，我则用双手回握，甚至握得更紧了些。

“您请进，杜马大使正在等您。”我对他说。

我退到一旁，将路让了出来。接下来，我便跟随着客人一同前行。奥雷尔·杜马（Aurel Duma）大使和官方翻译扬·道洛班楚（Ion Dorobanțu）就在几米外等他。中国外交部的翻译应该是蒋本良先生，一位极其优秀的罗马尼亚语译者。我正目睹着生命中的一个历史时刻。我走上露台，看到贵宾和大使坐在绸面的沙发之上，那丝绸光泽如玉。扬·道洛班楚与中国翻译一同坐在沙发后面，而我则去了会客厅。门敞着，在那里，我既能听到他们的谈话，也能看到花园里的客人。我向花园望去，虽然那儿有几位我邀请的中外好友，按理说应该去和他们打个招呼，但我还是选择留在原处。总理的车掉了头，回到了起初停车的地方，只是这次车头朝着使馆大门。女服务员忙着提供酒品和冷饮。管理员瓦西里·佩内什（Vasile Peneş）大叔监督着眼前的一切。在驻外之前，他还曾担任布加勒斯特市中心雅典娜宫的负责人。他经验颇丰，从各方面来看都算得上是个优秀的人才。

当大使和往常一样站起来开始发表祝酒词时，苏联代办一行人便逐渐退向出口处。我想着要将中国总理的讲话速记下来，也确实几乎一字不差地做到了。然而，我这个初出茅庐者纯属多此一举，因为中国外交部的负责人已经给了扬·道洛班楚汉罗双语的讲话稿。

“看他离开的这方式，连声再见都没说！”接着，他继续读起了演讲稿。

周恩来是一位阅历丰富的政界风云人物，出生于1898年3月5日，1976年1月8日与世长辞。在1949年中华人民共和国成立之时，他是中国总理兼外交部长。

周总理是个万世景仰的人。他的品质无疑可以代表中国精神：赤诚爱国、温和稳健、有礼有节、脚踏实地、兢兢业业、刚正不阿。周总理，是一位贯彻政策的大师，事无巨细都会关注。在日常生活中，他是一个充满魅力的人，在公共场合总是对个人生活守口如瓶。

周总理在任期间，尤其是经济与社会方面，尽可能减少了滥用职权的现象。我生活在中国的这段时间里，即1968—1980年，尽管多数人认为中国发展停滞不前，但我亲眼见证了那场伴随着混乱和痛苦一同产生的质的飞跃。首先，人们许多陈旧封建的传统和习俗被逐一打破，中国现代化建设开始起步。在文化与意识形态领域、在社会关系等方面取得诸多进步。传统的村落消失了，人民生活水平、农民文化水平逐步提高，许多其他方面也都得到了改善。1967 年，中国引爆了第一颗氢弹。1970 年 1 月 30 日，中国发射了第一颗卫星——东方红。国家科学技术取得巨大进展。

他去世的那一天，我在大使馆工作。他从医院被送到火葬场那天，我来到街上。骨灰盒中的灰烬从飞机上被撒下，消失在这片国土上。那时，我恰好住在新北京饭店那条街上。所有仪式都十分简朴，黑色的汽车一字排开，人行道上的行人寥寥无几。

4 月清明节是扫墓祭祖的日子。在天安门广场中间的英雄纪念碑上，人们摆上了花圈、条幅和表示爱戴的文书，以缅怀周总理。那时我也在天安门广场。在场的成千上万人因为失去了一位伟大的政治家，一位杰出的国家领导人而悲痛万分，我也是其中一员。

1968 年 8 月，周总理离开罗马尼亚使馆的时候，大使将周总理送至车旁。总理再次向我挥手致意，如同在和一个好友道别。说起来，在罗马尼亚大使馆的时候，我还是第一个向其问好的罗马尼亚人！这位贵客给了奥雷尔 · 杜马一个千载难逢的升迁机会。在北京的任期结束后，奥雷尔 · 杜马被任命为罗马尼亚共产党中央委员会书记。

自 1971 年 6 月起，在罗马尼亚领导人尼古拉 · 齐奥塞斯库对中国的历史性访问中，我同周总理又数次相逢。他常常接待来自罗马尼亚的党和国家代表。总理接待的最后一位外国客人恰好也是罗马尼亚人，名为伊利耶 · 维尔德茨 (Ilie Verdeț)，他率领着一个党际代表团，我参与了其中部分的礼宾活动。我对这样一位举足轻重的国家领导人、政坛伟人深感钦佩。他创造了历史，并将像这世界上的每个人一样，长存于历史中！

我仍记得毛主席纪念堂的奠基仪式。这座建筑约 5.5 万平方米，位于天安门广场上的人民英雄纪念碑的对面，是在极短的时间内建成的。纪念堂于 1977 年 9 月接受外交使团参观，我当时翻译了罗马尼亚大使尼古拉 · 加夫里列斯库 (Nicolae Gavrilescu) 讲的几句话，大意如下：“面对这一噩耗，罗马尼亚人民同中国人民站在一起……最后是致谢”。他邀请我们一同向毛泽东默哀。毛主席的躯体经防腐材料处理，躺在水晶棺中，身上盖着中国共产党党旗。几年前，我曾在红场见过列宁，而后在河内见过胡志明。

两年后，即 1978 年 8 月，华国锋主席赴罗马尼亚进行国事和政际访问。在此期间，我担任他的陪同。之后几年中，我还接待了李先念和胡耀邦的访问活动。在中国代表团抵达布加勒斯特并在湖滨 2 号国宾馆安顿下来后，副总理赵紫阳问我这儿有没有游泳池。赵副总理在代表团中排位第三，第一位是华国锋，第二位是一名将军，同时也是北京军区的最高长官。

“当然。”我回答道。

“你知道吗，我是南方人。”他说道，“长江以南有许多湖泊。所以，我从小就喜欢游泳。”

我陪他来到游泳池边。

“你不一起游吗？”他问。

“我不会游泳。我来自奥尔特尼亚[①]，那儿水系不多。可能正因如此，奥尔特尼亚人也不怎么爱吃鱼。其实这倒也合情合理。吃鱼不过是为了那含磷的部分，就是那种有助于提高大脑记忆力的化学元素。奥尔特尼亚人本身就聪明伶俐，因此也不太需要吃鱼。”

他被我的解释逗乐了。

“齐奥塞斯库同志是奥尔特尼亚人吗？”

“他乐于这么认为，但其实并不是。真正的奥尔特尼亚人居住在奥尔特河的西侧，那是奥尔特尼亚和蒙特尼亚[②]的界河。”

我基于普通罗马尼亚人的视角，向他详细地介绍了一番罗马尼亚人的历史，而非根据历史学家们记载的内容，因为后者更多地从属于学术和政治。我们一直保持着朋友关系，尽

---

① 罗马尼亚南部地区名。

② 罗马尼亚南部地区名。

管在访问期间没有足够的时间谈心。赵紫阳不久后便被任命为国务院总理。

在海王星度假村的时候，还是由我来负责游泳事宜。

“华国锋主席想去游泳。”他的陪同人员对我说。

“好的，我去通知。具体什么时候？”

我安排好了时间，接到他后便将其送到海边。海王星度假村建于离海岸300米处，围栏上偶有几只乌鸦发出鸣叫，同时还有一片属于中央委员会别墅和作家别墅的公共海滩。我加入罗马尼亚作家协会之后，几乎每年都会去那儿。

“水挺热乎的。”我向他保证道，当时已是盛夏。我也一并告诉了他当时的气温。他打量了一番这个地方。我还同他简单介绍了几句度假村的情况，比如度假村北边儿是几家以罗马尼亚历史省份命名的大型酒店。

他没有说话，跃入水中，而我坐在躺椅上。他没有邀请我一起游泳。我从布加勒斯特那边得知，他通常独自用餐，而不是同整个代表团一起。

我第三次见到华国锋，是陪同当时的驻华大使弗洛雷亚·杜米特雷斯库（Florea Dumitrescu）去拜访他。他晚间在城西某处的一幢别墅中接待了我们，而在此之前并未通知别墅的地址。我们先是前往外交部，而后跟着一辆中国的黑色轿车离开。我们的司机在往返过程中都尾随着那辆车。这是一场长达一小时的讨论，内容涉及双边政治和经济关系。当我回到大使馆时，为自己见了主席一面倍感欣喜。而后，我去了罗明（Romulus Ioan Budura）参赞的办公室，表达了自己对拜访成功的喜悦之情，并作为一名汉学家补充道：

“我就打了一次磕巴，想要找一个合适的经济学术语。”

他瞥了我一眼，黑着脸，可能是为大使没带上他感到不满。我没待多久。大使喊我去他的办公室，讨论该怎么给国内打报告。

“他为什么一副看你不顺眼的样子？”大使想知道原因。“你怎么惹他了？”

我同他说了事情的来龙去脉。

华国锋在一个小厅中接待了我们。在场的有两位罗马尼亚人、一位外交部副部长和一位中国翻译。我目不转睛地看着他。他怡然自得地站着，然后缓缓坐到沙发上，友善地望着我们。他的思维极为敏捷。我记得当时他的身旁没有任何文件。当然，他以前读过那些文字，但他向我们展示了自己的注意力、智慧、品位和对问题的掌控力，精准地回答了我们的问题。世界上有一多半人同我们一样，都是凡夫俗子，而他赢得了我们的尊重与敬佩。

我见过胡耀邦（1915 年 11 月 20 日至 1989 年 4 月 15 日）多次。他曾经是政治局委员，常常接待罗马尼亚代表团。胡耀邦十五岁时就加入了中国共产党，是邓小平的好友之一。1981 年至 1987 年，他担任中共中央总书记。胡耀邦是一个高瞻远瞩、与时俱进的人，被视作一名改革者。在毛泽东逝世后，他协助当时的领导人推动改革，在此期间没有担任任何公职。在他访问罗马尼亚期间，在布拉索夫举行了一次会晤，我站在他和齐奥塞斯库之间，想为他们两人的谈话做翻译，但他们未发一言。我就这样在电视屏幕上整整出现了一个小时。身边所有人都看到了我的画面，我既收获了朋友的祝贺，也被曾与我有过节的人妒忌。不过，他们没给我照片！照片肯定保存在什么地方。难道我得向当时负责照相的机构提出索要照片的申请吗？也许得找罗马尼亚通讯社？我在罗马尼亚大使馆工作期间，也就是1968—1972年，1974—1980年和1987—2000年，同周恩来、华国锋、赵紫阳、胡耀邦、乔石、乔冠华等众多中国领导人合过影，并保留下了这些照片。无论是将他们视作普通人，抑或是政治领袖，我都很难对其做出评价。然而，那些友谊、善意和敬佩之情在我心中留下了深刻的记忆。无论他们曾经施行过怎样的政策，他们都是高层领导人。而我，一个普通的罗马尼亚人，恐怕平凡就是我唯一的特点。在中国的那些年里，虽然我只会说一点儿中文，但却还能作为翻译参加会议！

1971年秋天，6月的国事和党际访问结束之后，罗马尼亚军队歌舞团在中国举行了巡回演出。那年我三十岁，奥雷尔·杜马大使让我陪同罗马尼亚艺术家们。当时参加巡演的罗马尼亚一流艺术家们大约有一百人，在中国共演出了三周。歌舞团包括独唱演员、器乐演员、合唱团、古典舞团和流行舞团，由迪努·斯泰利安（Dinu Stelian）将军率领。我们主要在中国的几个大城市演出，包括北京、广州、南京、上海、武汉和杭州。中方安排了一些讲罗语的人，他们同一些文化人士和几家重要媒体一起为巡演的成功保驾护航。

我们在各地都受到盛情的接待。在歌舞团抵达北京饭店时举行了一场大型招待会，我得以坐在文化巨匠郭沫若（1892—1978）身旁。我曾读过他的诗歌和戏剧，学位论文写的就是《论郭沫若的戏剧》。不过，我已经找不到那篇论文了。我当时上交的是手稿，在全国考试中获得了满分，但却没有留下任何副本。它应该在布加勒斯特大学档案馆的某个地方，有机会得去找找。在招待会上，我向他请教人的创造天赋究竟为何物，酒精在其中能否起作用。他思考了片刻，回答道：

“天赋自在心中。”

他拿起一杯茅台，继续说道：

“如果你将一块玉石放入这杯盛有茅台酒的杯子中，那玉便会得到意想不到的光芒，一种崭新的亮点，将成为一件价值连城的宝物。但若我们在杯中放入的是一块石头，它看起来则绝无二致。”

这是伟大诗人的隐喻表达。我明白这指的是创造。酒精是天赋的催化剂，然而普通人无论喝下多少酒，都无济于事，最多只会酩酊大醉，不省人事。

后来，当奥雷尔·杜马大使回国时，郭沫若送了他写着“谦虚”二字的书法作品。

陪同歌舞团巡演的过程中，我遇到了许多当代的大人物，尤其是那些来自军队的人。在江苏省省会南京，许世友将军为罗马尼亚艺术家主持了招待会。如果我没记错的话，他当时担任着省长一职。我同他在主桌旁，他为罗马尼亚歌舞团团长倒上了茅台酒。我告诉团长，这位中国将军是人中豪杰。他出生于河南一户贫农人家，不仅身体健壮，而且还是一个勇冠三军、无所畏惧之人。据说，他甚至勇于同老虎搏斗，能徒手降服蛮牛。我们坐了下来，开始用餐，彼此的友情在茅台酒中不断升华。一杯接着一杯，我们徜徉在茅台酒的河流中，最后喝得都直不起身来，即便走得了路，也是东倒西歪的。

王蒙曾在新疆生活过 17 年，我是在他回来后才与之结识的。我翻译了王蒙《深的湖》一书中的故事。我们后来在新加坡见过面，我在罗马尼亚书籍出版社[①]出版了他的书。在一次访问北京时，他还在文化部接待了我。1986 年至 1989 年，他被任命为文化部长。十年后的 1999 年，我和几位新加坡作家一起到他家中拜访。这几位作家以诗人兼记者简・崇(Jane Chong)为首，当时在中国旅游。他满心欢喜地在一栋传统风格的宅院中迎接我们，宅子里有一个内院，配以硬木雕刻的古典风格家具。他邀请我们到附近的一家餐馆吃饭。我们相约鱼雁往来，十年后在中国、新加坡或是罗马尼亚再次相聚。我家中现在还保存着一张纸，上边记录了每个人的姓名和地址，还有签名：作家王蒙、我(作为他在罗马尼亚的翻译)、简・崇和

① 译者注：该出版社罗马尼亚语名称为 Editura Cartea Românească。

两三个新加坡人。几年时光匆匆流逝。遗憾的是，没有人发来任何信息。回到中国后，几年来我一直在找他，还多次向作家协会打过电话。他是中国作家协会副主席之一。有一次，我听说他正在英国访问，又有一次，却听闻他病了。我不知道他是否收到了信息。

乔冠华（1913年3月28日—1983年9月22日）是一位鼎鼎有名、受人尊崇的职业外交家。他16岁时被清华大学录取，23岁时在德国图宾根[①]获得哲学博士学位。我认识乔先生时，他是外交部副部长，而1974年至1976年间则担任外交部长一职。他身材高大、相貌堂堂、衣着雅致、风度翩翩。乔先生谈吐文雅、落落大方、足智多谋，看问题的角度极为深刻。他能够流利地使用英语、法语、德语、日语和俄语进行交谈。乔先生常接受罗马尼亚大使馆的外交餐会邀请，并与奥雷尔·杜马大使就外交政策和国际政治问题进行坦诚且有益的对话。我们也常常参加这些餐会，对他的发言赞叹不已，并尝试着从中汲取智慧，学习新颖的思考方式。

一年春天，他邀请我们在香山共进午餐。我们在入口碰面并步行至餐厅。途中，他问我是否知道小径旁那些鲜花的名称。我只知道其中几种，而剩下的大多数我甚至都不知晓它们的罗马尼亚语名称。我如实回答以表歉意，但马上便后悔

---

① 德国巴登－符腾堡州的四区及其首府之一。

了。这件事暴露了我的不足之处。他开始告诉我各种鲜花的汉语名称，有时还会介绍一些与之相关的神话故事或文化现象。当谈到中国古代历史事件的时候，我没有轻易放弃。那是一场令人惊喜的对话。大使目睹了这次即兴对话，但没有加入其中。

1971 年 5 月，中国外交部组织了一次乘坐火车的外交旅行，路线为北京—武汉—南京—上海—广州，而后返回。当时邀请了各国驻华使节和外交官，我们这里受邀的包括大使夫人玛丽亚 · 杜马 (Maria Duma)、二秘马留斯 · 乔治乌 (Marius Gheorghiu)、一位经商事务工作人员，以及我和我的妻子。我们每到一处，都会考察一些经济和文化单位。我为大使夫人做了一星期的翻译，天天同乔先生见面。在郑州的时候，他建议我买块玉。在回程的路上，他在火车站建议我买一些秘制鸡肉。我没有听从这些建议，回头想想这样做真不好，因为他的建议同中国的知识、传统和生活息息相关。在中华人民共和国于 1971 年加入联合国后，他立即带领着中国首个代表团参加了联合国大会。在理查德 · 尼克松 (Richard Nixon) 总统访问期间，他在起草《中美联合公报》时扮演了至关重要的角色。

1976 年，我出版了一本关于中国的书，在书中详细介绍了自汉代起的绘画艺术，特别强调了一些伟大画家的姓名，如画圣吴道子(680—760)。众所周知，中国画常与书法相融相生，通常在竹片、丝绸、宣纸或是瓷器上作画，是最古老的艺术形式之一，并传承至今。在今天的中国，一位优秀的画家同时也可被看作书法家。书法也是一种具有瑜伽锻炼效果的大众艺术。每日修习书法的同时调节呼吸，伴随着手和毛笔的运动，使气息流转至心脏，这不仅是一种爱好，也是一种养身健体的“气功”，能够改善记忆、延年益寿。日坛公园就在家旁边，那儿保留着祭祀太阳的圆形祭坛。每天清晨，热爱美好生活的人们用水在石板路上书写他们背下的古诗。退休老人马丁（Martin）是一位西班牙语翻译，也是那儿最活跃的人之一，数百首古诗倒背如流，每天都会在路面上写下至少十几首。当写到大约第十首诗时，前面的几首随着水的蒸发已经消失，但对于他而言，最重要的是集中注意力并锻炼自己的思维。

我也是这样同年轻的张文祥教授相识的，他是当今极负盛名的画家之一。读者朋友啊，多想用更多的图片来向你介绍他，而不是通过文字，这样或许更能让你惊叹于他的艺术造诣！

张文祥 1961 年 6 月 2 日出生于古都西安。他体格强壮，身材不高，性格稳重。他仿佛是兵马俑中的一员，凭借上天的意志获得了生命。他又仿佛就是秦始皇本身，那个首次统一了中国，也统一了文字的皇帝。他极富远见，甚至超越普通人的理解，采取各种统一的措施，奠定了其统治的根基，构造了整片中华大地。他是一个真正的创造者，一位艺术家！

张文祥1986年完成大学学业，年轻时就凭借自己的才华声名远扬，在当时属于一个现象级人物。他的作品在赴美展出三年前就已进入大众视野。后来，美国、英国、法国、巴西、新加坡和日本等地的博物馆都开始购买他的画作。他在1989年时独立资助了第七届全国美术作品展，并创建了国际美术家联合会，当时还不满三十岁。在陕西省省会西安建有张文祥美术馆，全国各大博物馆竞相购买其作品。同时，他在全国各大城市拥有自己的创作基地和私家艺术会所。张文祥是国家级、世界级的艺术大师，艺术品资质评审官，中国书画研究院副院长，中国书画函授大学教授以及中国美术家协会荣誉理事。不过，皇帝、国王之类的概念已经过时，我不称之为“始皇”，而称之为“大师”。

艺术评论家认为，张文祥的作品堪称完美。他兼收中国南北两派画风，是工笔画和水墨画的大师。张文祥的画作清新潇洒，以诗情画意著称。他开创了一种新的流派，创造了一种特殊的风格，融合了传统国画的技法和现代画的特色。

我在画案旁看着这位艺术家，他娴熟的技巧以及创造杰作时的轻松自如令人叹为观止。与生俱来的天赋、对艺术的掌握以及对中国画六大原则的完美运用，使他能够将任何一种绘画风格注入艺术品当中。他只需将笔蘸上墨水，心中的画面便已成形，因而他能于片刻间在画布或纸张上完成绘画。张先生是一位不可多得的人物画画家，他通常略过那些次要的方面，无须平生逸事也能轻松唤起人物的精神世界。他经常被请去为大人物画肖像画，无论他们属于哪个级别，他都来者不拒。张大师讲求的是永恒的人和生命力，偏爱“当代人”的主题。他的画作，无论是风景画、人物画还是书法，都散发着平衡、和谐的气息，能重现自然的节奏和一些高深的神圣内在之美。他与其他创作者有诸多不同，其中一项便是他能抓住生命中那些不可言传只可意会的本质。

张文祥的创作蒸蒸日上，迄今已完成了数千件原创画作，人物画、风景画和书法作品应有尽有。1998 年，他以中国西部九省的更新和现代化为主题，完成了宏大的千米长卷《西部变迁图》，向张泽端(1085—1145)的著名长篇画卷《清明上河图》致敬。

他在国内外举办了五十次个人展，迄今已提供超过四千万元用以资助中国各代艺术大师的作品出版。他艺术人生的一个里程碑是以特邀顾问身份出席联合国成立 50 周年庆典画展开幕式。

这就是艺术家。谦谦君子张文祥，如青竹般的高风亮节，文质彬彬、温柔敦厚、乐于助人，其优秀品质不胜枚举。也许有朝一日，我们能让他在罗马尼亚布加勒斯特举办一次展览。此前，他接受了“辅导员顾问”的头衔，这么说吧：北京的罗马尼亚文化中心的辅导员顾问，是各项活动的核心，经常被艺术家和他们的崇拜者团团包围，我们也希望能让他们了解我们的文化和艺术。

画家王川是中国最杰出的文化人物之一，同时也是一位声名显赫的小说家。我是几年前在新加坡认识他的。他当时同一个中国作家代表团一道进行访问。王川身材高大，风度翩翩，头上的银丝像是沾上了北国的冰雪，如果要做个比喻的话，他看起来像一位神秘的王子。他名字中的王，意为国王；川，则意为水流或广阔的田野。

王川是首屈一指的艺术家。他掌握多种绘画技巧，以实现不同色彩的和谐而闻名。无论是当代生活元素还是神话场景，他都竭力想要凸显画面的黑色背景，我认为这彰显了他优雅的艺术风格。他的画作最显著的一点便是其所展现的广阔场景。到目前为止，他完成了数千幅壁画，得到高度赞誉。据我所知，他还没有对这类评论做出过回应。

在中国，王川被认为是一位伟大的水彩画大师，对黑色的偏爱是他的一大特点。这位艺术家认为黑色赋予了画作神秘而高贵的韵味，也凸显了其他色彩。他运用的黑色被一些评论家称为“黑旋风”。

王川的创作中蕴含着两种状态的融合。首先，他想象了宇宙趋于清晰的状态，我称之为“黑暗与光明的交替”。与此同时，他告诉我们如何面对生命的缺陷或遗憾，具体表现为现实世界中那些惊愕和愤懑的交织。

受罗马尼亚文化学院邀请，王川于2000年赴布加勒斯特对科尔内留 · 巴巴（Corneliu Baba）大师的创作进行研究。回国后，他在自己的家乡——江苏省镇江市出版了一本书。我以罗中经济文化交流友好协会的名义邀请他在第二年到罗马尼亚举办展览，并借此契机为他那本题为《云雀之歌》的书举办首发式，这本书的内容便是关于巴巴和罗马尼亚的。

此外，作为一名成功的小说作家，王川出版了十多本书，他的小说《白发狂夫》曾获得“人民文学奖”。

第七章

老子与孔子

1994年，我们在罗马尼亚出版了《关于〈道德经〉和〈论语〉》，将两部著作的内容汇编于同一本书中。这可能是老子和孔子的核心著作第一次在印刷的光芒下相拥。这正是中国的精髓。我想对罗马尼亚读者说，你们将看到中华文明的思想在此汇集。我将通过以下内容来论证这一点。

我们将老子和孔子的学说汇编到了一起。据我们所知，这是第一次有人将他们的代表作收录于同一本书中。他们的作品洛阳纸贵，许多人还是孩童的时候就能倒背如流，可以说，两位大师在自己的著作中塑造了中国人的思想。

2500年前，中国的政治和文化中心位于洛邑（今洛阳市），又名王城，是周朝的国都。这里的古代文献浩如烟海，尤是礼制之书，可谓数不胜数。各史官（一种官吏，类似于现在的国家档案馆或是国家博物馆馆长）同老子、苌弘一样，都是中国文化学者。

当孔子决定拜访洛邑，去学习鲁国没有的古籍时，鲁昭公为了支持他，便赏赐了他一辆马车、两匹马和一名仆人。洛邑这座城市是鲁国国都曲阜的三四倍大。

老子，拉丁名写作 Laocius，比孔子年长，也更为人所熟知。在洛邑，孔子多次与他会面。那时，孔子约莫三十四五岁，他年轻的热情必然与老子的性情形成鲜明对比。老子认为，从古籍当中获得的教诲并无大用，不过是人们用来伪装自己的天性罢了。当孔子对古代礼仪表现出兴趣时，老子回答道：

子所言者，其人与骨皆已朽矣，独其言在耳。吾闻之，良贾深藏若虚，君子盛德，容貌若愚。去子之骄气与多欲，态色与淫志，是皆无益于子之身。吾所以告子，若是而已。

孔子十分敬佩老子。当孔子被问及对道家始祖的印象时，他沉默了片刻，或许是在回忆与老子的那几次会面，最后说道：

鸟，吾知其能飞；鱼，吾知其能游；兽，吾知其能走。走者可以为罔，游者可以为纶，飞者可以为矰。至于龙吾不能知，其乘风云而上天。吾今日见老子，其犹龙邪！

中国第一批伟大的哲学家身处同一时代，相识相知，惺惺相惜。

老子是一个孤僻的人。他的学说在隐士之间逐渐流传开来。大约一百年后，庄子将其发扬光大。孔子开办私学，有些弟子在后来成为举足轻重的高官，子夏便是其中一员。其他像子贡那样的富家弟子，则让自己的老师名扬四海。

老子从不自认为先行者，而孔子则常常被称之为大圣人，人民的导师，文明的缔造者。

老子的宇宙论强调其本源是道。可见的世界由天、地和万物构成。万物的产生过程是朴素的，须遵循一些自然规律：

道生一，

一生二，

二生三，

三生万物。

老子认为，人类由人性和正义的精神所主宰，但这些只有通过摧毁人类文明和回归人类真正的本性才能实现圆满。

孔子用“道”这个字代表道德规范，使之疏离老子所设定的抽象意义。在《论语》中，道这个字出现了六十次（在《道德经》中，它在三十八章中出现了六十次），有时意为道路，有时与学说和道德有关。其中有两次，道可理解为理性行为。另外有十次，道被用于无道一词中，意指不良的政治状态，混乱的社会等。与老子不同，孔子认为人应保有孝和忠，即孝顺与忠诚。孔子的理想是仁、礼、情的统一。

两位哲学家的思想各有不同。老子将价值建立在自然的循环之上。他将生活视作无尽的轮回，认为新源于旧，富源于贫，悲源于喜，并总结了无为的重要性。孔子则与其相反，要求人们应有意识并主动地参与到个人和社会生活中去，这一过程是可以不断完善的。

关于老子

老子（第一批西方译者称之为 Laocius）在凡人世界的降临和离开在传说当中充满了夸张的力量和特殊的细节。

一说老子出生于商代，出生的村庄有不少远近闻名的巫师。他的母亲是一位十九岁的年轻女子，冰雪聪明，常在一棵硕果累累的李子树下休息。那年夏天，树上结的李子异常硕大。年轻的女孩咬了一口表皮光滑、甘美多汁的李子，她从未见过这般好的水果。女孩津津有味地品尝起来，沉浸在这奇异的美味当中。这顿丰盛的水果大餐让她大快朵颐，不再口干舌燥。接下来的日子中，这位年轻的女孩不曾忘却那次在树下的休憩和回味无穷的果实，那可以说是一场仪式，将其带入一种特殊的状态。不久，她发现自己怀孕了。村里的巫师求询了神谕，得知一位智者将在附近诞生，甚至包括有关出生年、月、日和时间的精确信息。他们开始精心计算，只是在良辰吉日的推演上没有达成统一意见。

这番寻觅持续了81年，此女怀胎也已81载春秋。这未来的母亲已有百岁高龄。怀胎期间，她不知何为饥渴，何为疼痛，既不觉寒凉，也无感温暖。

在他诞生之时，晴朗的空中劈下一道闪电。这个新生儿白发苍苍，既会说话，又能行走。他往前迈了7步，回过头来说道：

天上天下，唯吾独尊。

老子，万众敬仰的大师！他出生那一刻，天空中鸣奏起神圣的音乐。五彩缤纷的花瓣在空中飞舞，着七彩衣衫的仙女也在空中翩翩起舞。九条龙向新生儿喷出水柱，宛若正施以洗礼。被浸润的地面上出现了九座喷泉，泉水甘洌且从未干涸。

这位智者便是这般来到了凡人的世界，他被称为老子，万众敬仰的大师，李姓取自“李子”这一令其母受孕的果子。据说，老子在几年后意识到王朝即将崩溃，因此决定退隐，成为一名隐士。他来到西部边境的一片荒漠，此次离去不曾被任何人察觉。正当其通过关卡时，关令[①]说道：

子将隐矣，强为我著书。

---

① 关令，边关职官名称。掌守边关，稽查过往行人，为边关军政主官。

于是，这位受人敬仰的大师洋洋洒洒写下五百余字的著作，后人因此受益良多。

詹剑峰《老子其人其书及其道论》一书内容经过严格考证，他认为老子可能出生于公元前576年（史料确认在公元前581年和571年之间）。在公元478年时，他离开了喧嚣尘世，不知去往了何处。关于老子及其家族的资料并不多。

《道德经》是一部最为原始和深刻的思想著作，如今全书分为两部分，共八十一章。古代汉语中独有的隐喻和格言，文本的内在韵律以及丰富的同音异义字使得其表达方式酷似诗歌。不过，我们一般不认为老子是诗人。他用刀尖在竹简上刻下文字，不带任何标点符号（当时还没有出现），甚至不划分章节。大多数中国学者都支持这一观点。为便于阅读，后续几个世纪的誊写者为全书划分了章节。于是，便留下了划分为八十一章、七十二章和六十八章的三个古代版本。河上公的版本即为这方面的证据之一。在此版本中，每一章节均有标题，阐明了对应段落的大意，其教育意义毋庸置疑，对应段落各自组合转化成了我们所说的章。按照传统的观点，老子未曾为这一凝聚其智慧的著作划分章节并作标题，全书只分为第一部分和第二部分。史学家指出：老子写的这本书分为两篇。

后人将此书称为经，意味着这是一本经典之书、神圣之书。为了将此书同其他典籍区分开来，他们在经字前加上了每一章的章名，即道和德。

因此，第一部分被称为“道经”，第二部分则为“德经”，两者组成了《道德经》。

关于道和宇宙观。道这一概念是老子思想的核心，被认为是中国文化中最原始、最丰富的思想启示。

在构建其哲学体系时，老子以世界的形成和宇宙的诞生为起点。同其他大多数中国古代哲学家一样，老子倾向于在生命意义和政治领域展开思考。

在老子生活的时代，道已然成为一个多义字。这个字由“首”和走之旁构成，意指道路，夯实的道路。对老子而言，道是一个真实存在但却又具有不确定性的事物：

惚兮恍兮，
其中有象；
恍兮惚兮，
其中有物；
窈兮冥兮，
其中有精。（第二十一章）

老子认为，理想化的人应全心全意为人们服务，不追逐名利，不聚敛财富。他行为的准则是完成其来到世界的使命，不追求回报，亦不贪图成就。同植物那般，如花朵生长、盛开，给世界带来色彩和芬芳的奇迹。

关于人的理论则与宇宙论相同。道从不行动。这也应成为人的标准。在社会生活领域，道可被理解为无欲，即不去贪图别人所拥有的，不争，即不挣扎、不争执。

要做有道德的人。整部著作的核心主张便是道德，永恒自然之道，上天之道，高等神秘之道，亦是道的流溢说[①]。

自我完善的最高原则是节制。根据道的说法，任何行为都应是自然而然产生的：

治人事天莫若啬。（第五十九章）

关于政治。老子这五千余字的著作同时也是一处乌托邦。社会和政治现实显然与这位哲学家的构想相悖，他希望回到古朴的村野生活：

故令有所属，见素抱朴，少私寡欲。（第十九章）

老子要求人们保持原始人般的纯朴。如第八十章所述，他主张回到社会刚起步发展的阶段。在这样一个社会中，竞争被排除在外，政治因素也是如此。不存在任何战争。人们按照道的一般原则，过着淳朴而平静的生活。

理想中的君主应是智者、巫师。当然，他得：

---

① 流溢说，古罗马普罗提诺用以解释万物从某个先验本原产生的学说。

爱民治国。（第十章）

根据著名的无为原则：

为无为，则无不治。（第三章）

老子认为事物应该按照自然的方式发展，这便是自然之道。任何干预都会使之发生扭曲。它受官场那些狡猾手段的影响，迟早会引发灾难：

太上，不知有之。

在第五十七章中，一位假想中的智者表达了其政治理想：

我无为而民自化，我好静而民自正；民自朴，

则因为：

圣人常无心，以百姓之心为心。（第四十九章）

老子主张消除竞争、战争以及对他人的利用，换句话说便是剥削。这一切都歪曲了人性，摧毁了人类。

政治理想应是无为。

无私及无为，二者是道在政治领域的表达。应允许人们进行自我管理。行动意味着扭转现实和犯下错误。

哲学家庄子讲过一则关于驯马的寓言。马儿天生拥有马蹄，它们食草、饮水、善于奔跑。这一切都是它们的天性使然。有一位伯乐声称自己在驯马方面无可匹敌。他抓住野马，为马钉掌、加鞍。十有二三的马儿会在此过程中死去。为了训练它们，他让马儿忍饥挨饿，并鞭笞它们，其中半数因此死去。这位哲学家总结到，这个人是在毒害马儿。他改变了它们的本性。

本书倒数第二章阐述了老子的乌托邦思想。理想的国家和完美的社会无须任何结构和笨重的齿轮。这样的国家很小，小到在这个国度能听到另一国度传来的鸡鸣声。人民数量稀少，少到不需要任何领导者。这般，人们将得到真正的自由。

专家们曾对之展开思考，这是否是一个古老原始公社的部落社会？其实不然。老子称之为文明的特性。他提出这一思想早于卢梭。这是对特殊民主的维护。

最后我们可以说，老子的哲学正如我们所看到的那样，从宇宙形成的方式一直探讨至人类，以政治为讨论对象。无论它指涉的是个人、社会政治生活还是宇宙，这都是一种通过道来表达的自然哲学。

老子欣赏行动与创造。他经常敦促他人努力，但不应是为了个人利益。他厌恶竞争以及对战利品（物品、地位、声誉）的贪欲。他认为人们必须以简朴、谦虚和善于谅解的方式生活。

他的著作具备相当的哲学深度，在隐喻表达上也具有宝贵价值，是一部诗化的思辨作品，当中满是作者古朴的心态和利他主义的激励之词，以实现理想为目标，使人们变得正直、聪慧、善良、慷慨。

关于孔子

会有哪个中国人没听说过孔子吗？在超过十亿的汉语为母语的使用者当中，有哪个知识分子没有读过那本只有12700字的短篇著作呢？

《论语》代表着孔子。从公元前二世纪开始，它便已经成为学校里教授的内容，迄今已有2000多年的历史。中国的新生代对它的了解相对少一些，而它不久前重新被纳入学校课程。

他的哲学是中国文化的核心。在社会治理方面，他构建了支持封建主义的学说。六十年前，林语堂曾写道：“儒家思想，若看作是恢复封建社会的一种政治制度，在现代政治经济的发展之前，被认为陈旧无用，自是；若视之为人道主义文化，若视之为社会生活上基本的观点，我认为儒家思想，仍不失为颠扑不破的真理。”

孔子的生平

孔子所处的时代属于周朝，被称为“战国时期”，他生活在鲁国境内（今中国山东省）。他出生于公元前 551 年 9 月 28 日，逝世于公元前 479 年 3 月 4 日。

第一位为孔子作传的是中国古代编年史家司马迁。在哲学家孔子去世仅三个世纪后，司马迁便证明了他的贵族血统。孔子的曾祖父孔防叔是宋国君主的第九代后人。孔防叔因政治迫害离开了他的家乡宋国，并定居在鲁国邹地。孔子的父亲，名为孔纥或叔梁纥，是军中的一员虎将。他 60 岁时与芳龄 17 岁的年轻女子颜徵在[①]成亲。

这位编年史家写道：纥与颜氏女野合而生孔子。专家指出，“野合”一词意指不符惯例的婚姻，践踏了当时的礼制。原因：孔纥年事已高；已婚且有九女；后娶一妾，产下儿子伯尼，患有残疾，是个跛腿。

成亲后，两人前往尼山祈愿，希望生一个男孩。由于孔子出生时头顶凹陷，因此将其取名为丘，字仲尼（仲意指其为家中第二子，而尼则是父母向天祈愿之地的名称）。

我特意强调了以上信息，因为我们认为此年轻女子对其未来丈夫的吸引力（她是颜家三女儿，纥原想与其家中长女成亲，但最终是她答

① 今作“颜征在”。

应了这门婚事)、父母之间近五十年的年龄差，以及孔子出生时的各种迹象是表明其为一代天才的标志。

孔子是如何学习，又是在何地学习的呢？关于这一问题没有任何记载。据说，他是自学成才的。在他那个时代，你若想在官场上获得一定的地位，则必须掌握六艺：礼、乐、射、御、书、数。当他还是孩童时，或许曾有几个老师教授他知识（当时已有面向穷人的公学），而后开始自学，专攻古代文化。

吾十有五而志于学，三十而立，四十而不惑，五十而知天命，六十而耳顺，七十而从心所欲，不逾矩。(2.4)

孔子二十岁时与一位宋国的年轻女子成亲，正如他们的祖先那样。他仅有一子，名为孔鲤，其字“伯鱼”更为人熟知，他在孔子七十岁时去世，终年五十岁。

孔子相貌如何？留存至今的文献当中共有六种说法。根据史学家司马迁的记载，孔子九尺六寸高，这相当于二百二十厘米，人皆谓之“长人”。

在大约半个世纪的时间当中，孔子一直秉持开放式教育，旨在启蒙和改善每个学生的个性，而不仅仅是提供知识。他强调必须将学习与思考结合起来，换言之，即发展思考力与创造力。

由，诲汝知之乎！知之为知之，不知为不知，是知也。(2.17)

他的教学生涯共分为三个阶段：三十岁至三十五岁时，在这些学生中，有两位弟子是当时一位高官权贵孟喜子的孩子。

三十七岁至五十岁时，教育家孔夫子闻名遐迩。

六十八岁到七十三岁时，他共有七十弟子。在孔子去世后，这些弟子按照丧俗，在曲阜守丧三年，而后才各自离开。

孔子的教育观念是最民主的观念之一。他提倡有教无类。在接受教育之后，要依靠个人的力量，实现个体进步，从而完成他们的教育。

孔子培养了无数能力出众、品德高尚的士人。《论语》中渗透了各领域的教学之法，其中的根基是他极为重视的概念：学。

孔子被认为是中国投身于政治的最真实代表。这本书是他经常参与政治事务的明证。众所周知，他支持保守、一致和正统的治国理念。他的声望不允许他接受一个唯命是从的官职。他所希冀的职位，应能使他通过仁与德实现领导政治事务的理想。

当这位哲学家年满六十七岁时，他的妻子亓官氏客死他乡。三年后，他唯一的儿子孔鲤也去世了。

古代传记作者记载到，这位哲学家因妻儿的离世倍感痛心，而更令其呕心抽肠的是两位杰出弟子的逝世，即颜回（在其41岁时，即孔鲤逝世一年后，被病魔夺去生命）和子路（63岁逝世，即孔子逝世一年前）。不难看出，孔子将人之品质、道德和好学的品性置于家庭关系之上。

通过对古籍的整理，可以发现夏、商、周朝留下了大量著作。然而，可能是由于封建制度的影响，孔子对文籍的不可靠性深感不满。

孔子完成了对六经：《诗经》《书经》(或称《尚书》)《礼记》《乐经》《易经》和《春秋》的整理、重编和确认工作。

因为《论语》这部作品直接呈现了孔子的言语，因此其备受重视。然而，我们也不应忘记古代汉字书写的方式——在竹简上刻画汉字。基于孔子的隐喻和古汉语单音节词的简洁表达，我们可以做出以下推测，即由于汉字书写复杂，要求书写者掌握镌刻技术（译者注：竹简木牍皆为墨书，无须镌刻），因而弟子有时只保留他所言的主要含义，即关于本质的哲学真理。

语段简洁、自然，没有华丽的修辞，均是由弟子们记录下的言语，有足够的还原度。他们至多不过是省略了些大师的话语，绝不会允许自己修改抑或是添油加醋。

不少章节的内容都称得上是真正的哲学，可被视为格言。《论语》的魅力在于每一章所蕴含的智慧。也许这些文本并不是特意按照某些主题编排的，而是为了给人一种生活的感觉。孔子生活在其所言之中，我们也能对此感同身受。

事实上，这位哲学家本身才是中心人物。打开这本书的任何一页，读者都会震撼于其深刻哲学真理的直接表达。这本书并不容易理解，因为这是孔子深刻思考后的结晶。

儒家思想

孔子的哲学观是自尧舜时代传承下来的智慧的综合体现，是对周朝前几代君王的上层社会规则及其自身经历的传承，而这些经历则来自一个处于巨变的历史时期。

由于儒家思想倾向于重新引入古代的价值体系，含有不容置疑的主张，要求无条件地服从，因而可以认为其是一种保守的思想。这一思想的主要特征是实用主义，即在一个有利于所有人的社会中追求人在天地之间的平衡。奇怪的是，恰恰是这些特点促使儒家思想崛起成为国家意识形态，从而对中华民族乃至整个远东地区产生了重大影响。时至今日，儒家思想在家庭和社会中仍然是决定性的。无数代人按照儒家的要求塑造人格品性，尤其是在关乎规矩礼仪的外在方面。因为在精神这一层面，孔子的哲学是合乎道德的，它一直坚持完善个体，以和谐的方式融入世界。

儒家思想从两个方面区分一个人，这一方法始于传统医学，自黄帝那个时代以来便奠定了基础：外在和内在。在我们身上存在七情：喜、怒、哀、惧、爱、恶、欲。在我们身体之外，言语和行为成为大家各自的特点。所有这些都不是与生俱来的。情感及其存在的方式都是随着我们每个人的成长和变化而产生的。它们逐渐发展成各种外部刺激，而非“一劳永逸”的给予。因此，孔子认为人是可以不断完善的。在《论语》中，他的这一信念体现得更为明确，决定性的选择属于每一个人。他强调的重点从教育工作转到了自我完善。

仁

仁，是儒家道德思想的核心。

仁意味着爱人，但它不仅只涉及这一点，而是有着丰富的内涵，包括人类之爱的所有表现形式。仁是道德行为的基础，是我们日常生活应该遵循的标准。

孔子秉信这种规范人与人之间关系的道德原则。为了更全面地理解个中含义，他将“仁”同其他概念联系在一起。“仁义”一词，并举人性和正义，而它却未曾出现在《论语》当中。从古代哲学家孟子开始，这个词才在儒家思潮中占据一席之地。

仁是通过正义表达自身的最高原则。

君子义以为上。

见义不为，无勇也。

见得思义。

如此看来，正义是一种道德原则。正义意味着以正确的方式来看待或解决问题，让主体与目标相吻合。

相较于礼而言，义是抽象的。礼是仁与义的体现。

孔子丰富并深化了礼的概念。它不再是一种单纯的约束，因为仁已经贯穿了全国上下各个阶级。人类有意识地践行礼，通过它来自我教育和完善，一如通过音乐和诗歌那样。在儒家思想中，礼的精神内涵在于仁。

人与人之间的关系以仁作为指导。

在这一道德原则的整体思想中，孝、悌以及父慈为先。这些道德规范需要一个人用心习得，帮助形成其人格，而亲情关系正是他与上述规范产生冲突的第一个关系圈。

在孔子的主张中，他称为“亲亲”的血缘关系自父子关系开始，而君臣之交则决定了一国的政治关系，他将之称为“尊尊”。

尊尊，即尊重君王和贵族，尊重他们崇高而永恒的地位。他自己在关于礼俗的文字中也表现出了相应的敬意，这一点在《论语》的第一部分中有所体现。

每个人都处于这两种关系中，无从逃避，也无法改变。

另外，孔子还提出了关于忠与信的主张。忠主要关乎面对身处高位者的行为。信则是君子应有的品质，在孔子看来，它能够获得周围人的尊重和欣赏。

主忠信。

培养形成上述品性的原则是恭敬。你应该严格要求自我，虚怀若谷，并与他人和谐相处。不过，虽然孔子要求做到举止恭敬，但他同时也提到凡事不应过度。

匿怨而友其人，左丘明耻之，丘亦耻之。

在君子身上，孔子看到的是仁、智、勇的统一。

中庸

这一思想在《论语》中只出现过一次：

中庸之为德也，其至矣乎！民鲜久矣。

中庸之道是使冲突各方团结起来的方式，是在矛盾发生时保持团结、平衡和持久稳定的关键，且无须消灭其中任何一方。

学界认为，不安全的状态、诸侯国之间因统治权而滋生的矛盾和政治斗争导致这位哲学家企图寻求一种协调各方利益的方式。这一思想在他生命的最后阶段日益清晰。中庸意味着采用两端之中的解决方式。（“中”：有关各方都能有所依靠的一种程度；“庸”：高频、习惯性的使用。）

《易经》是经孔子修编和充实的作品之一。根据此书记载，卦中的第二爻和第五爻居于中间位，吸收了极多的好运。这便是孔子认为中庸之道是至道的原因！这是人类社会和谐共存的黄金之道。

人性。中国哲学家们对人性的讨论较为广泛。

在这一情况下，孔子也证实了一种唯物主义思想：

性相近也，习相远也。

性指的是出生时便有的天性。习则包括社会规范、道德规范（好人、坏人）、智慧、知识。

后来的儒家学者用夸张的方式做出了极端的定义：

性本善。（孟子）

性本恶。（荀子）

在孔子看来，唯天为大，天代表着意志。人类的命运及大地上的一切都由它主宰：

天之将丧斯文也，后死者不得与于斯文也；天之未丧斯文也，匡人其如予何？

文化和生命的兴衰也同样与天的意志相关。

君子

“君子”一词在《论语》中共出现了 107 次。

君子是杰出的榜样，居孔子所分等级中的第二位：一为圣人，二为君子，三为成人，四为智士。与君子相对的，是小人。

君子代表着值得追随之人的典范。通过对这一类型人物的赞赏，孔子或许在人类历史上第一次阐明了大学者及其通过文化熏陶所培养出的杰出品格的价值。事实上，孔子本人即为君子。

君子最重要的品性便是仁。君子去仁，恶乎成名？

君子深信于礼。君子约之以礼，恶勇而不礼者。

君子诚实而正义。君子义以为上。

孔子代表着一个思想形成的阶段，热衷于自省和修身。在上述这些更多关乎个人天生秉性的内容中，这位哲学家增加了一个意识元素，即文化。通过文化这一意识元素，君子与其修身的努力产生了关联。孔子认为，从人类文明产生第一道曙光开始，人类的巨变均是通过文化实现的。文化使人类意识到自己在世间的角色，并真正使其拥有高尚的品格。

最后，君子应该言行一致，有关这方面的词句比比皆是。

治理的艺术

孔子的治国理念较为丰富，表达细致入微。他基于自己所处时代的现实，开始提倡保守与民主。中国在公元前五百年的境况与古罗马或古希腊城邦有所不同。政治生活的根基是帝王，也被称为天子。他是至高无上的君主，统治一切，是权力的主人。他掌握所有人的生死，无论是贵族或是平民。另外，各级爵位者（不同级别的王公贵族）是各自领域中的主宰，独立发号施令。这是一种有限的主权。然而，他们依然算作天子的仆人，需要顺从之。

孔子认为改变社会不应通过革命和战争，而应通过包括贵族与平民在内的所有个体的完善。他的政治思想丰富而细致。他接受奴隶制和封建制的现实，但同时强调自上到下的教育，要求减少惩罚与贡品，这当中包含现代民主的元素。

道之以政，齐之以刑，民免而无耻；道之以德，齐之以礼，有耻且格。

君王也必须发愤图强，正确领导。他不应是一个独裁者，一个绝对意义上的帝王，而应是一个有潜力创造文明的君主。孔子认为，当一个领导者背离正义的道路，统治混乱时，则乱邦不居。

臣子是臣服于处于更高等级者的人。孔子要求臣子忠与信。然而，当统治者不值得臣子效忠时，忠也不是取之不尽用之不竭的。

人民必须顺从、勤劳，完成所有的劳役。人们应该拥有一定程度的安适与富裕的生活，对统治者充满信任，不过这信任取决于统治者的执政之道。

民无信不立。

总的来说，管理之道意味着坚守原则。成功为政，让君子以及这世间真正的圣人都支持的执政之道，有以下三个关键：数，意为人口众多，也就是形成一个伟大而强盛的国家（恰恰与老子的思想相反，老子主张小国寡民）；富，意为财富（老子认为财富带来不幸）；教，意为教育（在这一点上，孔子的思想依然与老子的生活理想相反，后者崇尚不受社会习俗扭曲的无知及原始的淳朴）。

《礼记》当中描绘了一个完美领导者的形象：善于治理、坚守正义、生活简朴、信念坚定、关心臣民、勇猛果敢、宽厚慈祥、恭敬和善。

在法制层面，孔子认为应坚守礼。在他之后便开始实行基于礼的德治。他主张在施加惩罚之前进行审判，但无论审判对应的惩罚多么正确，它们都不应过分严厉。无论如何，坏事终将得到惩罚。因此，他与基督教思想的区别在于：

不要与恶人作对。有人打你的右脸，连左脸也要转过来由他打。（马太，5—39）孔子：以直报怨，以德报德。

儒家哲学还走出了中国，在公元前便已传至韩国与越南，而后传至日本（参考年份：285年）以及东南亚。时至今日，远东地区的生活方式仍然受到孔子思想的强大影响。

在欧洲，《论语》于1687年首次被翻译成拉丁语并出版。莱布尼茨和荣格等学者开始接触孔子前期著作并受到一定影响。中国开始凭借儒家学说在欧洲被人们所了解。

六十多年前，学者林语堂在《吾国与吾民》一书中描绘了中华民族特质的整体面貌。这些观点明显带有主观主义的色彩，但它时至今日或许仍能引起大众的兴趣，在此列举以下几点：令人惊叹的智慧、简朴、热爱自然、耐心（甚至对恶有一种病态的宽容）、冷漠、老滑俏皮、生育力强、富有事业精神、忍耐、热爱家庭生活、和平（有时体现为怯懦）、知足、幽默、保守性（有时体现为迟钝和懒散）、感性、诚实（受农耕文明影响形成的品质）。这当中既有缺陷又有长处，也有不少属于中性品质。

但是，我们想补充的是，恰恰是这种二元性使中华世界发生了两极分化，一端是我们所有人生活的人间，另一端则是完美的魅力世界，在那里通过其文明的精神宝藏只产生天选之人。

第八章

中国文学

对我们欧洲人而言，中国文学是一个独特的宇宙，一个迷人的世界，有着无数惊世骇俗、出神入化的故事。中国文学作品拥有巨大的伦理价值和教育意义。本章节选了一些我所作的书评，涉及书目包括：《儒林外史》《水浒传》《金瓶梅》《春桃》《肉蒲团》《二十世纪的中国戏剧》和《艾青诗选》。

除了鲁迅的《阿Q正传》，我所翻译的内容之前均未被译成罗马尼亚语。这些译作在罗马尼亚都是首次发表，其中不少甚至在欧洲和世界范围内也是首次被译介。因此，我总需要额外撰写一些内容，比如关于作品、作者以及对应时代的简介等。本书中，我节选了一些序言，以期能够为罗马尼亚读者开辟一条认识和理解中国的道路。

《儒林外史》

歌德曾通过这样的描述向他的秘书赞扬中国小说：

“在我们不曾相见的这段时间里，我遇见了它。我读了不少书，其中最重要的莫过于一部中国小说，这本小说至今仍让我魂牵梦萦，而且在我看来没有什么能比它更让人感到好奇。”

“中国小说？”秘书问道，“它一定很奇怪吧。”

“不是我们想象的那样，”歌德说，“人们的思考、劳作和感受同我们并无二致，我们也很高兴与他们有相同的感受，只是他们那儿更为开放、纯洁、讲求道德……”

“但是，这部中国小说真的是他们最好的小说之一吗？”

“并非如此。”歌德回答道，“当中国人拥有这种小说的时候，我们的祖先还在树林里生活呢！”

的确，中国最早的小说可追溯至东周时期（公元前 8 世纪—公元前 3 世纪），如今使用的“小说”这一名称在哲学家庄子（公元前 369 年—公元前 286 年）的作品中就已出现，尽管书中并不认同那些凭借小说沽名钓誉的人。

小说这个词对应 roman①，当时意指琐碎的言论，那么自然如孔子评价的那样，是无意义的，他还谴责编撰这类作品的人。

① 罗马尼亚语词，意为小说、长篇小说等。

在长达几个世纪的时间中，儒家思想一直将小说置于文学和艺术的边缘。实际上，直到宋朝（13世纪）的中国文学史主要包括诗歌创作、历史记载、文学随笔或哲学短论。然而，小说的写作并没有停止，它直面正统和执政者的蔑视，依靠多数人的拥护与支持不断发展。同更接近我们这一时代的其他文明一样，中国古代的虚构文学汲取了神话元素并不断演变。市井“说书人”常以讲故事的形式串联起一系列趣闻逸事。他们还需要迎合市场的需求，也就是听众的品位、文化背景和好奇心。从中国的传统看，那些虚构作品的创作者代替了负责采风的官员。

从十四世纪开始，中国的小说进入了黄金时代，这一体裁得到了极大范围的扩散，在孔子的祖国得到了决定性发展。不仅如此，其举世闻名的地位也不可否认。那些经典之作在这一时代的中国文学史中享有盛誉，其中最受欢迎的是“四大奇书”：《三国演义》《西游记》《水浒传》和《金瓶梅》，其中一部分也是罗马尼亚读者所熟知的。

中国小说继续从话本中收集素材，直到近现代还保留着特定的形式元素，例如在高潮时戛然而止、在章节间插入承上启下的语句、涉及内容广泛等。起初编撰的是流水账式的写实小说，通常含100—150章。

《金瓶梅》这部小说第一次成功打破基于编年史创作小说的传统，小说中的历史人物及虚构人物极为丰富，超越了作家的生活经验。这本书在1610年首次出版，共100章，作者兰陵笑笑生[①]。描绘了十六世纪一户中国家庭的生活，即西门庆一家。西门庆道德败坏，与妻妾沉溺情色，闲游浪荡，这也决定了他早早迎来致命结局，家庭分崩离析。

吴敬梓的《儒林外史》是第一部讽刺客观社会的现实主义小说，同时也对清代中国的生活方式做出了最为全面和深刻的批判性反省，其风格新颖、文笔细腻、口吻幽默、讽刺犀利，但不含针对个体的恶意。作者的批判视角不局限于对个人与家庭的讽刺，而是转向了针对各种现象社会根源的批评。小说的现实内容极为广泛，既包括八十年来形形色色的生活现实，也涉及将近三百个人物的故事线索。此外，不同社会阶层的书生生活的凡尘俗世为小说提供了分析的广度和深度。

中国著名文学家鲁迅曾强调这本书的写实性，他写道："时距明亡未百年，士流盖尚有明季遗风，制艺而外，百不经意，但为矫饰，云希圣贤。敬梓之所描写者即是此曹，既多据自所闻见，而笔又足以达之，故能烛幽索引，物无遁形，凡官师，儒者，名士，山人，间亦有市井细民，皆现身纸上，声态并作，使彼世相，如在目前……"（鲁迅，《中国小说史略》，人民文学出版社，北京，1976 年，第 190 页）

这样一来，虽然吴敬梓的兴趣集中在一个社会界别——书生或文人之上，但他的批判视角所涉领域却极为广泛，围绕着社会中所有界别和环境的交织点以及科举制。这一制度

① 以笔名兰陵笑笑生行世。

严格、僵化却又不可或缺，千万书生都需要依靠它飞黄腾达。从隋炀帝大业元年进士科的创设，到清光绪三十一年废除科举，科举制在中国历史上存在一千三百年之久。

第一次科举考试举行于606年，即隋炀帝统治时期（605—618），旨在削弱勋贵的权力。然而，科举制不断得到强化并延续至宋朝，到这一时期，更像是一套烦琐的运作体系，具有遏制性，不利于社会阶级的流动。在接下来的朝代中，这一消极特点对有关机构而言几乎是致命的。

在十世纪末和十一世纪末的改革之后，为增加应试者数量，科考被分为三级：乡试（州试）、会试（由礼部举行）和殿试（由皇帝亲自主持）。

科考成为获得荣誉、物质财富以及官职的唯一途径，也成为受大众认可，并能够体现个人价值的唯一途径。科考能决定一个人的命运，渴望成功者的生活常常因此而发生戏剧化改变。那时与宋代不同，科考制度并不灵活，而是统一且令人恐惧的，所出试题也都是模式化的。约从1487年起，考试开始要求主试题为八股文写作。八股文指文体格式含八个部分，包括破题、承题、起讲、入题、起股、中股、后股和束股等，八股文章均就四书五经取题。

在这样的学术制度下，考试很难选拔出非凡的智者和真正的文化人。

比科考本身更困难的是一系列烦琐的选拔过程（若一个人久未取得成功，便如同蹉跎了数十载岁月）。赶考的书生需要在各级科考中过五关斩六将。科考三个主要阶段为乡试、会试和殿试。

乡试被录取的称为举人，会试会集了来自全国各省的举人。

通过会试的考生被称为贡士，仅有两三百人。这场由礼部组织的考试作为获取高等官衔的第一步，起着决定性的作用。

复试由皇帝委派大臣进行，只有贡士才可参加，失败的情况非常罕见。

殿试由皇上主持，选拔进士，结果共分一、二、三甲：一甲三人分别称为状元、榜眼和探花，状元则是一甲当中的第一名；二甲人数有六七十名；剩余则为三甲进士。

进士享有较高的社会地位，所有人都将被授予高官要职；那些不愿做官的人也绝无任何损失，既没有失去社会地位，也没有失去声望。恰恰相反，这一淡泊名利的姿态甚至增添了他们的声望。

吴敬梓批判了这一脱离实际的考试制度，讽刺那些书生为了升官发财倾尽全力，却将性格、品德和智慧的培养置之脑后。作者坚持抨击封建道德，揭示了士大夫阶层对财富的贪婪和虚伪。他文笔精妙，讽刺辛辣。在他的笔下，接受儒家教育的书生通过荒谬而俗套的讲演来为文体格式固定、形式僵化的八股文辩护。作者吴敬梓大多时候仅采用影射的批判手法，只需讲述一个经典场景，便能让他们个人的言论、信念与其虚伪不堪的行为形成鲜明对比。这些人物的人性因渴望飞黄腾达而扭曲，小说中绝大多数的书生均属此类（最具代表性的是范进）。

这个故事与许多诗意的讲述相交织，常带有主观的情感色彩。客观性的叙事与诗化的抒情相结合是中国小说别具特色的行文结构与风格。这种现象与中国传统有关，简单说来，在中国小说起源的时代，哲学思想在宗教与伪经文学中趋于弱化。作者基于民间话本编撰小说，往往会同时涉及几十个事件和人物，无法做到完全客观。

这部小说客观且充满批判性，它叙事生动、对话翔实，无数场面令人难以忘怀。《儒林外史》的成书年代与小说这一体裁出现的时代已相距较远，其中的诗歌元素不再发挥主要功能（抒情评论、道德说教和叙事等），而是与叙事内容相融，既属于作者，也属于其笔下的人物。

这本书由一系列人物传记组成，每部分各有一个主角，其命运或生平大事通常被囊括在一章中。小说看似不具统一的叙事，也没有中心人物及所谓的冲突。然而，鉴于这本书的基本思想及其道德寓意，我们依然可以认为此书中存在统一性，不同的故事在某种程度上是不可分割的，能通过彼此预测故事的发展。

精巧细腻的文风，整体统一的艺术特点，从讽刺、否定到温和的幽默，作品所反映的批判态度细致入微。它诠释了客观叙事的极限，字里行间处处回荡着情感。

文学史家们已经明确了小说人物生活的时代背景。他们描绘了长达一个世纪的文人生活全貌，由带有古代东方色彩的社会人物的生命重要阶段（出生、婚姻、死亡）而构成的世界，这是一个由迷信的风俗、习惯、礼仪和传统组建的多彩世界。

在小说中，我们还可以发现与行文无关的矛盾，那是作者生活中现实存在的矛盾——想要获得社会肯定的个人与令人憎恶的科考制度之间的矛盾。

《中国现代文学缘起》

1919 年，著名的五四运动爆发了。这场运动以学生的抗议（学生在北京及其他城市的示威游行）为开端，导火索是当时中国外交代表在巴黎和会上可耻地接受了失去山东半岛主权的决定。而后，上海工人与学生们站在一起，开始大规模罢工。前所未有的爱国主义浪潮席卷全国，以革命的形式进行。政府被迫释放被捕学生，将被视为叛徒的三名巴黎代表撤职，并拒绝签订《巴黎和约》。政治层面取得的成功大大激励了新文化运动、教育与科学现代化等运动；越来越多的知识分子加入到现代化潮流中。

文学界的百家争鸣就此拉开序幕。1921 年至 1925 年，全国建立了一百多个文学社团，其成员大多是一定程度上受到马克思主义影响的学生、教师、官员和小资产阶级知识分子。他们编辑出版杂志并鼓励创作。由于文学社团在这个时代享有一定声誉，且通过理论指导培育了不少文学大家及作品，因此有必要在此简要介绍其中最重要的一部分。

文学研究会于 1921 年 1 月在北京成立（后迁址上海市），社团创始人包括茅盾、叶圣陶、许地山、王统照、郭沫若与周作人。后来，谢冰心也加入其中。鲁迅未成为社团成员，但同这一群体保持着密切联系。该社团办有不少刊物，包括《小说月报》《文学周报》和月刊《诗》等。该社团发行了一百二十五种文学研究会丛书，在许多城市都有自己的分支机构和机关刊物。参与这一社团的知识分子有着不同的政治态度和文学理念。文学研究会指导方针先进，在新文学运动中发挥了积极作用。他们相信“从事小说戏剧等的创作也是一种工作，而且是于人生很切要的一种工作”。《小说月报》在 1932 年停刊，而该社团在停刊几年前就解散了。一些像茅盾这样的作家逐渐倾向马克思主义，而其余大多数并未投身政治活动，而是致力于创作。

创造社由以郭沫若为首的留日青年学生于 1921 年 6 月正式创立，社团成员包括郁达夫、田汉、成仿吾、郑伯奇等。社团活动共分两个时期，以 1926 年至 1927 年大革命的失败为界。面对国家动荡、价值观混乱以及日本帝国主义在国际社会上歧视中国等现实，年轻的知识分子爱国情绪高涨，加之他们曾受到一些世界级著名作家的影响，包括歌德、海涅、拜伦、雪莱、惠特曼和泰戈尔等，于是他们发起了一场猛烈的抗议，起初秉持的态度和创作风格都是浪漫主义的。

在鲁迅的参与和指导下，新生的文学社团更为开放；他们组织自由辩论，其中唯一需要达成的共识是“拒绝陈旧”。

最重要的当属语丝社，社名取自《语丝》，是一部主要由鲁迅与柔石于1924年11月至1930年3月所编的周刊。语丝社成员包括周作人、林语堂及孙伏园等。

新月社和象征派具有典型的资产阶级倾向。该社团成立于1923年，早期较关注社会现实；随后，其关注点逐渐转向审美。实现艺术成就占据了主导地位，有时他们追求的成就仅仅是形式上的。除诗人闻一多外，这些社团的创作者都排斥文学革命的主张。李金发是中国象征派的主要代表人物，其诗歌充满乐感、意象美与建构美。他的作品反响平平，并不能被当时的历史环境所接受，而是屡遭排斥。

《鲁迅故事新篇》

面对外敌，中国文艺家协会于1936年6月7日成立，创始成员共120人，会聚了各领域的精英人士，以期建立抗日统一战线。协会成员包括郭沫若、茅盾、王统照、朱自清等。

中国现代文学取得了诸多进步，变得创作概念广泛、主题自由、灵感多样、文体灵活，艺术水准也大幅上升。新生作家文学个性鲜明，著作品质卓越。然而，在这样一个发展阶段，文学作品价值的等级划分较为困难且尚不完整。当时赫赫有名的作者包括鲁迅、巴金、老舍、茅盾等，这些作家在二十世纪上半叶为中国现代文学树立了价值标准。

鲁迅是最早创作现代小说的作者之一，其中篇小说和杂文作品尤其出色，或是运用精湛的夸张讽刺手法（《狂人日记》《阿Q正传》），或是运用富含象征性的比喻（《药》），或在小说的讽刺中融入尖酸刻薄的神经质元素以及温暖的抒情；他的作品是其博学多才的明证。鲁迅和他的兄弟周作人被认为是最伟大的散文家。

另一位声名显赫的小说家是老舍（1899—1966）。他写过讽刺小说及唐·吉诃德式的寓言（《老张的哲学》《赵子曰》《四世同堂》《离婚》《老牛破车》），有时采用滑稽甚至荒诞的风格，其目的是在伪装和废除道德价值的腐败世界中打破英雄的神秘性。

老舍对社会环境与生活，事件的演变与影响以及其中产生的人性特点颇感兴趣。这一原则既在篇幅宏大的作品——长篇小说中得到了体现，也存在于简明扼要但张弛有力的短篇小说中。

茅盾，本名沈雁冰，他才华横溢，雄心勃勃。茅盾在其所著的《蚀》三部曲（1928）出版后得到广泛赞誉，被认为是当时最杰出的小说家之一。通过1929年的《虹》以及1933年关于战争第一阶段的故事《腐蚀》，他的名声也因此得到进一步巩固。他的作品常常基于观察女性的角度，在政治、社会、文化、心理等诸多层面展开深刻思考和积极探求。茅盾文学作品中复杂的女性形象证明他对女性情感有着细致入微的拿捏，从中还可看出他对社会生活最早期、最典型表现形式中的动荡、变化和其他现象有着强烈的感知本能，即便他一时难以理解透彻。

郭沫若是一位多产的作家，作品丰富多样。他的大多数著作呈现出抒情的浪漫风格，即便是在散文和戏剧中也运用了独具一格的诗语化手法。不仅如此，他在散文与戏剧中还采用图式化手法，黑白分明，因而他的核心叙事并不灵活。在尝试填补不足之处时，他或是运用慷慨的人道主义情怀，或是凭借道德说教的手段。1927 年出版的小说《铁拳》即属于此类，它描绘了受压迫人民追求正义与自由的革命理想，是首批尝试表达这一主题的小说之一。

郁达夫曾与郭沫若分享自己对思想与文学的关注，他凭借自己的第一部作品《沉沦》(1921) 而声名大噪，这部短篇小说集的原创性及其现代主义风格轰动国内文坛。他在后来坦言，作品故事真切地描述了自己的生活和感受，称得上是一部自传。

冰心的作品拉开了“问题小说”的序幕，具有道德教育意义，《超人》便是其中一部。小说主人公并非拥有超自然魔法，而是一个戴着社会面具的人。通过这种方式，他排斥内心情感的波动，摒弃了敏感、激动、欢乐和悲伤的情感变化，只接纳让自我感到舒适的固执和坚不可摧的冷漠。后来，一个偶然而动人的事件在他与其他人相处的时候发生了，使其回忆起了那些童年的夜晚，慈爱的母亲正温柔地照顾着他。面具开始瓦解，这个男人重新找回了自己那未曾改变的人性。

许地山极富科学精神，不过他曾写作的一些故事带有宗教影响的痕迹，尤其是他笔下的那些人生故事，常含有宿命论的意味。不过，他最杰出的作品大多基于其真实生活经历，出色地刻画了当时的时代风貌。

春桃是其同名小说《春桃》的主人公。这个名字在很大程度上体现了女主角的天真纯洁、清新可爱。面对一系列惨烈而不幸的事件（日本人的袭击以及新郎在新婚之夜的消失），女主角灵活地适应了新环境，勇敢地在这无依无靠的世界中靠自己的双手谋生，甚至还和一个年轻的男子同居。这男人是她一同劳作的伙伴，也是她的精神伴侣。这对夫妇生存在社会礼俗的边缘，有关他们的画面表面辛酸残酷，实则温存动人。

乍一看，春桃那古怪的女性气质令人惊讶，但事实上她隐藏着崇高的灵魂，帮助她应对各种恶劣的情况。面对两个都是“丈夫”的男人（第一个男人似乎拥有让她继续忠于自己的权力），她痛苦地再三犹豫，决定在同一个屋檐下与他们共度人生：第一个成为一家之主，而第二个则是拥有她的人。这一场景富含创意，并非道德沦丧，因为这个女人在走投无路的情况下确定了自己的人生角色。

柔石是一位散文家、小说家和剧作家，他所著的《为奴隶的母亲》与上面的故事同样优秀，甚至更真实地反映了生活现实。这部作品同许地山的《春桃》类似，描写了一个天真纯洁的年轻底层妇女的生活，为塑造中国劳动人民的精神形象增添了新的特色。

纵观每一位推动小说走上现代化道路的作家的个人贡献，我们可以发现他们那一时代共同的文学特征：现实主义是他们反封建态度的重要基础，是对当代传统与道德风俗的深刻审视；他们极其关注社会、政治和文化现象，了解重要的事件和观点，常深入挖掘属于某一阶级或拥有某一精神状态的个人的生活；通过讽刺、同情和温存展现人道主义情感。

艾青——贯穿时代的诗歌精神

诗人艾青通过漫长而刻苦的创作展现了中国现代诗的杰出特点，代表了二十世纪中国文学的精神。诗人用尽可能明确的话语表达了以下观点：

“我的许多诗都在我自己心中……”

“作品关乎时代也关乎这一时代的自我，一个人永远无法将自己与他所处的时代分割开来。”

当时的百姓与诗人同处于一个日新月异的时代，政治、社会、文化等生活中的各个领域发生着剧烈的震荡、斗争和变革，而艾青则是这一时代诗人中经典且出色的代表。诗人艾青文学底蕴深厚，拥有中国古典诗歌伟大传统的支撑，这一传统不仅包含语言技巧，更催生了一批拥有原创灵感、强大表现力，能运用言语创造感性意象的巨匠。恰恰是这些取之不尽用之不竭且又新意常存的天赋灵感，让艾青成为新诗最具代表性的诗人、新中国现代抒情诗的巨人。

艾青的个人经历直接或间接地与新诗的发展进程交织在一起。当他在《中国新诗六十年》(1981) 一书中回望并综述这一时期的文学史时，他没有提到自己，也未曾提到他曾在那个风云激荡的年代中所扮演的角色。

诗人艾青热衷于思考，通过自己的视角和自身经历来了解世界，作品内容几乎涵盖了他所有的过往人生以及文学创造活动。他的诗作常常呈现格言警句式的风格，或带有强烈的情感起伏。

他的诗歌是高尚艺术精神的表达，具有自然、纯朴和直接的特点，没有花哨的技巧和自负的话语——这些特征直达广大读者和全体人民的心灵。

通过感知诗人的内心，可以看到他的思考奔腾着浪漫主义色彩，也充分植根于现实。根据诗评家晓雪的观点，艾青的诗歌反映了二十世纪中国人的思想和生活，它是一面镜子，是历史的回声。诗歌的魅力首先在于主题，而后在其思想。艾青同这一时代的其他诗人不同，他的呼声是不可混淆的。除此之外，评论家还称，这位满腹灵感的诗人在创作诗歌时“像是在雕刻鲜活的灵魂”。

在艾青的诗歌中，思想、情感和意象三者成功共存。他的作品直接、纯朴、简洁、严谨且有序——即便是长诗亦是如此。他在作品中注入了与个人相关的特点，既运用了大众的生动话语，又蕴含着形象与思想的自由、大胆及创新。这些感性而具体的表达话语中拥有着强大而令人印象深刻的力量，再也寻觅不到比它们更准确的表述和更恰当的修饰。

这位诗人天生对画面有独到的感受力，在作品中常常使用这种视觉艺术方法。他的双眼对线条和色彩极为敏感，在他的诗歌中能读到乡村土地、沙漠、道路和人物的形象。他炽热地追求着精神世界，但这些内容并非毫无意义，仍然对一些地方、一些人和他们的境遇展开了哲学的思考，其中也能领略到情感的激荡。

他的诗歌包罗万象、气势恢宏。虽然他也采用韵律，甚至十四行诗的形式，但他从不愿成为文体形式的奴隶，其作品相比无韵诗，也是有过之而无不及。艾青拒绝任何思想和感觉的限制，任凭那个时代所有的事件、人物和处所自由地启发他的表达。

艾青的诗漫步在城市的街道，行过田野，穿越荒漠，驻足战场，详尽地描绘了中国农民、工人、士兵和这个国家的伟大形象。因此我们可以看到，诗人以国家和民族之名，怀着对自由和幸福的希冀，留下了这些书写思想、刻画灵魂的作品。面对诗人崇高的情感、纯洁的信念及其精妙的艺术，评论家方牧肯定地说："他将历史和生活化作了水晶雕塑。"

诗人艾青也是一位幻想家和利他主义者。他天赋异禀，生活经验丰富，秉持着高尚的人文精神和专业精神，本身就是一首鲜活的诗歌。这首诗歌充满智慧，激情动人，平衡和谐，吸收了这世间的一切献于大众。因此，我们可以说艾青是他诗歌的生命，也是人间生活的诗歌。正是出于这些品质，他激励了中国无数诗人，他们陪伴着艾青继续踏上了这个时代的征程。

透明的夜

透明的夜。

……阔笑从田堤上煽起……

一群酒徒，往

沉睡的村，哗然地走去……

村，

狗的吠声，叫颤了

满天的疏星。

村，

沉睡的街

沉睡的广场，冲进了

醒的酒坊。

酒，灯光，醉了的脸

放荡地笑在一团……

“走

到牛杀场，去

喝牛肉汤……”

酒徒们，走向村边

进入了一道灯光敞开的门，

血的气息，肉的堆，牛皮的

热的腥酸……

人的嚣喧，人的嚣喧。
油灯像野火一样，映出
十几个生活在草原上的
泥色的脸。

这里是我们的娱乐场，
那些是多谙熟的面相，
我们拿起
热气蒸腾的牛骨
大开着嘴，咬着，咬着……

《中国小说史略》

在《中国小说史略》中，鲁迅花了整整一章的篇幅来写侠义小说及公案。这一类型小说首次出现在明朝(1368—1644)，内容包括由包龙图，即包拯判决的几起大案。至清朝时，公案小说逐渐增加，呈现爆炸式增长，其中最匪夷所思和盘根错节的案件由一系列开明的官员裁决，如施公、彭公、李公、刘公，当然还有狄仁杰。

传说中舜帝在二十三个世纪之前设计的司法制度在唐朝(618—907)得到了完善，并一直延续至二十一世纪初。《唐律》共十二篇五百条。与罗马法不同的是，中国的法律在民事方面的规定不多，更侧重于刑事方面。

在儒家著作之一的《礼记》中有这么一句话：“天无二日，土无二王，国无二君，家无二尊。”

封建君主是法律本身。皇帝高于法律，是天子。整个皇朝、国土和人民都为他所有。这一思想源于儒家学派：

“礼不下庶人，刑不上大夫。”

有关学者指出，那个时代的法律制度强调礼与刑之间的统一。法律以皇帝之名为民所知。代表法律的“法”同“灋”有关，灋被认为是一种神兽，能够区分善恶。

刑罚通常极为残酷：剥夺多年自由、流放边境地区（西部的沙漠或南部的丛林）、斩首、绞刑或是称为“千刀万剐”的凌迟处死，活生生地将犯人大卸八块。

为使嫌疑犯彻底供认罪行，法律允许对其严刑拷打，一如本文中所呈现的这些内容。一些刑罚以残酷闻名，中国人作为社会化和文明化程度极高的优秀民族，在那样的场景下好似借用了野蛮人的武力。

这本书贯穿着狄仁杰解决三个疑难案件的调查过程。有趣的是，这三个案件在一个类似现代的叙事写作和视角中相互交织在一起。狄仁杰的天赋、灵感和缜密的推理，让人不由得想起英国作家阿瑟·柯南·道尔（1958—1930）笔下的那位著名侦探人物夏洛克·福尔摩斯，而狄仁杰可是早于其1000年便出现了。

在罗马尼亚版中，我们保留了原创而生动的元素，以便读者能真切地感受中国作品的特色。其中包括章节标题和其他风格元素，比如能够吸引观众、听众或读者兴趣的话本叙事结构。除此之外，文本还保留了引入性短语“话说”和典型的结尾方式，这类结尾总让人产生意犹未尽的感受。

《水浒传》

在中国源远流长的历史长河中，唐朝（618—907）实现了不少推动人类命运转向的重要成就：首批印刷而成的书籍，火药的发明，世界范围内首次测出子午线长度，第一个投入使用机械钟。

在近三百年的历程中，中国政治稳定、国家统一，为其对外开放奠定了基础。在此期间，中国加强了同其他国家的联系，尤其是那著名的“丝绸之路”的贸易活动。中华文明传播到了越南、韩国及日本；另一方面，中国也同新的精神价值产生了联系。

唐代中国约有五千万居民，其中一百多万居住在国都长安。907—960 年间属于分裂时期，政治动荡和战争接踵而来，短暂的“五代十国”时期登上历史舞台，而它们的统治者却无法掌控国家。北方建立五代，南方建立十国，事实上这些独立的封建王朝都拥兵自重。

由李氏一族建立的唐朝灭亡约半个世纪后，一位名为赵匡胤的军事家恢复了帝国的统一，建立了宋朝（北宋：960—1127；南宋：1127—1279）。中央权力的巩固使社会越发稳定，诸多领域取得了可喜的进步。宋朝发明了指南针，人们开始在绢帛上作画。

宋代文化攀上了新的高峰，得益于印刷技术的发展。官立与私立学校数量攀升，饱学之士日益增多。文学、历史、哲学和绘画各自分为不同的创作领域。在这一时期出现了许多大家，包括诗人苏轼（1036—1101），中国最伟大的女诗人李清照（1084—1150），画家、书画理论家米芾（1051—1107），哲学家朱熹（1130—1200）等。朱熹在他的作品《四书集注》中讨论了儒家思想的合理性及其对典籍内容的综合理解。

与此同时，宋代的民间文学也极为丰富。这一时期的民间文学起源于各城市，涉及高官、贵族、商人，也包括下层阶级，即匠人、仆役等。戏剧和评话这两种民间文学体裁在下层阶级中出现并蓬勃发展。

戏剧作品尤擅讽刺对话、讽刺诗、歌曲和舞蹈。在这一时期，以讲故事为职业的“说书人”逐渐增加。起初，他们以一种极具吸引力的方式，通过生动的语言讲述民间故事，而后将其所言写于纸上，形成一种名为“话本”的文学作品。故事讲述者一般会选择那些为人们所熟知和喜爱的主题。因此，大多数话本都是从生活中收集而来的短篇故事、现实故事。一些经过学者处理的文本，除了蕴含抗拒社会不公的思想之外，同时也在寻求拯救社会的方法，将开明的统治者视作救星。较有名的讲史话本包括：《大宋宣和遗事》（讲述大宋宣和年间的故事），该作品赞颂了梁山英雄聚义；《五代史平话》（浅显易懂的五代史）等。

小说《水浒传》基于1115—1122年间由宋江领导的著名农民战争撰写而成。宋江领导所有的起义者，以灵活的行动和巧妙的战术闻名。这是一段真实的历史故事，即宋江与书中许多角色都是曾真切存在过的历史人物，只有少数几个人物属于虚构的角色。一些作者参照话本、元杂剧、口头故事和民间传说重叙了这段往事。

该小说的印刷首版已不复存在，目前保留了第一百二十回、第一百回、第七十回，以及一些缩写版本。第一百回版是最为重要的一版，这一译作也以此版作为母本。此版可追溯至万历年间，大约为1610年。第七十回版由学者金圣叹于1641年刊印。他删去了结尾大部分篇章，于最后添加了一章关于所有起义者被捕以及被处死的内容。由于这一版本的编订以谴责所有反抗行为为目的，在当今难以得到认同。

小说中共108位英雄，象征着三十六天罡星和七十二地煞星。其中大部分同他们那扣人心弦的遭遇一样，都是作者想象的结晶。小说讲述了这场著名农民战争的起因和发展。上梁山是这群受压迫者唯一的出路。对于小说写作的那个时代而言，《水浒传》的叙事手法极富特色。小说中的起义英雄在逃离社会和加入起义之前，一个接一个地出现在故事当中。

小说第一回出现了高俅这一负面人物，一个无能的朝廷权臣，他诡计多端，使整个社会乌烟瘴气，朝廷腐败颓废。王进和林冲深受其害，而后鲁智深、杨志、晁盖、宋江等人物相继登场，一身凛然正气。这些英雄各自出身不同：渔民、手工艺人、书生、小地主、高官、酒馆店主和小商人。然而，无论出身和生活经历有多大的差异，他们拥有一个共同点，那便是有着团结一致的梁山兄弟情谊。他们的最终目标是消除社会不公，建立一个理想、充满情谊且人人平等的社会。

值得注意的是，《水浒传》被认为是中国文学史上最令人惊叹的小说之一。几个世纪以来，它支撑着广大群众的斗志和理想。到了现代，它成为一所真正的革命教育学校。它将浪漫主义和现实主义相融合，形成了一个韵味无穷的整体，同时具有深刻的教育意义。这栋伟大的小说大厦，跨越了多个世纪而经久不衰。

在小说呈现爆炸式发展的时期，中国文学已沉淀了二十个世纪的丰富经验。复杂而细腻的文学从一开始就孕育了诗歌和哲学小品，而早期学者的魅力与声望使它们成为最受青睐的文学体裁，这一现象持续了几个世纪之久。孔子（公元前551年—前479年）便是一则典例。他通过修订第一部诗集《诗经》，使之后几个世纪的文人墨客将诗歌视为最高等的文学体裁。除了那些符合文人价值标准的文学手法之外，有关历史、哲学、星相学、道德的一系列文本也逐渐有了自己的一席之地，不经意间发展出了不同的文学手法，比如叙事、描述甚至对话等。

随着小说的兴起，在唐朝（618—907）这一中国诗歌发展的黄金时代，传奇故事登上舞台。这些故事基于纯粹的想象力和充满奇幻和神秘的文字，艺术风格凸显并具有一定深度；它们包含精心安排的情节和刻画清晰的人物。与此同时，唐代民间文学对中国小说发展的影响也不容忽视。

专业的说书人为避免遗忘他们所了解的故事或历史，常将它们记录于纸上，而这些作品也通过这一方式进行传播，甚至可以脱离记忆天赋或评话表演存在。值得注意的是，说书人会用口头语言改写这些故事，以便听众理解。于是，便出现了一种摒弃“文言”(高官们的文学语言)而采用白话写作的文学。

文言意为“雅致、具有艺术感、字斟句酌的话语”。只有话本和后来的小说是同传统文学表达相脱离的艺术体裁，这两类体裁的作者倾心于用他们自己时代的语言满足读者的相应要求。

作为一种创新的体裁，小说在文学这一领域内还具有其他特征：在简短的情节中叙述多个事件，通过各种悬念吸引读者(听众)的兴趣；简单的艺术形式，贴近大众；具有道德教育功能，通过与寓言相交织的形式进行说教等。后来，文人打破了古老的偏见，开始亲近民间文学中的话本，对它们进行转写、加工、整合及再创，形成了某种运用修辞叙事体裁的精彩冒险故事。这就是中国第一批小说的诞生过程。它们的独特性更多取决于作者的写作水平，换言之，取决于作者的文学艺术造诣。这些早期小说的精彩之处早已为人所熟知。小说人物大多是古代的英雄。罗贯中(1330—1400)有部名为《三国演义》的小说，而他的话本则囊括了民间说书人的表演内容，这一话本可追溯至1321—1323年。将这二者放在一起比较，可以发现它们在篇幅和叙事上都有显著的相似性；两者最明显的区别在于：话本用语不加修饰，显得平淡而简要，需要说书人根据个人才能、观众、环境等随机应变，允许他们按照自己的喜好延长故事中的某一回。另一大区别在于：经处理的作品版本占有更高的地位。具体来说，说书人扮演的是依附性角色，而真正的作者则需要查阅历史文献，纠正话本中的一些夸张说法和错误信息。

在这些文学化以及延伸至小说领域的话本当中，最早的分类涉及以下主题：篡位和阴谋、冲破束缚的英雄冒险经历；迷信和超自然；爱和诡计。

在第一类中，最著名的小说是《三国演义》，书中的冲突及人物均与史实相关，因此可认为这是一部历史小说。这些故事发生184—280年，当时三国之争硝烟四起、烽火不断。人物当中既有可敬的政治家，也有优秀的战略家和勇猛刚烈的战士。小说凭借其跌宕起伏的情节和设计巧妙的矛盾冲突，让无数后人深深着迷，甚至赢得了“中国最伟大小说”的盛誉。

《水浒传》则是冒险小说的经典代表，作者为施耐庵（14世纪）。这本书魅力非凡，既有千钧一发的惊险，也有飞扬的文采、生动的民间话语，展现了一幅关于中国世界的多彩画卷。

至于神话志怪小说，最成功的便数吴承恩（约1500—1582）的《西游记》。该小说基于宋朝（960—1279）一话本写作而成，即《大唐三藏取经诗话》。现实视角被寓意视角所取代，从寓意视角可以看到情节和人物在奇幻世界中的象征性呈现。小说的话语在表面上看似幽默风趣，实则富含洒脱和智慧。除阐述寓意之外，作品还表达了对传统社会和官僚主义的讽刺。

中国散文和小说的黄金时代始于 14 世纪，当时这类体裁的作品得到了惊人的传播，在孔子的故国取得了决定性的成功，中国小说因此得以加冕，证明其具有不可否认的世界声誉。值得注意的是，在明朝（1368—1644）撰写和发行的数百部小说中，许多作者是匿名的或只署下了笔名。

早期的小说通常讲述更为先前时代的故事，它们的主题可以分为：历史小说、关于神灵和超自然存在的小说，以及那些收集或仿写遥远时代故事的小说。后来，随着这一体裁的日趋成熟，小说主题越发多样，它与现实世界的关系也因此更加紧密：人物逐渐人性化，能认识自身并感知到真实的维度。

在十七世纪时出现了不同主题的写实小说，主要包括：冒险小说、爱情小说、道德小说、教育小说、社会讽刺小说，它们在各自领域都达到了发展的巅峰。这些小说中绝大多数仍是历史和冒险小说，因为中国源远流长的历史和丰富的书籍资料对于作者们而言已绰绰有余。在那个时代，许多故事集被编撰和出版，其中多数是关于市民的生活以及他们的思考方式，当中存在着对当时社会的批判，与此同时也出现了同封建意识形态和民间神秘主义相关的表述，如关于迷信的内容。

到十五世纪初，中国已成为世界上最富强的国家之一。同时，人口迎来爆炸式增长。在明朝建立时有七千万居民，而

17 世纪中期时，这一数字已超过 1.3 亿人。

经济繁荣和社会稳定促进了文化的蓬勃发展。重设传统文化机构，恢复科考制度，通过考试选拔才华出众的年轻人，而不以出身论英雄；各级科考分不同阶段举行，自乡试开始，至殿试结束，殿试需要在皇帝的面前进行。这般以来，典籍也被重新编著修订成册。

那时，《永乐大典》以年号之名被编撰成书。然而，当时对知识分子的控制极为严苛，一些勇气可嘉的大学者可能因为几句被认为在诋毁皇朝的言辞而付出生命的代价。模仿著名古代文学作品的写作方式在当时得到了广泛的运用（特别是在明朝初期）。

不过，明代学者的贡献在于其基于民间文学，汲取口述传统，为中国小说的文学化奠定基础。除社会政治因素之外，印刷技术的进步、部分文人对小说这一体裁的特别关注为其发展做出了贡献。正因为如此，小说得到蓬勃发展，文学批评拉开序幕，哲学思考出现全新方向，人们对科学的兴趣也与日俱增。除文学作品之外，这一时期还编纂了海量的科技类著作。在这一波文化发展的热潮中，家喻户晓的李时珍（1518—1598）完成了他的医学巨著，直至今日仍造福人间。

可以说，中国实现了真正的复兴，这不仅对那个时代而言是祥兆，对之后的几代人而言亦然。人们获得了关乎自身的智慧。哲学家王阳明（又名王守仁，1472—1528）通过他的思想推动了当时的大变革。

他曾写道：

夫学贵得之心，求之于心而非也，虽其言之出于孔子，不敢以为是也。

以及，

大人者，以天地万物为一体者也。其视天下如一家，中国犹一人焉。若夫间形骸而分尔我者，小人矣。

在1617年版的《金瓶梅》中，序言作者为欣欣子，意为快乐之人，而作者是兰陵笑笑生，可译为：满布玉兰的山坡上的一位风趣学者。兰陵可能是某地之古称，位于东部山东省某处。事实上，序作者与作家本人都使用了自己的笔名。当代的名公钜人和后代的文学家认为兰陵笑笑生可能是以下几人中的其中一位：李开先（1501—1568）、王世贞（1526—1590）、赵南星（1550—1627）或薛应旂（1550—？）。然而，他们并没有翔实可靠的证据。

兰陵笑笑生的名字还曾出现在当时一部诗集的一首诗中。

那时有一位名为沈德符的学者拥有小说的抄本。他在几部“非正式”作品的一篇传记中写到，作者是“嘉靖年间（1522—1567）大文士”，可能是王世贞。此外，王世贞是十六世纪享誉盛名的文学家之一，其父被奸臣严嵩杀害，他或是为替父亲伸冤报仇写下此书。严嵩之子严世蕃，号东楼，成为这部小说的忠实读者。王世贞耗费三年心血完成了这部篇幅宏大、引人入胜的著作，而后在书角浸透毒药，让他的作品落到弑父仇人和政敌手中。这般以来，他们若多次翻阅书籍，将沾过书角的指尖常在口唇间润湿，终会中毒而亡。

基于这一理解，小说主要人物西门庆的原型便是严世蕃，而后者也被称为“庆儿”；另一方面，“西门”清楚地影射了其人之号“东楼”。

这个传说极具吸引力，但却难以令人信服。1562 年，在严嵩被判削官还乡后不久，严世蕃被判斩首。王世贞的父亲王忬于 1560 年 10 月 1 日被杀。那么小说究竟是花费多久时间写成的呢？如果它是在 1562 年之后创作的，那么小说便不再具有讽刺的目的，因为那些仇人和政敌已不复存在。另一方面，王世贞不是山东人。他于 1557 年至 1559 年之间在山东省为官，而在如此短暂的时间内不太可能完美地掌握当地方言并运用于小说中。

小说的题目代表着三个主要的女性角色：潘金莲、李瓶儿和庞春梅。这部小说也描绘了一户中国家庭的生活，即西门庆一家。他道德败坏，与六房妻妾沉溺情色，闲游浪荡，这也决定了他早早迎来致命结局：家庭分崩离析。

中国学者鲁迅认为，“作者之于世情，盖诚极洞达，凡所形容，或条畅，或曲折，或刻露而尽相，或幽伏而含讥，或一时并写两面，使之相形，变幻之情，随在显见。”

“同时说部，无以上之。”或是：“然《金瓶梅》作者能文，故虽间杂猥辞，而其他佳处自在。”

在一系列历史小说及关于超自然事件和人物的小说之后，《金瓶梅》以第一部现实主义小说的身份出现，它的内容基于人们的日常生活，是一位真正作家的绝对原创作品。这部小说，连同《三国演义》《水浒传》和《西游记》这三部经典名著一道被称为中国文学有史以来的“四大奇书”。值得一提的是，其中三本已被译为罗马尼亚语并得以出版，译者署名是米拉和康斯坦丁·鲁博安！

作者对青年女性角色性格的刻画表现出极大兴趣。小说中的女性角色大多是30岁左右的少妇。这些女子花容月貌、激情四射、引人瞩目。她们时而欣喜快乐，时而悲伤痛苦、失望绝望，宛若是性格和情绪的万花筒，精彩纷呈。那些行为不检点的女人，最终将付出她们那过往幸福的代价，落得个悲惨结局。这种看待年轻女性、妻子、母亲和情妇的犀利视角，在激情、责任和社会礼俗之间被撕扯，可谓是点睛之笔。这让人想起欧洲现实主义小说的追求，而该小说则早于其好几个世纪出现，在不少其他艺术领域也存在类似现象。写到这里，我不免想起巴尔扎克也曾写过《三十岁的女人》。

小说中的一系列人物形象被塑造得栩栩如生、令人难忘。我们既会与上流社会的人们（掌握政权的官员、腰缠万贯的富人、朝廷重臣、学者等）相遇，也能看到形形色色的平民，他们或善良，或险恶，或严肃，也有折磨他者之人、寻欢作乐之人、贪得无厌之人和一些无足轻重的人物，如西门庆的其他朋友。还有张胜、刘二、奴仆来旺、秋菊、妓女桂姐、商人、和尚、尼姑、媒婆……不一而足。他们都来自一个庞大的城市，那个多彩多姿的东方集市。小说为这个多元化的世界赋予了生命，包含并控制着人的肉体以及每个角色的独特性格和心理。从这些方面而言，小说可谓是取得了显著的成功。

小说花了不少笔墨描写聚会和宴席，这是官场生活中比较特别的一部分。在这样的场景中会出现各式人物，而作者一般通过人物所秉持的态度来刻画他们的性格特征。有主人同家人一道举行的简单聚会，也有专为高官大臣而设的宴会，或是为娱乐消遣而有陪侍的酒会。

小说中的人物甚至不会感受到时间的流逝，他们一直生活在生命当中的某个时刻。

作为一名品位雅致的学者，作者在小说文本中融入了诗歌元素。这些既有完整的诗篇，也有零散的诗句。它们并非由作者所写，而是唐代或其他朝代诗人的名篇，还包括当时流行音乐的词本，基于个人理解和爱好甄选的民间歌曲与诗歌，以增强作品的文学审美效果。

对日常生活的描写中充斥着丰富多样的细节，使小说宛若一幅巴洛克风格的绘画，而这恰是这位才华横溢的匿名作家的又一次伟大成功。同时，这也在很大程度上影响了各类型小说在中国的出现和发展。小说对人物的刻画入木三分、鲜活逼真，在此基础上，作者还添加了重要的细节、具体的行为事实和借他人之口讲述的事件，将关键情节一一串联起来。

我们不应认为这部小说写的仅仅是一个富家子弟的爱情故事，它其实是一部关于整个社会的珍贵文献。这是一个时代的见证，这时代不是作者所描述的宋朝，而是他自己的时代，是文学史家眼中的时代，无疑也是当代人所认可的时代。

《中国二十世纪话剧选》

中国的新型戏剧并不是单一同质的：无论从整体来看，还是从具体剧作层面来看，它都是创新与传统的共生品。这一解释基于中国戏剧的辉煌传统，也基于它那独一无二的审美品位，任何巧妙的修辞都难以描述之。

现代创作方式要求采用直接“模仿”人性的视角，但如若不愿向传统妥协，那么这一视角还不够欧洲化（即个体的视角，且可能无法拥有这样的一种艺术自主）。因而，中国寓言剧（戏剧）融合了形式惯例、象征性模仿、手势、妆容、服装、剧本，通过音乐、舞蹈、杂耍和道白（大多为韵文）来表现，从而定义一种综合的创作艺术。

现代剧作削弱了超现实主义传奇、历史故事以及文学小说中精彩的舞台张力，通过补偿带来的只是人类生活的简朴与纯真，这让戏剧界颇为诧异，同时也遭到了人们的抵触、拒绝，或是仅仅被有限地接受。

作为一种特定的民族文化，中国戏剧继续与现代戏剧共存，而这些现代剧向传统形式要求、大众品位和文学功能作出了妥协。

这部选集几乎覆盖了二十世纪的所有戏剧，展现了以下内容：浪漫的历史剧（郭沫若的《卓文君》和田汉的《关汉卿》）；取材于当代，带有浪漫剧特色的爱情剧（曹禺的《雷雨》）；讽刺喜剧（丁西林的《一只马蜂》）；荒诞喜剧或悲喜剧（谢民的《我为什么死了》）；当代社会现实剧（老舍的《龙须沟》）和传统戏剧或中国戏曲，以与新戏剧相抗争的形式呈现（魏峨和双戈的越剧《胭脂》）。

这些作品的时间顺序展现了作家在主题兴趣上的改变，戏剧类型偏好的转向，新剧与传统剧之间的博弈，以及通过它们产生的连续性变化，这些变化源于现代概念的冲击与传统的抵抗相碰撞而产生的戏剧性。

二十世纪中国戏剧的特点是充满活力和多样性，其表面上在创新和传统之间存在两极分化，但若深究其中，不难发现分化中蕴含着魅力四射的原创性。也正因为如此，二十世纪的中国戏剧为罗马尼亚首次出版这一选集提供了五彩纷呈、趣味横生的材料，其中许多作品都是第一次被译为欧洲语言。

第九章

新旧习俗

那些充满日常生活气息的地方

中国首都的市场、商店、餐馆、酒吧

国庆节、传统节日和绵延几个世纪的文明

故宫、京剧、语言和书法

十里不同风，百里不同俗。我们是王府井的常客，这条商业街离我们不远。大使馆距离东交民巷仅几步之遥，让我们回忆一下当年的场景吧：一走进王府井，就能看到左手边的北京饭店。它曾被多次翻修，最后一次工程完成于 1974 年，当时是一座现代而宏伟的建筑，几乎都要延伸到人行道上了。经过几栋与我们关联不大的建筑物后，便能看到《人民日报》社了。那些年，《人民日报》社的负责人常常变动，当时的常务负责人是李宁来女士，她会说法语。那时，米哈伊·埃米内斯库不同语言版的诗集被译为汉语出版，李女士从法语版翻译，著名俄语翻译家戈宝权译自俄语版，而中国的罗马尼亚学家、文化学者徐文德则直接从罗语版翻译，最后由李女士负责这些译本的印制工作。向远处再走几步，街道中央的那栋建筑同曾经坐落于利普斯甘尼大街尽头的布加勒斯特商店有几分相似。那儿还有一栋百货大楼，若是将“百货大楼”逐字翻译过来，则是“拥有一百种商品的大楼”。从这幢庞大的建筑物一侧进入，便是外文书店。

街道右侧排列着各式各样的商店，但我们被一家售卖毛皮的店吸引住了。后来，在建造北京饭店最后一个配楼的几年中，有一座五层楼高的书店在这条路上拔地而起，如今店中书籍已浩如烟海。我们还经常逛那儿的集市。集市规模不小，商品琳琅满目，北面开着一家中药房。不妨想象一下，整面墙壁上都是棕色的抽屉，排列放置着干燥和磨碎的草药。煎煮这样的草药并非难事，病人无须食用草药，而是饮下药汤即可。

沿着王府井大街继续往北走，便是首都剧场和著名的美术馆。

1969 年夏天，我第一次来到中国。我当时同大使馆的领导瓦西里 · 佩内什（Vasile Peneş）结伴而行，要解决某个官方层面的问题，这一问题从历史的角度来看并不重要。那天又热又潮。我赤脚穿着凉鞋，身着白色短袖衬衫和长裤。为了能灌进些风，我解开了衬衫领口，又将束在腰间的衬衫给拉了出来。午饭前，我们回到大使馆。他在十字路口停下车，让我一同到一家小饭馆去吃饭。我坐在桌边，他去点了两扎啤酒和一碟凉菜。那是一道猪肉片儿，既有猪耳朵、猪尾巴，也有猪腿肉。要按现在来说，这可是一道昂贵的菜，但那时这属于劳动人民的食物！佩内什发现我面露难色，直截了当地说道：

“快夹起来尝尝！这可是特色菜，和冰啤酒是绝配！”

我想不起来自己之后是否还去过那家坐落在街角的小餐馆，但我清楚地记得那栋低矮的小房子，外壁破旧不堪，有一间五米长、三米宽的房间，还有开朗快活的佩内什。在另外两张桌子上，一些上了年纪的中国人在吃饭，低声地交谈着。这家看起来稀松平常的小酒馆，后来陆续开设的茶馆，老舍的小说和其他几个朋友一代又一代地完成中国这座永恒之都的奇迹，至少自元朝起便是这般。十三世纪的景象持续了几个世纪，直至今日仍然存在。为什么呢？我找到两个原因。首先，中国人较为保守。他们继承了孔子的传统，而孔子是全体中国人的导师。其次，中国人很欣赏优秀的事物。无论政治风向如何转变，人们怎会改变那些有内在价值的东西呢?

那时，我待在酒馆里喝啤酒。稍晚些，当我穿过周围人群时，我获得了一种短暂而单纯的喜悦。在首都中心那人声鼎沸的商业街旁，有一家典型的中国餐馆。

仔细想来，我们罗马尼亚人不常下馆子，而我却对全聚德情有独钟。曾经，山东人把肚中塞物并用火炉烤制的嫩鸭带到了北京。那时，我常去北京国际俱乐部，它起先位于一栋古旧的建筑中，当地还有几家特色餐馆。北方菜有蒙古菜、新疆菜，南方菜则有粤菜和川菜等。秋日来临时，我们常去香山欣赏红叶。香山那各种叶片如火的树木造就了它享誉世界的独特风景。至于那漫山遍野的灌木，仿佛将此地化作一处魔法打造的圣地！香山，也被称为西山，多是些地势低缓的山丘，即使对孩童而言，爬香山也绝非难事。确实如此！颐和园我去得不多，也很少在那里用餐，虽然那里同故宫后面的白塔一样，所供的餐食几个世纪以来都是帝王的挚爱。

这座城市就在我眼前发生着翻天覆地的变化。

1954 年，G · 克利内斯库 (G. Călinescu) 与罗马尼亚作家代表团访华。他对首都的古旧感颇为惊讶，并得出如下结论：当时的北京“是一个大村子”。这是形象的表达。这座东方城市的占地之广是我们难以想象的。当时，一条贯穿东西的笔直大道约有二十千米长！人们坚持保留城市传统风貌，最令人惊叹的建筑是封建时代的城门。

十五年后，我第一次来到中国，我完全没有因为这里缺乏现代性、欧洲风格或是摩天大楼而感到吃惊。我更多的是感到欣喜，心中满是愉悦之情。我为自己抵达北京做足了准备，之前几乎阅读了所有能在罗马尼亚国家图书馆找到的相关材料，当时那儿被称为学院图书馆、大学图书馆或是国家中央图书馆。中国的首都占据了我的脑海和心灵。它比中国古代世界任何关于文学或旅游的文字更为真切，这就是我所寻找的。除了外交活动、访问、陪同以及与罗马尼亚代表团有关或无关的各类活动之外，我一直在寻找一种千年文明的痕迹，那是一种同达契亚文明有着共同完美记忆的文明。达契亚文明几近消失，唯在我们身上还有所体现，又或许在喀尔巴阡山的深处还鲜活地存在着。出于统一着装的要求，他们身着灰蓝色粗帆布制成的衣服，中国古代世界在我眼前重生，我也踏上了寻觅它的征程，在人们的眼眸中，在古旧的历史遗迹间，在寺庙里，在曾经徒步走过或是坐着人力车通过的路上，还在士兵、廷卫和旧日朝廷高官的开路者行经的道路上寻觅着。我首先来到了城市中心。天安门广场和故宫。古往今来，有哪个强盛王朝的宫殿是对人民开放的呢？无论是过去还是现在，平民都是被禁止进入的。好比今天又有哪位国家总统或是总理的办公室和府邸是向普通民众开放的呢？无论那国家机构如何，一个普通人在哪个国家可以随意进入？

我们常去王府井大街上的书店、集市和百货商场。这个商场至今依然存在，那里有日用品、艺术品、珠宝、食品等分区，还有蔬菜市场。1971 年，我与罗马尼亚国家和政党代表团成员一道在那里购物。大使将会说中文的使馆工作人员分配给代表团成员。宣传秘书扬·伊利埃斯库（Ion Iliescu）[①]和布加勒斯特市市长杜米特鲁·波帕（Dumitru Popa）属于我这边。我不知道这一切是如何进行的，7 月份时，在关于意识形态讨论的全体会议上，两人都受到了批评并被调整了工作。大使馆的人开玩笑道：

“鲁博安能给别人带来好运。我们下次把谁分配给他呢？”

似乎一个干部的调整都由我说了算。然而多年后，扬·伊利埃斯库回来了。杜米特鲁·波帕不久后也穿越平壤，抵达北京，他曾在那儿被任命为大使！

一天下午，我们所有人坐车来到位于市中心的外交人员免税商店。我和那两个对所有地方都很好奇的人一同逛遍了免税商店、街对面的集市和百货大楼。那百货大楼的建筑风格同布加勒斯特的胜利商店有着异曲同工之妙。我帮他们与卖家交谈，他们买了些平常的小玩意儿，当作送给家人的礼物。不知何时，扬·伊利埃斯库瞧见一匹带有细白色条纹的浅蓝色布料。他爱不释手，想买三米出头用来做一套男式西服，但他的钱却不够了。于是，他问了几个代表团成员。大家都没有富余的钱了。我知道他还问了大使的妻子，玛利亚·杜马（Maria Duma），但她也没有给他钱。我已记不得她拒绝

① 译者注：扬·伊利埃斯库（Ion Iliescu）是 1989 年后的罗马尼亚第一任总统。

的理由是什么了。他没有勇气找我要钱。我也没有从口袋里掏钱给他，因为我听说那些代表当中有人借了钱之后却忘记归还，回国后甚至连你这个人都不认识了。官衔越高，越不还钱！如果我给了他大约一百美元买那匹布，也许在 1989 年之后，无论他是否还了我这笔钱，或许会记得我曾帮助过他。会是如此吗？

我们通常每周去一趟市场，买上一些日常所需的食物，再打一辆出租车回去，那时我还无权使用使馆的汽车。我们从食杂店为外交使团购买所需的食品，那儿一年四季蔬果供应充足，也合欧洲人的口味。我还经常去东单食品市场，在摆满各种蔬菜的摊位之间走走看看，这种感觉让人上瘾。让人感到喜爱的不仅仅是蔬菜本身，还有蔬菜摆放之道的奥妙。我们熟悉的土豆摆在胡萝卜和竹笋旁边，我在来到神奇的北京之前从未见过这种方式。菜花旁则摆放黄瓜和西兰花，宛若一片绿洲，随时等待你的探索。西红柿占据了不少摊位。在旺季，也就是整个夏天，我在人行道，甚至在主干道上也能看到各种色调组成的红色海洋，香甜可口的西红柿富含维生素 A。这一季结束后，白菜就会取代西红柿的位置。人们将白菜堆放在庭院里或是阳台上，因为它属于为数不多的可抗霜且可长时间储存的蔬菜之一。在暖意降临前，它随时都可拿来食用，而意味着万象更新的暖意可要等到春节过去一阵子后才能来临了。

我尤爱在东单精挑细选鸡和鱼。这个城市中生活着数百万居民，鸡鱼之类的食材自然可以在外交商店或是其他很多地方买到，但似乎冥冥之中总有什么吸引我们来到这里。一旦顾客选定了某几条鱼后，鱼贩便用大网眼的兜网将其捞起，兜网手柄较长，这样鱼贩就不必弯腰拾鱼，省了很多力气。被抛到台上的鱼一般都不再动弹，如若它还活蹦乱跳的，那卖主便会示意我们转过头去，而后猛地拍打鱼头，便于他进行剖杀。他将鱼的内脏取出放于一旁，如果有鱼子的话便置于一边干净处，而后根据你的要求清理鱼鳞！母鸡把大竹筐挤得满满当当。处理母鸡或公鸡的过程很快，之后便将这藏着无穷美味的鸡放入沸水中，小心地去除羽毛，用旁边临时生的火去除残余的绒毛，再将美味的内脏（例如鸡心、鸡肝）从中剥离。在这一系列步骤完成后，再将它们重新放入鸡肚中，那时的我们就只想着付钱回家了。至于价格，我在世界上任何地方都没有遇到过如此廉价的鱼和鸡。有机养殖的柴鸡质量上乘，营养丰富。

让我们再回到外交市场吧。这市场同当年北京所有的菜市场别无二致，甚至与现在的那些也有几分相似，只是现在的超市越发看重商品外包装罢了。首先要说的，是那琳琅满目的商品和五彩缤纷的颜色。假若我是个画家，与其去郊野田地作画，我更愿意画下大自然中的果园。

有一次，我算了算长圆形蔬菜的种类，当中既有绿色的，也有黄绿色的，一束束捆了起来。这些菜都叫什么名儿？它们是什么菜？当中绝大多数蔬菜我都不认识，我不光问了菜名，还打听了这些菜口感如何，又要怎么烹饪。到处都能看到生姜。菠菜则更不必说了，它同洋葱和大蒜那般常见，还有普通的白洋葱、红洋葱、香葱，或是像一颗核桃那么大的洋葱。

菜市场可以生动地讲述人们生活的愿景，体现出人们的根源与精神，让他们向着星空飞跃。

将食材摆上餐桌，只需要在厨房里完成一步或是几步烹饪的步骤罢了。然而，中式烹饪绝非易事，且没有统一的方法。中国历史跨越几千年之久，疆土辽阔，从北至南、自山地至平原的气候各自不同，封建王朝与世隔绝，各地盛产的食材各异，五湖四海的传统包罗万象，几十个民族相融共生，我无法在这里一一列举。这些元素组成了“中式烹饪”，但由于省份、当地主要民族以及所用调料和制作工艺的不同，各地菜系特色迥异。

我们在北京，是位于中国北方的都城，自十三世纪以来一直是皇朝的政治中心。当时，忽必烈下令在此地建造国都，这里正是他爷爷成吉思汗于 1215 年进攻占领的金中都，当时在战乱中成为一片废墟。金国后期日趋衰落，因此被轻易入侵。

在蒙古人统治两个世纪之后，这座城市于 1420 年 10 月 28 日成为中国明朝的首都。皇宫的建造自 1406 年开始。直至 1918 年，这里一直是中国皇帝的起居之地，也就是我们今天所熟知的紫禁城。

自 1644 年起，中国皇帝不再是汉族人，而是满族人。我们需要特别注意这一点，以便了解为什么北京菜有其独特性。汉族人、蒙古人、满族人和一些北方民族赋予了此菜系一种特点，我们不如称之为皇家特点，兴衰都极具欺骗性。

肉是当中的重头戏，尤其是涮羊肉蘸麻酱。宴席上，白菜也是必不可少的。自中秋节至公历 2 月左右的农历新年，饺子是饭桌上一道常见的佳肴。在每年的这个时候，人们开始享受一种名为“火锅”的特色美食。

火锅是一种源自蒙古族的菜肴。吃火锅的时候，所有人围坐在一个大锅旁，将肉和菜放入锅中煮熟。锅中热汤翻涌。桌上摆放着肉、菜和配料，在锅下点燃木炭、液态或固态酒精用于加热。这道菜肴的食材有：薄切肉片（通常采用羊肉）、海鲜、蔬菜、蘑菇、豆腐等，也可根据个人口味喜好添加。根据所用肉类、汤汁和香料的不同，食材也会存在一定差异。食材以薄为佳，需要精心准备，便于即刻入味。将它们放入沸腾的汤汁中，片刻后将煮熟的食物捞起即可食用，在盛满芝麻酱和其他酱料的碗中稍微蘸一下，它一般并不辛辣。酱料碗既可以冷却滚烫的食物，又能令其入味。有些人喜欢辣中带苦、辣中带酸的酱料，以尽情感受每种食物的滋味。真是一道营养丰富的佳肴！

被称为“北京烤鸭”的菜肴实则起源于山东省。所有外国人都尝试过北京数百家烤鸭店中的一家，一如他们难以抵御住长城的诱惑，尽管下令修建长城（建于公元前 220 年至公元前 206 年）

的并非当地人，而是来自西部的秦始皇。他在公元前 221 年统一了国家，扩大其边疆至当今越南一带。北京烤鸭已有六个多世纪的历史了。

二十世纪七十年代，最正宗的一流烤鸭店位于前门外，在一栋百年老建筑的一楼。它被称为“全聚德”。现在这家餐厅有了不少分店。烤鸭炉采用梨木生火，食材选用两到三个月的嫩鸭。这道菜肴的美味之处在哪儿呢？首先在于鸭。平日里习惯吃白条鸭的我们无法想象鸭肉还可这般鲜嫩。他们所用的鸭子并非池塘养殖的品种，而是直接选自农场。

鸭皮香脆，泛着亮光，仿佛由艺术大师用画笔绘制而成，鸭肉鲜嫩可口，而烤鸭的盛誉不仅仅源自这两点，还有烤鸭上桌那充满创造性和独特性的方式！

我曾在北京南部的一个村庄参观过这样的农场。当时它被称为中罗友好人民公社。那儿的农民称这种鸭为“填鸭”，因为鸭子是被强制人工填喂催肥的。这种鸭皮质细腻，肉味香甜。成群的鸭子从几个师傅面前经过，他们把鸭喙撬开，将一根管子塞进去，而后把一定量的食物填入鸭肚中，用量由专家规定。鸭子生长迅速，可以在短短几个月内达到两三千克重。鸭肉口感极为细嫩！

我不知道如何更好地描述那个烤炉。我曾见到过用电的烤箱。不同之处在于，烤箱的烘烤过程更快，但通过它烤制而成的肉缺少柴木烤制的天然香味。鸭在进入烤炉之前，用多种作料进行处理，悬挂片刻以排尽体内的水和油脂。鸭子被悬挂烤制的场景令人印象深刻。鸭肚中有汤汁可以分两次食用，第一次只和鸭舌一块儿吃，第二次则是在餐末享用。鸭肉之味渗于汤中，而灌在鸭肚子里的汤汁使鸭肉更为鲜嫩，最终让它成为不可抗拒的美味！

为了让顾客大快朵颐，无论他们是当地人还是外国人，师傅都会在顾客面前将鸭子片成小片。按传统，每只鸭子应被片成 108 片。顾客用荷叶饼包裹鸭肉片或放在圆形烧饼里，再加上葱丝和黄瓜条，细细长长的就像牙签一般，最后蘸上甜面酱。

我在全聚德吃的第一只烤鸭是外交部为罗马尼亚代表团提供的。我记不清代表团的级别了，只记得那时大使在场。我们罗马尼亚人感慨良多，看着眼前发生的一切，无法想象这一切都是真实的。G · 克利内斯库略带讽刺地自问到，师傅们得片完多少只湖里的鸭子才能有这般好功夫，以至盘中带肉或不带肉的鸭片片分明。实际上没有什么湖，反正我不知道北京有什么湖里可以养美味的鸭子。毋庸置疑，这顿饭令人眼界大开。当你第一次看到这样一道菜时，或许你还没食欲大开，但当你咬开那些装满鸭肉的面皮后，你将会“爱不释口”。

烤鸭不仅味道鲜美，品相上乘，还富有营养，同时还可以配上茅台酒、啤酒、矿泉水和茶。

初尝北京烤鸭，这滋味在我脑海中超越了其他任何一道菜肴。从那天起，只要我有空闲，就会同米拉一道去这家餐厅吃饭。我们只有两个人，还经常在一个对餐厅工作人员而言不太合适的时间来就餐。我们总是在下午二点之后才来，实在是给他们造成了不便。这时是休息时间，等到下午五点左右他们又得准备晚餐。我们希望他们能原谅我们，最终也确实得到了他们的原谅，让我们真切地感受到了工作人员的善意。来自欧洲的两个孩子在世界的边缘迷了路，在城门外徘徊。我们不是想来胡吃海喝一顿，而是想感受鸭子身上的奇迹。因而，我们不会急着找他们上菜，他们也明白这一点，我们并不饥饿，而是满怀着钦佩和欣喜来到这里。

我们通常会点上一杯茅台酒，每杯只倒上二十克。具体说来，这是一种在中国西南一名为“茅台”之地生产的高粱酒，酒名亦源于此。五十三度的无色烈酒与北风呼啸的寒冬是绝配。除此之外还有鸭舌汤，有着一种难以用语言描述的口感。在盛汤的小碗中，鸭舌片薄如棉绒，像是小水族箱中的一条条金鱼。汤汁十分清澈，在我的印象中像是纯天然的山间泉水。它没有任何气味，但当你尝下一口时，你的唇齿间洋溢的尽是人类从不知晓的鲜香气。喝下这碗汤，我似乎就饱了。这时，服务员就会端上主菜、片鸭、葱段、黄瓜条、甜面酱。在另一个盘子上则盛放着不少荷叶饼和烧饼。细想起来，那位服务员常常为我们服务，他上了些年纪，微微驼背，黑发贴着额头和鬓角，小小的眼睛如手电筒般炯炯有神。

那时，他总会为我们开一瓶啤酒，是三升装的大瓶，地道的北京啤酒，也可能是青岛啤酒。结束我们那丰盛的午餐之后，便会上一道鸭汤，用料丰富，但已没有鸭舌汤的细腻口感，像是一位深谙如何施展魅力却半遮面的女子！我们品尝冷菜时就像回到童年狼吞虎咽灌肠①和猪小肚儿②的时候，感受着烹饪的奇迹，而后来上的热菜、鸭肉却总是剩下不少。最后还会有一两道蔬菜，因为一个真正中国人的一天必须要有蔬菜和米饭的陪伴。

每顿饭需要十元或十二元，我们每次都会对自己只付了这点儿钱而感到难以置信。

我们道完谢后便离开了，开始在附近的商业街上悠闲地散步。我们走进一家景德镇瓷器店。景德镇被誉为中国最负盛名的瓷器中心，它距离广州不远。我们走进一条狭窄的小巷，即便只是相向行驶的两辆车也难以通过这条小巷。而后，我们来到了同仁堂药店，这一家是这个老字号药店在全城最大的一家。在这条狭窄街道的两边，各式商店的商品琳琅满目。我们在这家店看看，在那家店瞧瞧。有时我们没有足够的时间，只好直接前往办事儿的地方。前门以南的这一区域，对我们欧洲人来说具有罕见的魅力。再看看那条大街上的景象：前门外，几辆公共汽车和无轨电车来回行驶，街道西侧是各式商店，家具、服装、地毯、瓷器，大小集市应有尽有。当然，还有各具特色且适合不同人群的餐厅和茶馆。

---

① 罗马尼亚语为 caltaboş，一种用猪内脏、大米和香料等做的灌肠。

② 罗马尼亚语为 toba de porc，toba 意为小肚儿（一种灌肠），porc 意为猪。

最初的几个月里，我主要探索了老城区。在那些年，它仍然存在着。小区和街道至今依旧保存完好，作为历史的见证或是对于游客而言已足够了。而我是为了见证新的变化。时间这只风筝永远不会停下自己的脚步，它也如同拥有无穷力量的湍流，无可阻挡。是的，今天的北京不是 1900 年或 1911 年废除封建帝制时的北京，不是 1949 年 10 月 1 日宣布中华人民共和国成立那一天的北京，也不是二十世纪七十年代的北京。今天的北京是另一些人的城市。他们与那些先人不同，他们属于二十一世纪，是互联网的主人，是手机和电视的奴隶。对于他们来说，传统存在于档案馆、图书馆和大多数人的心中，但他们了解并热爱今天的生活，当然，还有国家！

北京仍然寻觅着其个性所在。它目前同 2017 年的其他任何一个城市都太过相似。中国所有的大城市都急于实现现代化，将此视为绝对必需的一步，却没有足够的时间寻找并确定自己的独特性。如果有个无聊的人连续十次航拍中国的十个城市，他可以说自己拍摄的是北京十处不同的地方。反之，他拍摄了北京十处不同的地方，也可以称这是中国十个城市的模样。我们同这些变化太过接近，以致难以消化之，我们也不能忘记那些建设者，他们因为给人们带来了舒适的感受而备受欢迎。在一瞬间，这一切同他们的历史、世界的历史产生了联结。

我用各种方式丈量着这座城市的土地，徒步、自行车、公共交通工具或是使馆汽车。它发生着日新月异的变化，总是在我们的认知中添入其他的特质，全新的外观和景象。我很快地穿过大小街区，悄悄溜进老街、充满传统特色的窄巷和矮墙小径中。

故宫自1420年起至1912年作为中国皇宫，已有约五百年的历史，但这72公顷上的980座建筑看似熠熠生辉，恍若是昨天才建成的。联合国教科文认定其为世界上规模最大的木质结构古建筑。这座皇宫被简称为“故宫”，意为曾经的宫殿。“紫禁城”这一名称的由来可追溯至1576年。紫意为紫色，代表着紫微星（北极星）；禁意为禁止，代表着未经天子允许没有人可以随意进出皇宫；城则意为城市。宫殿占地面积极广，呈矩形，自南至北共961米，自东向西最小距离也有753米。根据传统，故宫一共有9999个房间，这个数字在中国人心中具有神秘的力量。故宫向南延伸至天安门广场，这一广场如今是城市的中心，两侧是两座古典建筑，东面是国家博物馆，西面是人民大会堂。在广场中心矗立着一座人民英雄纪念碑，南临毛主席纪念堂。这座纪念堂是在毛主席去世几个月后以极快的速度建成的。

我们多次前往故宫，一开始是自己想要参观，而后是陪同罗马尼亚的各种代表团。“宏伟”这个词征服了每一位参观者。一切都是那样宏伟：紫禁城的总面积，它包括起居场所、祭祀建筑以及官员行政之地；建筑物的数量——亭台楼阁，无数房间，威严的大门统领着它的子建筑，外墙高12.5米，护城河水深6米，宽52米。这堵墙是难以逾越的，其底宽8米，高

6 米，东南西北四个方向各建有一道雄伟的大门。

眼前所见，雄伟无限。如今，我们仍然会对皇帝那无所限制的权力、旧日皇朝的过往及其在历史中扮演的角色感到讶异。黄色、金色无所不在，彰显着皇帝或者说天子的至高无上。唯有他可以黄袍加身，唯有他的宫殿屋顶可以使用黄瓦片。

哲学和宗教性质的原则也在建筑物的排布方式及其数量上得到了体现，如象征皇权至高无上的三大殿。在各祭祀场所、宫殿和起居殿中亦有这般元素。令人难忘的还有那些绘画、陶瓷、玉器、青铜器、印玺等的展览。近二百万件艺术品遍布在故宫各建筑当中，其中一百五十多万件被认定为国家级文物。

首先，我们需要特别注意乾清宫和宁寿宫，还有进行各种仪式的宫殿，如太和殿、养心殿、文华殿等。各种门不仅意指通行之处，它们本身也是宫殿，名为：午门、神武门、皇极门等。我们对这样的命名方式较为陌生。故宫中各式各样的细节魅力四射，不断地启发着我们的思考，让其中的奥妙与意义逐一展现在我们眼前。走过这一方土地，你的内心绝不会毫无波澜，即便你想压抑住内心的震撼也绝无可能，因为这是一片承载了无数荣耀和文化价值的圣地。自南向北走过故宫，见识完午门和神武门之间的绝美风景，想象自己踏过的这千米之路沉淀了几个世纪的恢宏历史，即便是最冷漠的游客也会被感染几分。二十四位天子曾在故宫生活，如若你要进入，则需要通过天安门广场和天安门。如今，中国首都中心的广场是世界上最大的广场之一。我是在一次悠闲散步的过程中与这个广场相遇的。伫立于广场之上，我感到渺小而无助，身边空荡的空间仿佛要将我吞噬。在一片开阔的空地上，我一般总能感受到自由自在、无拘无束，仿佛任何梦想都能实现。在广场上却恰恰相反。雄伟的古今建筑，无论它们离我多远，似乎都在抽离我身边的空气，可能不经意间就会让我喘不过气来。后来，我理解了神圣的含义，理解了民族辉煌的意义，这一印象也因此得到了改正。

在某年的国庆阅兵式中，我被邀请前往外交使团观礼台观看阅兵式。往下望去，天安门广场呈现为一个雄伟开阔的扇形，目之所及的一切都令人兴奋，特别是那儿还聚集了密密麻麻的人群。据说，广场和故宫前的长安街上约有一百万人。我们下方是那一百万人，而我们上方的中心看台上，是毛泽东、周恩来和当时的一些其他领导人。朱德当时因故缺席，他是一位凭借智慧、坚韧和铁腕军事管理取得一场又一场胜利的元帅。从西北高原到肥沃的东部，从东北到海南岛，都留下过他的身影。即便坐在我们的位置上，也同中国领导人有一定距离。他们在我们身后几十米处，还有一些在我们的上方。我对自己说到，要是对于我们这些被邀请观看阅兵式的外交官来说，广场上的人们细细密密，难以区分其中个体，那么从毛泽东主席所在的天安门看去，长安街上的熙来攘往的人群一定像是小矮人的入侵，那些人看似可能仅有一肘高，走路磕磕绊绊的，仿佛徐缓流动着的纯净水流。

我看完了阅兵式的全程，但现场的人流是最令我印象深刻的部分，纯朴的人民，老老少少，摩肩接踵，永不停歇地从东向西流动着，仿佛一场统一、固定且充满无尽活力的运动。广场也变得朝气蓬勃起来，它不再像同我初次相遇时那般如若一块冰冷的巨石，它的脉动洋溢着乐观、明亮与和平的气息。

天安门广场的最初设计与绘制完成于1651年。1958年它被扩建数倍。现如今，天安门和前门（正阳门）之间的整块场地共四十公顷。广场西侧是人民大会堂，在人民大会堂西侧建有一座目前最为现代的中国剧院——一个被水围绕着的穹顶式建筑，宛若一个城堡，即国家大剧院。广场东侧是中国国家博物馆。广场南侧是毛主席纪念堂，建于1976年，即毛主席去世后不久。纪念堂由三个房间组成，毛主席长眠于中心的水晶棺材中。广场中心是人民英雄纪念碑，建于1952年，镌刻着毛泽东所书的“人民英雄永垂不朽”。纪念碑前是国旗台，游客们总很渴望能亲眼看到升国旗仪式。国旗日出而升，日落而降，具体时刻因季节而有所不同。

中国是一个拥有悠久历史和原始文明的伟大国家，所拥珍宝已流传数千年之久。每一处古老的历史遗迹，每一个保存至今的文物，本身就是一本历史书，其中还包括各种习俗、传统、生活方式、节庆和书面文化。我将尝试简要地阐述何为中国人的文化遗产。在我们罗马尼亚，人们出生、婚姻和死亡等重要的人生时刻的礼俗同宗教节日有较强的相关性。在中国，从被称为春节的农历新年开始，人们会在一年当中轮番庆祝不同的节日，这被认为是维持中国文化认同的重要纽带。这些节日通常带有宗教、祭祀和纪念的意义，当中既有传统节日，也包括其他节日。不少还是只有当地人庆祝的节日。

中国每个地方和其他一些亚洲国家都会庆祝农历新年“春节”。庆祝活动自农历新年第一天始，至第十五天的元宵节止。传统是这样的。我们罗马尼亚人会在房门上挂杉树枝和花环，并制作圣诞树和新年树。而在北京的我们一旦遇上了春节也会在门上挂些红色的装饰品，诸如剪纸、福字。这些必须要使用红纸制作，代表着好运、健康、繁荣和幸福。“福”字需要倒过来挂，因为“倒”音同“到”音，意为“福到”了。

就像罗马尼亚的圣诞节一样，春节是中国家庭团聚的日子。无论他们身在何处，年轻人都应尽可能回到父母家中，与父母相聚，与他们最亲密的人重逢。这一家族团聚的时刻洋溢着童话般的氛围。除夕夜，丰盛的年夜饭被摆上餐桌。我们的酸菜肉卷被饺子所取代，饺子的肉馅基本上都是剁碎的肉末，只是它不像酸菜肉卷那般用卷心菜叶包裹，而是选用面皮。年夜饭少不了鸡、鱼和豆腐，它们各自代表着吉、余和富。午夜的钟声敲响后，花炮升腾，五彩斑斓，这样的烟花美景在接下来的两周会时而上演，直至元宵节。

春节假期的日子由古时候的习俗逐一串联。正月初一至初三，近亲和挚友相互拜年，人们互换礼物，孩子们则会收到装着钱的红包。根据传统，如果年轻人不和父母住在一起，已婚的女士就需要在父母家中共度除夕夜。大年初一则在妻子家中共度。在街头巷尾、各种广场，穿着传统服饰的年轻人会上演精彩的舞龙舞狮。正月初五，每个人都在家中迎接财神爷的到来。从初六开始，走访的亲朋好友越来越多，人们还会带着供品去寺庙祈福。正月初七被称为“人日”，人们需要吃长寿面，一口面下去越长越好！正月初九天公生，人们需要供奉玉皇大帝。正月初十是宴请日，从这天起人们相互邀请举办宴会。正月十三时用餐宜清淡，人们需要开始为正月十五做准备，也就是节庆的最后一天。元宵节至，彩色纸灯照亮夜晚的大街小巷，红色在其中尤为醒目。那一天，整座城市像是全民共欢的集市，人们在街上散步、游玩，享受眼前的一切，当然还要吃元宵。元宵是一种小而圆的甜馅团，用糯米制成。

曾经，一年中最长的假期便是春节，北方尤为如此，因为人们面对寒冷的天气只能选择休息。

人们的假期从春节前几天开始，一般与元宵节同时结束，通常持续一个月。相聚结束后，农事劳作重新开始。在当今中国，人们休息时长也大抵如此，不过公务员一般只有一周的休息时间。同我们的圣诞节、新年和复活节相似，中国假日的气氛有极强的感染力。当我写下这些文字时，北京的空气中已充满了节庆的味道。整座城市张灯结彩，比元旦时还要热闹。商店中摆满了各式各样的货品，前来选购的顾客络绎不绝。我们的脑海中尽是那期盼已久的喜悦，无论是在物质层面，还是精神层面，我们都做足了准备。同除夕夜那无与伦比的交响乐演出仅有五天之遥了，这场欢乐幸福的盛宴不只一小时，不止十小时，而是将持续整整十五天。天气严寒、干燥。每当太阳升起时，无论是人还是房屋，所有一切都熠熠生辉，街道上从来没有坑洼之地，干净得仿佛从来没有行人或是车辆路过这里，而像是模型中的一条雅致小巷。这使用的是什么混合建筑材料？反过来问：我们罗马尼亚道路中沥青混合料的比例是多少，以致一场大雨、一场大雪便会使街道出现大大小小的坑洼，仿佛被轰炸了一样？当从西伯利亚刮来寒风时，凛冽的空气会让人难以呼吸，鼻间口中仿佛皆是冰柱，就同我童年时从矮房子的房檐上掰下来的冰凌那般，让人不敢出门散步。

对我来说，无论天气糟糕还是晴好，霜冻或是降雨，每天我都需要从家步行至文化中心，过程二十五分钟到三十分钟。这座位于北方的都市被三条山脉包围，降雪较少。我早出夜归都必须行经的这条道路于我而言已经够了，在天气恶劣时我没有必要再去城市的其他地方冒险。不过，我知道这些是冰雪最后的挣扎，从二月中旬开始，北京的气温大约是八至十摄氏度。如果没有雾霾笼罩城市，生活就是美好的！

农历五月初五时，几乎整个亚洲都要庆祝端午节，这也标志着夏天的开始，南方的天气逐渐变得闷热起来，湿度也极高。中国在这一天纪念诗人、政治家屈原。屈原公元前 340

年出生于楚国，位于今湖北省一带，逝世于公元前278年。当时他因故国被侵略倍感绝望而投身汨罗江。在他生活的那个时期，最为著名的历史人物当属秦始皇。秦始皇凭借军事力量和政治才干，依次征服六国，第一次完成统一中国的大业。屈原，楚国鼎鼎有名的政治家，预感到灾难即将降临，劝谏楚王与邻国结盟共抵侵略。然而君王不闻，致其流放。当楚国被强大的秦国吞并时，他选择了自尽。传说，渔夫们划起船只，希望能在江中将其救起，但这一切不过是徒劳。他们将米投入河中，既是当作纪念这位爱国政治家精神的祭品，也是为了让鱼远离他的身体。他们敲锣打鼓，用桨击水。后来，屈原托梦给一些朋友，让他们用箬叶将饭团包裹成三角状，然后将它们扔进河里，以使其远离水中的蛟龙。中国人每年都会在江中投粽子、赛龙舟，以纪念这位伟大的爱国诗人。粽子是一种用荷叶包裹的热饭团。

作为一位开明的政治家，屈原凭借其诗歌和诗集《楚辞》而闻名。《楚辞》意为楚国的诗歌，其中大部分出自其手。他的作品包括《离骚》《九歌》《怀沙》和《天问》——172问涉及文学、哲学、天文等各个方面。《离骚》表现了诗人内心的痛苦，他深爱着国家和人民的同时也充满了失望和沮丧，然而他不被理解，招致罢黜流放。这首长诗中蕴含丰富的想象，描绘了统治者与平凡民众之间的冲突，既涉及史实，又运用传说和神话。抒情的自我在天地龙蛇间游走，以突出其对国家的热爱和对寻求正义的无所畏惧，尽管眼前的一切总令其失望：

国无人莫我知兮，
又何怀乎故都！
既莫足与为美政兮，
吾将从彭咸之所居！

在这样一个将古代文化延续至今的国家，一个学者的生活经历已经拥有了国家层面的价值，因而人们每年都会纪念这位爱国诗人。于此来看，这个节日已具备了较强的教育意义。纪念中国第一位伟大诗人的节日彰显了人与人之间和谐的必要性，歌颂了智慧天赋和创造力。

盛夏的七月初七是七夕节，牛郎和织女的爱情传说与其有着千丝万缕的联系。天河之东是织女星，天河之西为牵牛星。有一次，王母娘娘七个女儿中最小的女儿织女正编织着美丽的云锦天衣，她看到了地上的牛郎正在放水牛。年轻的牛郎也看到了她，两个人顿时坠入爱河。她决定成为凡人并与牛郎相伴。这个传说让人回忆起爱明内斯库[①]的《金星》。王母娘娘为了让牛郎断绝此念，将织女召回了身边。

然而，王母娘娘终被二人感动，同意两人每年在天河之上的鹊桥相会一次。根据天文学理论，这两颗星会在农历七月

① Mihai Eminescu（米哈伊 · 爱明内斯库），罗马尼亚著名诗人。

初七时相遇。据说，如若你那天站在一棵葡萄树下，你便能听到这对爱侣的对话。那天，年轻女性会制作巧果，即七夕果，祈求织女帮助自己寻找到完美的情人。夜晚降临时，年轻情侣相约共赏双星相遇夜空，这代表着真正的爱情能战胜一切困难。中国人生来思路清晰，不少人善于金融投机和生意买卖，不愿表达感情，而这个充满浪漫色彩的节日让他们的精神变得更为高尚。汉语本身就是一种具体的语言，在这种语言中，缺乏意义的东拉西扯会给人不好的感受。

京剧是最年轻的戏剧音乐艺术形式，至今仅有 200 年的历史，起源于徽剧。1790 年，乾隆皇帝 80 大寿，邀请全国上下最好的戏班子进京演出。寿庆结束后，四大徽班又在京城待了一段时间。其间，宫中各大剧种与之交融。首先是昆剧，它具有江苏特色，通过歌曲、手势、舞蹈、杂耍、服装和面具诞生了复杂而原创的作品。徽剧历史同它相差不大，其文戏委婉细腻，武戏粗犷炽热，歌曲和对白交相辉映。昆剧大约有 600 年历史，表演中包含舞蹈场景。另外，京剧当中的西皮、二黄两个腔调源自已有 300 多年历史的汉剧。

毋庸置疑，最负盛名的京剧演员是梅兰芳 (1894—1961)，专长女性角色“旦”。他通过在日本、美国和苏联的巡演成功推广了中国戏曲。

我曾写下无数关于汉语和书法的文字。琴棋书画是文人墨客必须掌握的修身技能，被称为“文人四友”。年轻人自小便需学习这些内容。据说，人们还能通过孩子在某一技能上的天赋预言他未来的性格与气质。

书法，可以视作一种抽象绘画来欣赏。书法家所运用的风格与技巧各自不同，我们很少能看懂上面的文字。一撇一捺，间架结构，书法风格，笔下力道，尤其还有那传达思想和创作者情感的节奏，你不必懂中文，不必认识汉字，也能感受到书法艺术的魅力！

当我一开始学习书法时，曾读过不少关于中国这一高贵艺术的资料，不过只是了解些皮毛。我知道有“文房四宝”这一说：笔、墨、纸、砚。每件用具都有自己的优劣标准，对于掌握令人痴迷的书法创作而言至关重要。笔的长度、毛的类型、墨的质感、纸的品质——通常使用源自安徽省的宣纸，写字的速度、注入文字中的无限能量和许多其他因素共同造就了书法那细腻的艺术品质。我买了这些必需的文房四宝，尝试着了解它们的重要性，感受其中的魅力，也将自己的信念寄托于此。我买的是一套适合楷体书法的工具，楷书由著名书法家王羲之于四世纪时首创，唐代起正式使用，一直延续至今。当我刚开始练习时，困难便出现了。所有这一切都不听我手的使唤。孩子们右手执笔，同时用一碗水辅助，这样手便不会弯曲或是扭转。我试过不止一次，但终究还是失败了。我不得不放弃。后来，我了解到一位名为谢德萍的书法家。1988 年时，北京出版社出版过他的一本《书法小辞典》，印刷了十万册，一售即空。那时，出版社重新恢复中断了十年的工作，这恰是那些年第一批出版的作品之一。谢先生握着我执笔的手，让我理解了理论和实践之间的区别。在我开始练习后，我曾经阅读过的内容开始发挥其作用……

书法也许是最好的瑜伽训练。实践，放松，专注于笔下的笔画，依靠自我的精神书写。书法文本具有一定意义，理想的书法可由笔画特征来表达这些内容。以《冬日的小巷》[①]这首诗为例，在汉语中必须通过书法的整体韵味来表现冬天和孩子们的呼喊。

我收到的礼物中有不少都是书法作品。其中一些被我当作礼物转送他人，另一些则保存了下来，或是送给孩子们。无论是专业书法家抑或是书法爱好者，每个人都表现出了自己的风格、个性和才华。作家郭沫若为我题写了“谦虚”二字，一气呵成，但并不是出于着急完成作品的原因。两个汉字相互交织，似乎正在寻觅自我。

我们在节庆之时常看到“福”“囍”“春节”“新年”等字词。大街小巷、各种机构都遍布着这些精心绘制或是用标准体书写的文字、标语，各具魅力。与我们的拉丁字母相比，汉字更为复杂，这种复杂性在很大程度上赋予了汉字美学意境，我竟也斗胆想要在这当中锦上添花了。

我们没有书法。当今罗马尼亚的疆域曾是地球文明的摇篮。如果人类最初不是从这里开始遍布世界各地的话，那么

---

① 《冬日的小巷》（*Iarna pe uliță*），罗马尼亚作家乔治·科斯布克（George Coșbuc）所著诗歌。

这里至少也是欧洲文明的摇篮。达契亚人是罗马尼亚人的祖先，而达契亚文明是一种口耳相传的文明。1400 年前，在喀尔巴阡山脉出现了一所名为“安德罗尼克”(Andronicul) 的学校，那是世界上最早的学校。那时教授宗教知识——太阳教、占星术、医学和军事兵法等。柏拉图和苏格拉底曾提到，毕达哥拉斯于从公元前 570 年至公元前 495 年在达契亚人的学校学习！不幸的是，这些课程都是口耳相传的。达契亚人没有发明文字。在毕达哥拉斯时期，拉丁字母才刚刚出现在欧洲。

第十章

爱情无国界

库库特尼文化—仰韶文化，偶然还是共同的命运？

罗马尼亚库库特尼和中国仰韶的陶器在北京面对面。

这几年，我们身边发生了一些奇怪的事情。如果罗马尼亚在圣经中那场持续了三百天的大洪水中幸免于难，那么就将迎来美好灿烂的时刻——这就是这个民族的思想家们所想象的场景。来自我们祖先的消息传到了每一片山冈和丘陵，这样的事情好像在别处并没有发生。

考古学家们和极少数人正在回望过去，向我们展示先祖的时代。他们尝试重新书写我们的过去，重新书写欧洲和人类的历史，而我们并没有重视这件事。当我们听到有人赞叹地说起温卡、图尔达什、德尔德利亚、亚细伊亚、库库特尼、萨尔米泽杰图萨[①]，我们看到了属于我们的东西，但只能嚷嚷一句：“要不然呢？！”最后，我们只能心怀嫉妒，嫉妒我们未能拥有达契亚人的环形手镯。

不久之前，我们还生活在这样的状态中。在雅西市文化宫下属的历史博物馆馆长勒克勒米瓦拉·斯特拉杜拉特和罗马尼亚科学院考古所研究员马格达·拉扎罗维奇的帮助下，北京罗马尼亚文化中心于今年（2017年）夏天举办了《是历史的偶然，还是同根同脉——走进库库特尼文化和仰韶文化》展览。

经过五千年的等待，我们在文化中心的展厅首次展示了在库库特尼和仰韶发掘的陶器的复制品，它们就像两滴水交融到了一起。文化中心大厅的西墙展示了由两名研究员（她们的布展和运输工作不仅值得我们尊重，甚至应该载入史册）带来的约二十多件器皿，东墙则展示了中国考古研究所（感谢历史学家和考古学家李新伟先生的坚持不懈和奉献精神）提供的中国出土陶器复制品。

该展览有选择性地向部分公众开放，还就此进行了一些学术交流。2017年5月24日，我发表了如下讲话：

当我在《中国史》这门课上第一次听说仰韶文化时，我还是一名学生。我们的罗马尼亚老师热衷于世界历史，跟我

① 译者注：这些地方均是达契亚文化的重要遗址，而罗马尼亚人是达契亚人的后代。

们讲了中国仰韶文化与罗马尼亚库库特尼文化都处于公元前5000年到3000年之间，两者之间存在惊人的相似之处。

后来，我就想着要研究两种文化，虽然文学的呼唤让我把这个项目放在了一边，但我还是会时不时地想起它。约20年前，我担任罗马尼亚驻北京大使馆公使的时候，还尝试着去到考古现场看一看。

今天，我成功地将罗马尼亚和中国的历史学家和考古学家邀至一桌，共论真理。两种文化之间有更多相似甚至是相同之处：生活方式、居民点和住所的结构、宗教物品、手工艺品，尤其是陶器，它们形状相似，颜色和符号都相同，此外还有谷物的贸易。

今天揭幕的这个展览证明了这一切，两国专家的交流也会做出更多有益的补充。

现在，我想强调非常神奇的一个东西——阴阳符号。这个全世界公认的典型中国符号曾存在于罗马尼亚的库库特尼，甚至更早就存在于罗马尼亚的土地上——在七千年前就存在于罗马尼亚的图尔达什！

我不禁问自己：在几千年前的地球上，在今日的罗马尼亚是否存在一个部落，而我们罗马尼亚人和中国人都是其后代？从现在开始，这条路是开放的！愿罗马尼亚和中国的科学家们发掘我们共同的过去，造福我们的国家和人民，在科学的基础上确定人类的历史！

祝愿本次展览和接下来的学术会议圆满举行！谢谢你们。

我们的活动引起了一些关注，在开幕时，两国都发布了简讯，我们期待能获得更多的关注。今后，活动规模会成倍扩大，雅西、布加勒斯特和罗马尼亚文化中心的沙龙都会举办一场类似展览，这属于倡议的一部分！

议程结束之后，喧嚣散去，有那么一瞬间，《是历史的偶然，还是同根同脉——走进库库特尼文化和仰韶文化》展厅只剩下我孤独一人。我沉默地待在那里，尝试回望千年，这时听到了一首轻柔的歌。那些带有祖先印记的展品在振动，在言语，在直接传递着某些东西，好像在说它们是由同样的黏土制成，闪耀着同样的创造力。罗马尼亚和中国的科学家应该开展一系列此类活动，进行访问和联合研究，破译展品的未知之谜，两国政府也有责任鼓励和支持这些举措。

北京罗马尼亚文化中心已经组织了首次亮相，下一个会是谁呢？

爱情无国界（剧本）

康斯坦丁·卢佩亚努

——谨以此剧献给罗马尼亚与中华人民共和国建交七十周年以及罗中两国人民五千多年来的文化交流和往来

人物：

多拉·拉尤：历史学家和画家，刚刚毕业，来自库库特尼。五千年前，她的名字是迪乌尔帕。

李山石：上海一所大学的教授，历史学家和考古学家。五千年前，他的名字是石头。

尼古·拉尤：库库特尼村的神甫

徐绣花：上海的医生，后改名莉亚·玛利亚

大刀：库库特尼小学的校长

该故事发生在中国和罗马尼亚两国。

第一部分

第一幕

（罗马尼亚，库库特尼村。多拉·拉尤的房间里摆满了库库特尼文化里最出名的陶罐复刻品，墙壁上挂着库库特尼文化的地图。房间里还有一个书架和一张桌子，桌子上边放着历史学家和画家多拉用来办公的笔记本电脑）

多拉：（手舞足蹈，喜悦之情溢于言表）不可能！呜啦啦啦啦！这是第三个工作邀请啦，实际上好像就是我在等的那个！爸爸，你在哪儿？你看，我收到了一份无法拒绝的工作邀请！

但是你放心让我一个人离开吗？我了解你，你肯定会劝我拒绝这个邀请。第一个德国杜本多夫的工作邀请，你说不合适我，尽管大家都知道日耳曼民族既有许多优秀的考古学家，又有许多杰出的陶瓷专家。对，我承认，我德语讲得不算特别好。但是，我会说呀，我也能听懂别人说什么。在那儿待一年半载，我的德语就会讲得跟母语者一样好了！第二份工作邀请，你连听都不想听！“你去美国干什么？”你暴跳如雷。“太远了，乖女儿！你有没有认识到，咱们彼此不能相见，是多难的一件事儿啊？”

但是，我的好爸爸，电脑改变了人民的生活，它会拉近咱们之间的距离，对不对？还有电话！你能说电话有什么不好吗？咱们还可以用 Viber、WhatsApp、微信还有许多其他实用的 APP 通话，这样也不花什么钱。我们可以每天都说话，每天都见面……

他只想留在巴依切尼村，但我不想留在库库特尼村，不想留在巴依切尼村，我待够了！你听到他脑子里在想什么了！如果我不像他跟大刀校长设想的那样，成为一名老师，那我怎么能研究神学，成为神甫，和他一起工作，甚至等他退休之后接过他的衣钵呢？

现在，亲爱的爸爸，你要知道，我收到了一份难以拒绝的工作邀请：中国上海考古研究所想要招我。他们可以给我提供每月三千美元的薪资和复旦大学校园内的一套两室公寓。我记得很清楚，我再给你读一遍。

（她去到电脑那儿，读了一遍，又回到房间中间，心满意足）

那可是三千美元和一个免费的房子！如果我想的话，还可以在历史系当大学老师。这种好事，我当然想过去!

最重要的是，举世闻名的考古学家李山石教授竟然亲自给我写信。他说他知道我同时修了历史和美术两个专业，并且通晓多国语言，让他印象颇深。他的原话就是:“多国语言!”但其实，我只写了我会罗马尼亚语、英语、法语、德语和汉语五种语言。如果我告诉他，我还会两种“已经死亡的语言”——教会斯拉夫语和古希腊语时，他又会说些什么呢?确实，我不能说精通这两门语言，但是我能理解它们的意思，可以读懂一些古代的文本和铭文。

李教授还说了一件事儿，我可以用这个来说服父亲:“你不仅会在仰韶考古遗址工作，还会在库库特尼的考古遗址工作。”好吧，库库特尼其实是偶然发掘的，如果我们在奥尔特尼亚北部直到德瓦地区进行系统性的长期新发掘，那又会怎么样呢?

我会告诉这位教授，库库特尼是一个象征。现在库库特尼不过是一个村子，但是它这里生活着的人口，如果我们以当今世界各国国界来论的话，却来自乌克兰、一些巴尔干国家、黑海和多瑙河沿岸地区，直至多瑙河左岸的黑森林山脉等地区。只有我们，我们罗马尼亚人，才能起出这样的名字。你听，黑海，黑河，也就是切尔纳河和黑森林。

啊，我会请求中国进行资金支持，以揭示尼古拉耶·德苏夏努所说的我们皮拉斯基人[①]的过去，那些官方历史学家因缺乏热情和坚持精神而并未探寻的过去。

（敲门声响起）

第二幕

（多拉，大刀）

多拉：进来吧！（走过去打开门）你做完工作了……（一个年轻的男人进了房间，微微倾身，十分恭敬）哎？

大刀：我可以进去吗？会打扰你吗？

多拉：请进，我还以为是爸爸呢。你知道的，随时欢迎你来。

大刀：今天是星期天，我来给你献上我的仰慕和（他伸出藏在身后的右手，拿出了一束玫瑰花）你最喜欢的花。（多拉十分高兴，接过了花，将它们插在了一个花瓶里，倒了些水进去）这些花儿给你这死气沉沉的房间增添了一抹色彩。

多拉：恰恰相反，它们反倒是与我珍贵的“古董们”不相称，但我很喜欢这些花儿。你倒是懂怎么讨女孩儿欢心，谢谢你啦！我一开始还以为是爸爸，我要告诉他一件大事情。

大刀：多拉，今天你比以往更活泼。我来跟你说，我已经告诉雅西学监，咱们学校历史老师和美术老师的位置就先空着，不招人了。

---

① 皮拉斯基人：巴尔干半岛、小亚细亚等地的古民族。

多拉: 这是要留着让我去吗?

大刀: 亲爱的，你就在库库特尼村当老师吧! 这样你离你父亲也近，他一个人很孤独的。而我，我会一心一意对你好。

多拉: 怎么还说这种话? 你今年夏天就跟我说过这个事情了!

大刀: 我为什么不说呢? 我是学校校长，我知道你已经完成了学业，我希望咱们能一起工作。

多拉: 你和我父亲早就开始谋划囚禁我。

大刀: 什么? 你这是在说什么话?

多拉: 我现在明白了。你之前跟我说的什么? 等到神甫的女儿读完大学，我就要把她变成我的妻子! 你先是夺得我父亲的信任，然后又想将我扣住！这就是一种家庭式囚禁!

大刀: 多拉，亲爱的，我爱你!

多拉: 亲爱的大刀，你难道感觉不到吗? 我也像你一样直说吧，难道你不觉得我在考古遗址的时候，我的灵魂和思想才是鲜活的，才在这广袤世界里驰骋吗? 我注定不适合过家庭主妇的生活。

大刀: 做一名老师，培养一代代人，埋下知识的种子……

多拉: 我知道，老师是一个民族的传教士，我知道。

大刀: 你快答应吧。

多拉: 你先有点耐心。等我爸爸回来，我就跟你说一件事儿。

(外面传来了神甫的声音:“在约旦，给你施洗，主……”)

大刀：他来了。

（门打开，神甫出现，穿着神甫的衣服）

第三幕

（同样的场景，尼古）

尼古：你们在这里呀，孩子们！

多拉：爸爸，爸爸，你快换衣服，我要抱抱你。我有一个天大的好消息要跟你说！

尼古：好。我知道，只有换上常服，咱们才能好好说话。

多拉：是的，而且不能有旁人。对不起，请原谅我，亲爱的大刀，我答应过你要告诉你这个重大消息的。

大刀：也请你们原谅我。我有点儿急事……

多拉：请留下来吧。

大刀：好的，你跟我说完我就走。

尼古：校长先生，作为教堂的神甫人，我要提醒你，即使是为了交际便利，在上帝面前说谎也是不对的。你是一个好孩子，你先走吧，让我们父女俩唠唠家常。

大刀：好的，神甫。我没什么事儿，只是来向多拉献殷勤，可是似乎来得不是时候。

尼古：我听着呢，乖女儿。你先说，一会儿咱们再拥抱。

多拉：我收到了三份国外的工作邀请，分别是在德国、美国和中国。我要接受哪一个呢？

大刀：你还是在库库特尼小学当历史和美术老师吧。我会帮你打造一个画室，还可以建一个以前那种窑炉。

尼古：你爸爸我还是建议你都拒绝，乖孩子，就跟我们待在一起吧。

多拉：你们听我说，德国和美国的那两个工作邀请你们是知道的。而第三份工作邀请，注意了，来自中国的上海考古研究所。他们会为我提供三千美元的月薪和一套复旦大学校园内的两室公寓。我就可以在大学里当老师了！还有，请再次注意，我可以在中国和罗马尼亚两地的考古遗址工作。如果你们爱我，就点头答应吧！

（两个男人陷入了沉默，这更加证明她说得有道理。大刀跟他们两父女告别，然后朝门口走去。神甫也走了出去，回到自己的房间换衣服）

多拉：再见，亲爱的校长。咱们回头再聊。爸爸，我等你穿好衣服。

（她将两人带到了门口，两个人走了出去。多拉坐在办公桌前。灯光全灭）

（多拉的房间消失了，出现了库库特尼一处遗址的正面）

第四幕

（迪乌尔帕在房子前面用黏土捏东西，山石出现了，给她带了一个形似她的小雕像）

李山石：我弄这个小雕像弄了好几个星期。其实我还捏了很多，但都觉得不满意。（伸出手将小雕像给了迪乌尔帕）

迪乌尔帕：这是我哎！

李山石：是你，也不是你，这是让我魂牵梦萦的东西。我的意思是，这并不是我心中的你的样子。

迪乌尔帕：不，这个小雕像特别好，太漂亮了！你能把它给我吗？

李山石：这就是给你的。

迪乌尔帕：没人看见你吧？你不能私吞部落的财产。

李山石：我跟妈妈说过了……

迪乌尔帕：真奇怪！你觉得我在这里捏的东西是什么？

李山石：一个陶罐。

迪乌尔帕：才不是呢！看，我本来也想着给你捏个小雕像，但不知道从哪里开始弄。你是你们部落里最好的手艺人，你已经捏好了。

李山石：（坐在她旁边，看着她的脸，把头放在她的腿上）你就像是这个地方的秋水仙，独一无二，不是吗？你总是让人意想不到，迪乌尔帕。你母亲说过，你做什么都能做成。

迪乌尔帕：我母亲晚年才生下我，我想趁年轻的时候生孩子。

李山石：我也想这样。

迪乌尔帕：你是男生，傻瓜，你不能生孩子！

李山石：就你知道！那你想和谁生孩子呢，难道不是和我生吗？

迪乌尔帕：你整天就想这些。

李山石：好的，那我不想了！我走了，我在这做什么吗？

迪乌尔帕：哎，别生气！你是我的。我会告诉妈妈把你叫到我们这里来。你是我的爱人，我们不仅要一起造孩子，还要一起造出最美丽的陶罐。我想着，等你搬到我们这里之后，我们就把部落里的孩子都叫过来，教他们做陶罐，他们会做得跟我们一样好，甚至可能比我们还要好呢。我想咱们一起建一个工坊，向所有人开放。

李山石：（站了起来，变了脸色）够了！我做不到。迪乌尔帕，我不来了！

迪乌尔帕：你不要我了吗？

李山石：迪乌尔帕，我想要你，但……

迪乌尔帕：没有但是！我们都说好了，你属于我。我不想要和丑陋的大刀在一起。

（大刀从舞台一侧上场，离得远远的，藏在一匹纸马后面，不想让别人看见）

李山石：我别无选择！

迪乌尔帕：你肯定爱上别人了！

李山石：我？你为什么这样说？妈妈告诉我，从小我的眼里就只有你。你的身体好似春日的杨柳，迪乌尔帕。

迪乌尔帕：山石，你就像那远处的山，雄壮有力，魁梧坚定。

李山石：你的玉臂如微风般爱抚着我，而你的纤纤玉指就似那皑皑白雪里的迎春花。

迪乌尔帕：你的头脑冷静而勇敢，就像那难以到达的高峰，似在云巅。

李山石：每当我躺在你的怀里，我都感到自己置身于天宫之中。你闻起来像那娇嫩的秋水仙，也散发着世间所有沁人心脾的花香。你就是那么的清新脱俗，没有你，我会变成什么样子呢？

迪乌尔帕：你是否还记得，你曾经抱着我越过山涧？我像一只白鸽般蜷缩在你的怀抱中，而你浑身散发着春日里青山的气息，我不想让你放开我。当时我跑得很远，内心充满了幸福，喜极而泣。

李山石：而我，我还以为我抱你抱得太紧了！

迪乌尔帕：而我以为你不会再离开了。

李山石：不，我要走了。（走到她面前，站得笔直，皱着眉头，十分忧伤）我的部落要向东走。我们会带上羊群和所有的财产，向那里行进，据说东边有一望无垠的平原、大江大河和连绵不绝的山脉。我们会带上干粮袋上路，还要带上秧苗和其他一些必需的东西。我们不仅要长途跋涉，还得靠它们开始新生活。我们不是四处迁徙的民族，但我们离开时，我们会放火烧了村子，清空这个旧地方的一切，以祈求好运。因为我们知道，只有熊熊大火才会到达天界，才会让我们在新地方拥有光明、温暖和繁荣。

（大刀慢慢靠近，拉长耳朵偷听，然后高兴地离开）

迪乌尔帕：你留下来，你留下来和我在一起，不好吗，我的山?

李山石：妈妈不让我留下来。我跟他们说了，还哭了一场。我也尝试反叛，但只是徒劳。我们要和部落所有人一起离开。

迪乌尔帕：那我呢?

李山石：我问过了，但是他们不接受外来部落的人。每个人都有明确的分工，我负责指路。（他微微倾身，握住了她的脚，小心翼翼，似乎是将很珍贵的东西捧在手心）我会回来的。我和他们一起走，将他们带到部落首领想安家的地方，然后就回来。

（她扑到他身上，两人抱在一起，这表示了两人发下了灵魂合而为一的誓言。他们就这样拥抱在一起，灯光全灭）

第二部分

第一幕

（上海，李山石家三百平方米公寓的大客厅。多拉、尼古和李山石一起进来）

多拉：教授，这三天我们在城里转了转，在我要工作的大学逛了逛，看到了配备齐全的现代化实验室等等，这一切都在我脑海中萦绕不去。上海是一个辉煌的大都市，你们是怎么成功打造出这样一座城市的?

李山石：不仅是上海进行了重建和现代化，当今所有的中国城市都是如此，都是同样的令人印象深刻。我们在二十世纪末期才开始重建，仅用了二十年就完成了。

尼古：感谢您今天带我们参观整个城市。看过整座城市之后，你会发现，任何评价都是主观和片面的。

李山石：我很高兴能带你们参观。

多拉：您还亲自开车带我们参观，真是太感谢了。

尼古：现代的交通、公共建筑、摩天大楼等等处处体现着人们的聪明才智。住在这里的人生活是多么舒适呀！你的公寓可以与任何美国或者法国的高级住宅相媲美。

多拉：您之前跟我说过，您还单身，因为您没时间谈恋爱结婚。您一个人住在三百平方米的公寓里，是什么感觉？

李山石：我在学校里还有一套公寓，我不在考古遗址的时候，其实一般都住在那里，很少来这个城里的公寓。

尼古：就一直空着。

李山石：我请了一个阿姨来打理。

多拉：天呀！我衷心地祝贺您，祝贺中国人，祝贺雄才大略的中国领导人们。在这个世界上，哪里还能找到这么好的领导人呢？

李山石：你这就谈到敏感话题了。不过其实我们中国人也是这么想的，我们很幸运可以有这样诚实、有能力、爱国的领导人。

第二幕

（在仰韶考古遗址。多拉和李教授刚参观完该地）

多拉：仰韶和马家窑这两个地方，都拥有同样古老的文化，就像两滴水，它们同库库特尼文化真是惊人地相似。李教授，谢谢您邀请我来参观。

李山石：多拉博士，我好像已经跟您说过，咱们就别说这些客套话了，就像两个好朋友那样说话就行。

多拉：就像两个老朋友，不是那种几年、几十年或者说几百年一样的朋友，而是那种认识了几千年的朋友！

李山石：自从你们来了，我有一种奇怪的感觉，好像我跟你认识很久了。

多拉：几千年了？

李山石：几千年了。

李山石：不好意思，你看，考古遗址的领导叫咱们呢。我得跟你说一下，咱们参观仰韶就是他批准的。可能是邀请咱们参加晚上的宴请呢，咱们一起走。来吧！

多拉：抱歉，我想留在这里。我休息一会儿，跟小时候那样直接在地上坐会儿。

李山石：你自己一个人待着吗？

多拉：难不成还有人偷我吗？

李山石：别坐在地上。如果你不来的话，我给你搬一个凳子过来。

多拉：不用了，教授！（多拉轻轻把他推向领导的方向）我想自己喘口气。

李山石：对不起，我惹你讨厌了吗？

多拉：完全没有，恰恰相反呢。你一个人去吧。

（李山石道歉并离开。多拉环顾四周，找了一个合适的地方，就直接坐在了干燥的沙地土堆上）

第三幕

（多拉仍然独自一人）

多拉：（自言自语）我觉得我们之间有过一些故事。不知怎么的，我就莫名其妙、不知不觉地被他吸引。他也有点儿奇怪，一直看我，总是围着我转。我该怎么办呢？我得问问他。中国人总是很早就结婚了，或者小时候就由父母订下婚约。他已经工作八年了，怎么逃过父母的催婚的？他的父母是干什么的，他妈妈怎么不给他找对象呢？

我还知道一些有关爱情的中国俗语，比如说“有情饮水饱，无情金屋寒”“在天愿作比翼鸟，在地愿为连理枝”“情人眼里出西施”“有缘千里来相会”……最后一句话说的就是我们。难道命中注定我要在中国找到我的另一半吗？李教授对我的关心与日俱增。今天，我到仰韶的时候，他还从脖子上取下了自己的玉坠，作为礼物赠予我。我之前看到过，说读书人常常这么做，因为玉代表着他们的等级，这种举动颇具象征意义。无论如何，将自己的玉坠赠予别人往往表示赞赏敬佩之意，有时候还象征着爱情。

上帝啊，请给我一些启示吧！我知道，所有中国人都很有礼貌，但是他满足了我的所有愿望，每天总是围在我身边，总是问我感觉怎么样，是不是需要什么东西。他为什么要对一个刚到这里的下属这么好呢？啊，还有小礼物。虽是些小东西，但都是给我买的。更别提花儿了！其实中国人并不是很喜欢送花儿。

这就是爱情吗？你可以用眼睛看到、用心感受到爱人的贴心和品格，他对你的好，毫不掩饰。就像你睁开眼睛，就在地平线的尽头看见了他。我是怎么开始眼里有他的呢？对我来说，李教授还是挺可爱的。我是开始爱上他了吗？

（多拉陷入了遐想。不一会儿，李山石就回来了）

第四幕

（多拉和李山石）

李山石：（慢慢地接近，停了下来，爱慕地盯着她看，默不作声。当她注意到他的存在时，他才开始说话）我来啦。今天参加晚宴的还有一位著名的诗人，他是这个地方的一位领导和文化专员。他们非常认真地告诉我，省里的领导听说这儿来了一位要在中国搞研究的罗马尼亚专家，很想认识一下。看到了吗？他想认识你，向你保证当地政府会全力支持你的研究。

多拉：哦，李，这有点太多了吧？我才刚刚大学毕业。确实，我读了很多书，但是我不是专家。我没有原创性贡献，只在大学学报上发表了几篇文章和论文。

李山石：你忘了吗？

多拉：忘了什么？

李山石：多拉，亲爱的，你有突出贡献呀。你给我发了一份研究报告，在文章里提出了一个绝对是原创的理论：库库特尼文化的一个部落向东迁徙，并且很有可能定居在了今天的仰韶地区。当然，中国也不是一片荒地，中国人很热情地接收了他们。新来的部落带来了自己的制陶技术，后来就逐渐和中国的技术融合了。汉语里的有些单词可能就来自这些罗马尼亚人的祖先呢：你们说“cucu”，我们说“布谷鸟”；你们说 păpădie，我们说“蒲公英”；你们说 tata，我们说“爹爹”；还有很多这样的例子呢。你提出这次人口迁徙可以解释中国仰韶文化和罗马尼亚库库特尼文化之间惊人的相似：之前中国并没有的窑炉技术，器皿的形状、颜色、设计、图案。你知道的，我在《考古学》杂志上刊登了这篇文章，引起了很大的轰动。我写信告诉你了。

多拉：这只是一个猜想，一个不成熟的想法。如果你想知道的话，我还做过一个关于这件事的梦。在梦里，那个部落离开的时候，我也在场。

李山石：我想向你保证，你在中国已经很有名了。我向你保证，我们会一起做研究。

多拉：太好了！（拍手掌）我们会提出论据和证据，我坚信这个理论是成立的。李教授，你怎么不像我一样坐下来呢？来吧！

（多拉向他伸出手。他犹豫了一下，坐了下来）

第五幕

（多拉和李山石，坐在地上）

李山石：我要告诉你一些我私人的事情。我的祖先来自那个世界。

多拉：不要告诉我你是从罗马尼亚来的部落的后代！

李山石：对，就是这样。

多拉：我的天啊！

李山石：我的祖父来自山那边的一个村子。1940 年，他加入了中国共产党的军队。更确切地说，上海解放后，他成为这座城市的市政官员。有一天，一个女孩来到司令部，说她和她的父母在市中心河边上有一个舒适的公寓，可以供一个解放军免费留宿几天。"你想好是谁了吗？"祖父玩笑般地问道。"选你！"她立刻回答。大家都笑了起来，包括那个小孩子，她也被自己的大胆吓到了。"你多大了，小姑娘？你父亲是干什么的？"我的指挥官祖父饶有兴趣地问道。"我的父亲是一位经济学家，银行的行长，而我十五岁了。"更高一级的指挥官派我祖父把这个小孩子送回家，查清楚她到底在说什么，确定一些细节。"就是你了，"她低声说道。人民解放军纪律严明，不能拿群众一针一线。留在城里维持秩序的士兵和军官都住在军营里，而祖父搬到了女孩家里。后来，他成为一名市政官员。几年后，就和那个小姑娘结婚了。他俩的儿子和他父亲的村子里一个女孩结了婚，然后生下了我。我在上海长大，但假期都是在这些遗址度过的。我对历史和考古学的热爱也是由此萌发。

多拉：不可能！

李山石：什么不可能？

多拉：（抓住他的手）你是那个部落的后代！

李山石：对呀，是他们的后代！（看着她）你呢？

多拉：我也是。

（两人沉默，手拉手）

第六幕

（场景同上）

多拉：我真的好奇，你怎么这么确定？

李山石：我必须回答吗？

多拉：当然了！

李山石：你知道，我把所有精力都投入到考古工作上了。在大学里，我整天都泡在教室、图书馆或者档案馆。我研究了很多编年史和历史文献……你看过我的简历，也知道我曾经获得过一些奖学金，出国留了学。但遗憾的是，我没有去过罗马尼亚留学。多年来我一直在发掘……

多拉：大家都知道，你发掘出了很多东西。

李山石：我还写过许多文章和书。如果你想知道的话，我可以告诉你我没有谈过恋爱。我不仅没有结过婚，而且一直没有女朋友，没有任何情感经历。

多拉：教授，听从你自己的心意吧！

李山石：如果你不称我教授的话，也许可以吧。

多拉：亲爱的李，亲爱的石头。现在是时候学习你的名字用罗马尼亚语怎么说了，就是石头（Stâncă）。

李山石：Stâncă。

多拉：（望着远方）他们叫咱们了。

（两人都站了起来，离开现场）

（幕黑。当灯光亮起时，多拉和李教授坐着的地方，出现了迪乌尔帕和石头）

第七幕

（迪乌尔帕和石头）

迪乌尔帕：（在远处）你是……石头吗？

石头：（他雕刻着玉像，怀疑地瞥了眼新来的女子）我是石头。现在正忙着呢，别来烦我！

迪乌尔帕：看起来，你已经把我忘了。

石头：我没有忘记任何人，但我也不想认识任何人。

迪乌尔帕：好吧，先不聊了。你忙你的吧！

（石头没怎么注意她，而迪乌尔帕尽可能地靠近石头，看着他工作。就这样过了很久）

石头：（抬起了头，眼神中满是疲惫，望着远处）我废寝忘食地雕刻着迪乌尔帕。我亲爱的迪乌尔帕！她令我魂牵梦萦！我想用这块天然的玉来雕琢她，雕刻出她在库库特尼时的模样，细琢出她在我内心深处的身影。我在当时选择了离开，可真是一个十足的笨蛋。当初，我完全没有意识到自己的思念之情会如此难以遏制。当我在人迹罕至的森林深处狩猎时，觉得心中甚是空荡。而当我重遇她的那一刻，心中的爱全然化作一轮满月，像雨后声势浩大的龙卷风，占据了我的身体，令我欢欣若狂。

亲爱的迪乌尔帕，你知道我常同你促膝长谈。我用这块玉重新创造你，而你也将一路与我相伴。许多人对我的行为不甚理解，好奇这块石头有什么特殊之处。“这不是普通的石头，”我是这么回答的，“这是在付出了无数牺牲后带回来的一块玉石，它来自远方。”从这里一路往南，在更靠近海的地方有一块产玉的宝地，那儿还有不少凿石匠。从他们身上我学会了这项技能。人们常问我：“你做的是什么？”我便回答他们说：“这是我们的女神，她一直保佑着我们。”“她会为我们带来什么？”“她能给我们带来愉悦、爱情和富足的生活。”“你为什么不用黏土来做呢？”“呵，我怎么没想到呢！”迪乌尔帕，我该将你放入窑炉之中吗？天哪！你一定无法忍受那样的炽热。用玉雕刻的你，将同你的模样毫无二致。你没能亲眼看到它真是太遗憾了！

迪乌尔帕你知道吗，这条通往异域的道路遥遥无尽，才刚起程就让人想打退堂鼓！我肩负的责任重大，确定行进方向从不是一件易事儿。我和弟兄们常常要夜行数里为大部队探路，有时甚至得花上数日才能找到最合适的行进方向。我们常常还得细心地计算，过程中包含着无数未知的变量。我们行经广阔的平原、干旱的田地，穿越高山、丘陵，蹚过一望无际的湖泊和平生从未见过的大河。当我们感受到土地散发出一阵新鲜的气息时，便会停下自己行进的脚步。有时，我们觉得留在那些地方倒也落得快活，但先辈的信仰时刻提醒着我们那不是最终的归宿，部落首领也会让弟兄们抓紧时间赶路。我们就这样不停地走啊，走啊，在这里停了下来。也不赖。这里能感受到天地间的平衡。有时狂风大作，我们不得不找地方躲起来。远方是高耸的山峦，难以逾越。眼前的森林、牧场和田地让我们乐在其中。总而言之，我们有宾至如归的感觉。

从出发伊始我就想离开队伍，回到库库特尼。然而，我的父母阻止了我。他们告诉我，自己一个人是无法完成万里长征的。最终我一定会放弃这一想法，加入另一个部落。那么，我为什么不留在这儿？他们说服了我。我答应过要回到你身边。尽管这一路上命途多舛，但部落从没有放弃我。忘记我最初的勇气吧，也请原谅我最后的怯懦！

不过，我属于你。我永远都属于你。

若要让你从这块玉中脱胎而出，展现出最本真的模样，我还得下不少功夫。

前天，我的脑海中倏忽间闪过一个念头。也许，我会用一辈子来雕刻你。当你看起来如烈阳，如明月，如那天幕中的群星一般闪耀时，我便会对你说：“看啊，迪乌尔帕，我们又重逢了。我属于你，可以陪你做任何想做的事。”在你涅槃重生和回答我之前，我会献上自己的灵魂。

（他从椅子上直起身来，一把抱住了玉石。迪乌尔帕全神贯注地听着他的独白，情不自禁地来到他的身边，而后两人紧紧相拥）

迪乌尔帕：石头！

石头：迪乌尔帕！是你吗？（他们搂着彼此，凝视着彼此的面庞，逐渐离开雕像。同时，雕像消失）你复活了！

迪乌尔帕：（她环顾四周，发现雕像不见了，又看了看自己）是啊，我复活了。

石头：你绝对想不到我梦见过多少次你复活的场景！

迪乌尔帕：我终于来到了你身边。

石头：我们流着共同的血液。我一直忙着雕刻玉像，已有好些时日没用过窑炉了。你愿意和我一起工作吗，我们一同打造比库库特尼文化更精美的陶罐，让它们成为传世之作！

迪乌尔帕：我想和你在一起。

石头：你的身体好似春日的杨柳。

迪乌尔帕：你就像那远处的山，雄壮有力，魁梧坚定。

石头：你的玉臂如微风般爱抚着我，而你的纤纤玉指就似那皑皑白雪里的迎春花。

迪乌尔帕：你的头脑冷静而勇敢，就像那难以到达的高峰，似在云巅。

石头：每当我躺在你的怀里，我都感到自己置身于天宫之中。你闻起来像那娇嫩的秋水仙，也散发着世间所有沁人心脾的花香。你是那么的清新脱俗，没有你，我会变成什么样子呢?

迪乌尔帕: 你是否还记得，你曾经抱着我越过山涧? 我像一只白鸽般蜷缩在你的怀抱中，而你浑身散发着春日里青山的气息，我不想让你放开我。当时我跑得很远，内心充满了幸福，喜极而泣。

石头: 而我，我还以为我抱你抱得太紧了!

迪乌尔帕: 而我以为你不会再离开了。

(幕黑)

(灯光起，多拉和李山石来到一处考古遗址)

第八幕

(多拉和李山石考察完一处考古遗址)

多拉: 我去过不少考古遗址，其中一些极富研究价值。在我的记忆中已经积累了不少珍贵的图像。有些可能还相互混淆了。我有时觉得，这些记忆宛若湍急澎湃、无穷无尽的瀑布，疾驰而下。

李山石: 我们一起回顾、构建这些图像，将它们与罗马尼亚古代文化结合起来思考，然后尝试着得出结论。

多拉: 研究结果和结论我已了然于心，现在只需要证明它。

李山石: 我们最终会证明它的。

多拉: 当然，我们一起努力。

李山石：多拉，请允许我告诉你，你的到来、你的存在为我带来了全新的激情，带来了一种更为大胆且独具一格的研究方法。

多拉：有那么多迹象……

李山石：我感觉你同我很亲近，但也许只是我的错觉，我不知道自己怎么了，但请你从现在开始一直陪伴我。我们会在中国和罗马尼亚开展研究，将一起完成考古发掘，尝试重现五千年前的历史风貌。

多拉：李教授……

李山石：还叫我教授？

多拉：还在罗马尼亚的时候，我们在电脑和手机上用微信聊天，从那时起我就知道，你的出现不只是简单地改变了我的生活，而是让我走上了一条全新的道路。

李山石：不如说是我们共同的道路。

多拉：我经常做一个梦，不知道该从何说起。这个梦境反反复复，每次的画面都各有不同，不过梦中总是我们两个人。我是五千年前一个库库特尼女孩的化身，名叫迪乌尔帕。你是她的爱人石头。呃，好吧，他们离开了彼此。石头和他的部落向东方行进，到达了当今中国所在的地方，靠近仰韶或马家窑。石头曾承诺自己会回来，但他没有。显然，他已经回不去了。他在前往中国的路途上是集体中的一员，他们患难与共最终幸存了下来，但倘若孤身一人万里长征，那必然凶多吉少。在那反复出现的梦境中，他们在中国重逢。迪乌尔帕来到中国找他——别问我她是怎么做到的，她就这么来了，再次见到了石头。他们的爱情甜美纯洁、至死不渝。当迪乌尔帕和石头陷入爱恋时，他们同普通人并无二致，但事实上他们俩都是鼎鼎有名的陶艺专家，两个人在事业上齐心协力，深谙造型艺术，又或许还是历史学家和考古学家。

李山石：一场穿越数千年的爱恋。

多拉：我甚至对这些梦的内容深信不疑。不如当作它们都是真实发生过的事儿吧！一对年轻男女在库库特尼坠入爱河。然而，由于一个部落在当时选择离开那个地方前往中国，这对爱侣不得不分离。这是为什么？

李山石：这在当时可算不上是稀奇事儿。人们在某处生活，直到当地的自然和动植物资源消耗殆尽，而后迁徙到另一个地方，寻找新的生存可能。不过，你的梦勾勒出了一个新观点，即库库特尼的罗马尼亚陶瓷与中国陶瓷之间存在惊人的相似性。

多拉：我们为什么要排除这样的观点？

李山石：大可不必，我们应该要证明这一点！

多拉：还有那对年轻人的恋情。我是迪乌尔帕，而你便是石头。让我告诉你关于库库特尼文化的一些非凡之处吧。这可不是我自己信口胡说，而是罗马尼亚人都熟知的一些信息，在网上随处可见。库库特尼文化在欧洲存在一千五百年之久（公元前 5000 年—公元前 3500 年间），代表着这一阶段欧洲文化、经济和社会发展的巅峰。当时的人们用高柱搭建房屋，通常有两三层高。一栋楼房有多个房间，每个房间各有特点。目前已发现的房屋成千上万，排列规整，可见当时的社会组织井然有序，原始城市也初具雏形。所用的陶瓷浆料和颜料质量颇高，即使运用当今技术也很难达到同样的水平，也正因如此，这些陶艺品得以在地下通过数千年时光的考验。库库特尼人使用倒焰窑，这在当时可谓是奇迹。同时，他们还种植着几乎所有品种的粮食作物和果树。

李山石：我的名字就叫石头，中文叫山石。“山”意为高山，“石”则指石头。对吗？

多拉：我亲爱的石头！

李山石：迪乌尔帕，我爱你。你愿意成为我的妻子吗？

多拉：在我的第一个梦中，石头承诺会回来。你能履行这个承诺吗？如果你愿娶我为妻，请跟我回到库库特尼。

李山石：多么美妙的想法。在中国神话中，有不少爱情故事也同你的梦那般令人陶醉。

多拉：然后呢？

李山石：我会回到库库特尼，我会向你求婚。

多拉：君子一言，驷马难追！我愿意，我说——我愿意。你得来库库特尼参加三天三夜的婚礼，就像故事中说的那样。

李山石：三天三夜。我不知道有没有中国人举办过三天三夜的婚礼。

多拉：这是我们两国人民之间的一场联姻，它一定会实现！

（多拉拥抱李山石，幕黑）

第九幕

（尼古和徐绣花在李山石三百平方米公寓的客厅里）

（尼古和徐绣花）

尼古：亲爱的，你的名字是绣花。自从我见过你之后，我就在心里称你为莉娅，这是一个罗马尼亚名字，洋溢着传统的韵味。我总觉得我们的祖先用过这个名字。告诉我，你真的会皈依东正教吗？

徐绣花：我会的。就这么简短的回答：我想。这样一来，你便不会再怀疑我的选择。

尼古：亲爱的，你做出了正确的抉择。我可以再次向你表达我的爱吗？

徐绣花：你知道你是什么时候得到了我的心吗？

尼古：当我突然告诉你“我爱你”的时候。

徐绣花：（沿着自己的思绪）那是住院的第二天，你好转了不少。那时你直截了当地问我，“医生，你结婚了吗？”听到这个问题后，我惊讶地回答道，“还没”。“那你有男朋友了吗？”“也没有”，我不假思索地回答了你，毕竟这就是事实。“现在有了。”你继续说着，“我对你很有好感。徐绣花医生，我喜欢你！”

尼古：确实这么回事。

徐绣花：你表白的方式真是独一无二、令人惊讶。尽管这与中国人表达爱的方式天差地别，但你还是将我迷得神魂颠倒，最终征服了我。

尼古：你眉目如画，令人无法拒绝。

徐绣花：我想和你在一起。你知道是什么令我迷上了你吗？我从没想过离开上海，离开中国，而我在医院照顾你的那三天却改变了我生活的轨迹。我们第一次聊天的时候，谈了宗教和信仰，那时我就深深地喜欢上了你。你的相貌可以用我们说的“帅”来形容，清新俊逸，可谓是一个气宇不凡的男人。

尼古：那场对话我记忆犹新。

徐绣花：你的工作让我甚是惊讶。我还问了你东正教神甫的工作是什么，扮演着怎样的角色。

尼古：我会像介绍库库特尼文化那样，和你详细地介绍我的工作。对了，你曾去过仰韶，那你亲眼看到过远古时期的遗迹吗？

徐绣花：没有。

尼古：没关系。你将从库库特尼开始探索这一切。目前有不少证据都与两种文化的相似性乃至同一性有密切关系：生活方式、城镇与房屋的结构、宗教、谷物贸易、手工制作品，尤其是颜色图案相同且形状类似的陶罐。还有一些更是令人感到不可思议：阴阳的符号是全世界公认的中国文化符号，但它曾存在于罗马尼亚的库库特尼，甚至早在七千年前，在罗马尼亚的图尔达什就已出现！我们的相遇是一场必然，因为我们来自同一个古老的民族。我的女儿对此深信不疑。她认为属于库库特尼文化的一支部落离开了如今罗马尼亚所在的土地，并迁徙至中国。她来到中国研究这些东西，寻找新的证据来证明罗马尼亚和中国在远古时期的关系。

徐绣花：尼古，欢迎你的到来！

尼古：亲爱的绣花，能见到你真是太好了！

徐绣花：之前聊天的时候你同我说了一些事情。你说，神甫就像是牧羊人，这是一份美好却又肩负重责的职业。在我看来，神甫需要对教区人民的物质和精神生活负责，即便有时他自己也没有意识到这一点。老实说，我非常欣赏你看待自己职业的态度。

尼古：我们常说，神甫得负责施洗礼、涂圣油、分圣餐以及主持婚礼和葬礼，从呱呱坠地到寿终正寝，陪伴着人们度过生命中的每个时刻。人们同神甫分享喜悦，更在厄运缠身时寻求他的帮助。他最接近上帝，是天、地、人之间最坚实的纽带。说起来，你们也很讲究天、地、人的和谐统一。

徐绣花：在医院聊完之后，我回到家就开始读《易经》。你知道我发现了什么吗？天地之道在于阴阳平衡，人之道讲求“中正”。你同我讲述了妻子被癌症击溃的故事，还有你独自一人生活在小村庄的艰苦岁月。我能感知到，你是一个正直的人。当我选择和你在一起时，我就下定了决心开一家针灸按摩诊所。

尼古：我也读过《易经》。这本书由一位叫作鲁博安的汉学家翻译为罗马尼亚语，1997 年在罗马尼亚出版。在我看来，中国人书中所说的“天”，就是我们所说的“上帝”。

徐绣花：哈哈。我们称之为“天命”。无论善恶，皆受制于此。孔子认为上天有自己的意识，代表着宇宙中的最高权力，拥有着无穷尽的力量，它掌控着人们的生活。

尼古：咱们应该给你起个基督徒的名字。

徐绣花：为什么？难道还有比玛利亚更好的名字？

尼古：不如就把莉娅当作你的小名。到施洗礼的时候，你将被命名为玛利亚。

徐绣花：是你为我施洗礼吗？

尼古：（走过来抱住了她）徐绣花，你愿意嫁给我吗？

徐绣花：（笑着说）尼古·拉尤神甫，你真的愿意娶我吗？

尼古、徐绣花：是的，我愿意！

徐绣花：亲爱的丈夫，我该去医院上班了。

尼古：我开车送你。

（两人离开）

第十幕

（李山石的公寓。多拉和李山石进了门，两人温情脉脉）

（多拉和李山石）

多拉：石头，我可以叫你“山峰”吗？你觉得我该用什么爱称来叫你？

李山石：你看，我知道我是一个在中国重生的库库特尼人，我们同当今罗马尼亚人的祖先一脉相承，身体里流着共同的血液。然而，我们的文化和处事方式还是有些许不同。中国人很少直接袒露心声。他们将感情深藏于心，外在的表达通常含蓄内敛，而非如此直接。

多拉：我们则非常直接。我想我应该像你一样，变得含蓄些。

李山石：不过，或许直抒胸臆来得更好，清楚地表达你心中的所思所想。我应该向你学习才是。

多拉：亲爱的山石！

李山石：多拉！

第十一幕

（正当山石和多拉相拥时，尼古和徐绣花进来了，看到他们拥抱着彼此）

（多拉、尼古、徐绣花和李山石）

尼古：看起来，这次考察访问挺成功的。

多拉：（走到他身边）爸爸！这里有太多令人目酣神醉的地方。和罗马尼亚相似的丘陵、山谷，还有那温和的气候，所有相似的条件催生了类似的生活方式和陶瓷艺术。我访问了很多大型网站，该怎么和你形容呢，我的思绪都乱了。

尼古：我也注意到了。

李山石：我向多拉求婚了，然后……

多拉：我们决定在库库特尼举行婚礼。

徐绣花: 太棒了!

尼古: 我们有话要说。

徐绣花:(用手拉尼古) 别说了……

尼古: 我知道在市政厅和教堂登记结婚需要哪些文件。

多拉: 亲爱的爸爸, 我找到了一份心仪的工作, 也找到了一位真正的中国学者与我相伴。

李山石: 多拉认为我们曾生活在库库特尼文化的鼎盛时期, 从那时起我们便彼此相爱。我同我的部落向着东方行进, 于是来到了今天的中国。那时, 我们遥隔万里, 爱情也因此中断。现在的我和多拉是这两个古代恋人的化身。我们的感情穿越数千年仍未停息, 我们彼此相爱, 我们要相伴到海枯石烂。

尼古: 我祝福你们。

徐绣花: 我以拉尤神甫未来之妻的身份, 也祝福你们百年好合。以后我将自称为玛利亚。

尼古: 而我叫你莉娅。

多拉: 看来要举办两场婚礼?

尼古: 那大刀怎么办?

李山石: 谁是大刀?

多拉: 库库特尼的一个老师, 他向我求过婚。

李山石: 在我之前?

尼古: 他可追了多拉好些日子了!

李山石: 他做了什么?

尼古：他一直对多拉有好感，打算娶她。

多拉：我跟他说过，我们之间没可能。我不爱他，我不喜欢平淡的生活！我在中国找到了自己的灵魂伴侣，打心底里觉得我们曾经在一起过。虽然基督教不相信转世轮回，但倘若耶稣知道了这样的观点，可能也不会反对。

（她走到李山石身旁，抱住了他）

多拉：山石，我从未恋爱过，也从没有过男朋友。

李山石：我也没有。尽管如此……

多拉、李山石：（异口同声）尽管如此，我在五千年前被爱和爱过。

结局

（这一幕发生在罗马尼亚库库特尼）

（多拉出现在十字架前。她环顾四周，又望向天空）

多拉：我又来到了这里。这座十字架于我而言弥足亲切，我常常一个人偷偷溜到这里。若是躲在这儿，妈妈就永远也找不到我。而当神甫为母亲的葬礼做礼拜的时候，我也一个人待在这里。

妈妈啊，你看到这一切了吗？你是否知道了在我和爸爸身上发生的事情？从我为工作苦恼的那一天开始，所有发生的一切，你是否都已知晓？现在，我觉得我找到了最合适自己的工作。

我和爸爸来到了中国，各自都找到了未来的人生伴侣。我们先是举办了普通的民间婚礼，而后再是宗教婚礼。今天的婚庆将以最传统的方式举行。

你还活着的时候，人们的婚礼和葬礼都是在庭院中举行的。每场婚礼都雇有乐师，而葬礼则需要神甫来做祷告。

现在有了精心设计的科尔特舞蹈[①]、仿照著名宫殿建造的厅堂、DJ和后期制作的音乐，却已没有什么自然的东西了。

我拒绝了这样的婚庆方式。

我知道在教堂庭院中举办的宴会是什么样的。各家人或几个好朋友依次入座，将食物放在手巾上，杯子同库库特尼时期的陶杯极为相似。我参加过至少三次这样的宴会。

今天，父亲和镇里的女人准备好了食物，而我在科特那留买了喝的。

我向山石表白了。这就是他的名字。他说愿意和我在一起。

妈妈你知道吗，我的丈夫是那样温柔敦厚、善解人意、风度翩翩，最重要的是，他还是个才高八斗的学者。

看，他过来了。(她朝着李山石的方向挥手)

(她没有把话说完，大刀和三个年轻人围着多拉，将她举了起来。他们退场，李山石出场)

(李山石、尼古、徐绣花和大刀)

李山石：她去哪儿了？刚才还在这儿朝我招手来着呢。我

① 译者注：科尔特舞蹈为多瑙河地区的一种舞蹈。

当时只顾着和朋友们寒暄，都没注意她去了哪儿。

看，莉娅也来了。

（徐绣花登场。她现在被称为莉娅·玛利亚）

徐绣花：这几天我仿佛生活在梦中。

李山石：是啊，如故事般的生活。

徐绣花：这一切都令人难以置信。我想我们可以邀请一些亲戚、朋友和同事，或许还可以邀请一些中国记者。我有一个远房亲戚在上海电视台工作。

李山石：的确，我们都同意婚礼活动不要太过铺张，要遵循古老的传统，将婚姻看作自然而然的行为。

徐绣花：我知道，现在的婚礼声势浩大，人们都只顾着在婚礼上寻欢作乐。

李山石：人们也不再是为了可爱的新娘献礼，而想通过送礼彰显自己的权力，赢得所谓的影响力。

徐绣花：这几天，我对尼古的好感愈发强烈。他坚强而自信，同时又浪漫而迷人。

（大刀出现在舞台的另一边，呼喊着李山石过来。当李山石走向大刀的时候，徐绣花和多拉一样被众人举起后消失）

大刀：教授，请问多拉在哪里？

李山石：我不知道。她刚才还在这里。（他向十字架走去，发现徐绣花也不见了）她刚才就在十字架旁边，还朝我招手来着，但当我过来的时候却没有找到她。我刚还和绣花聊了一会儿，结果她也不见了。

大刀：糟糕。她们到底去哪儿了？

李山石：我不知道。

大刀：教授，您可得多个心眼儿！我们这儿有一些古怪之人专门偷新娘。

李山石：偷新娘？

大刀：您听说过七头毒龙吗？

李山石：未曾听说过。是一种龙吗？

大刀：您所说的龙与我们所说的龙有一定渊源。我们称之为毒龙，可吓人了。中国人称之为龙。

（尼古逐渐走近）

尼古：莉娅和多拉在哪儿？

李山石：她们刚才还在这儿……

大刀：神甫，我担心她们被偷了。

尼古：谁偷了她们？

李山石：七头毒龙。

尼古：说得也对，那儿有七个爱恶作剧的小伙子！

大刀：恕我冒昧地说一句，您的家庭可能遇上麻烦了……（消失）

（尼古环顾四周，显然正在寻找什么人。李山石不知所措）

尼古：抱歉，我过会儿再回来。

（尼古离开，很快又回来了）

尼古：欧洲有偷新娘的传统。古时候，要是新郎没给够赎金，那么被偷的新娘可能永远消失，或是在新婚之夜后再被送回来。这一传统源自古罗马奠基人掠夺萨宾族妇女的故事，如今已成为一种有趣的风俗。年轻人偷走新娘，而后要求新郎喝酒来救回新娘。我已经派教堂司事去找她们了。他年轻能干、善于谈判，应该没问题。我觉得是大刀校长组织了这场偷新娘的活动。他跟我们不同，不是摩尔多瓦人，而来自扎娄。他可是个会记仇的人！哦上帝，请原谅我这么说他。我们回去吧，再看看情况。

（尼古和李山石退场，大刀上场）

大刀：我不会屈服。这件事没有商量的余地！我要十瓶威士忌和一场中国仰韶之旅。我要组织师生们一起来访问这处历史悠久的古迹。那新郎还会给我提供一张免费机票。我说的是李教授，那神甫可没这么多钱。我得等等，要有耐心。

好吧，我得让多拉在这儿多待一阵子。在还没见到多拉之前，光是听到这个名字我就喜欢上了她。但我终究失去了多拉！我真是太没用了。看来，十瓶酒和一场旅行可不够。要不我就这么把她偷走吧？（退场）

（罗马尼亚传统音乐响起，一对夫妇身着罗马尼亚民间服

装，演奏着乐曲。接下来，中国传统音乐响起，身着中国古代传统服饰的舞者登场，他们翩翩起舞）

（李山石、徐绣花和多拉一起登场，幸福地欢笑着）

多拉：我简直不敢相信！

徐绣花：我也没想到李教授如此聪慧勇敢。

多拉：他们把我们俩抱起来后带到了一间教室里。先是我，然后是绣花。我期待着你能出现，我还曾和你讨论过这种野蛮的习俗。当时，有三个小伙子留在原地看着我们。

我认识他们，他们是附近的牧羊人。

（突然，有人敲门。一个年轻人起身去开门，却被一拳击晕在地）

李山石：（跑进来，把门打开，大声喊道）男孩儿们，快向新娘们道歉，你们不顾新娘们的意愿强行将她们带到这里，而后消失得无影无踪！我不要在婚礼上再看到你们。

（摔在地上的那个人站起身来试图回击李山石，但李山石显然深谙武斗之道，精通中华武术，将这个小伙子再次打倒在地。剩下两个人一跃而起想要反击，但一个接着一个被制服在地）

李山石：（揪住第一个小伙子的后颈，将其拎了起来，仿佛拎着一只木偶）你是老大吗？快道歉！

小伙子：（起初不愿意，但到最后还是说）请原谅我们，是大刀先生指使我们这么做的。

（于是，李山石放他们走了，那个被揪起来的年轻人像只泄了气的气球，惊魂未定）

李山石：美丽的新娘们，请这边走！

（门口停着一辆中国大使的车，他是开着这辆车来的）

多拉：上帝啊，我真的不敢相信！（朝着山石说道）你怎么会武术？你之前说自己一直都泡在图书馆里。

李山石：我之前上过武术课。当时有好几个假期的时间，我都在举世闻名的少林寺里练武。

（尼古上场，向他表示祝贺）

尼古：还要给那群臭小子“赎金”吗？

李山石：我建议校长在库库特尼给每家每户都送上一瓶威士忌，以表达自己对扰乱婚庆的歉意。

多拉：让我们继续庆祝吧。我爱你，亲爱的山石。

李山石：迪乌尔帕，我跨越江海和国界的爱人！爱情无国界。

尼古、徐绣花：爱情无国界。

完

第十一章
文化对话

世界文化对话

孔子的学说

中国——文化大国

历史

孔子（公元前551年9月28日至公元前479年3月4日）是中国最伟大的思想家、政治家和教育家，《论语》集中体现了他的世界观和人生观，在读书人之间广为流传。这部作品完整反映了孔子对世界的看法，重点记述了他与弟子之间的关系。孔子与这些年轻人交流对话，引导他们自己找到前进的方向。

儒家思想是一步一步建立起来的，一开始只有少数信徒。确切地说，只有70个笃信好学的弟子。后来，其他学者和哲学家也逐渐加入儒家学派。千百年来，孔子学说一直主导着中国人的思想，并通过汉语的传播影响了亚洲其他民族的思想。1687年，《论语》的拉丁文版本问世。自此，中国的名片不再只有丝绸、瓷器和茶叶，还有儒家思想。儒家思想属于每一个中国人。莱布尼茨、荣格和许多其他欧洲知识分子都研究过孔子的早期作品，并受到了它们的影响。

在当今这个联系越来越紧密的世界，要在某个国家找出一个没有读过孔子著作的知识分子，怕是很难。

二十世纪一个美国学者曾对世界上最具历史影响力一百人进行排行，孔子位居第五。从文明初始到现在，他是世界前五大人物之一！这份排名颇具参考性，因为它不是出自中国，也不是出自亚洲，甚至不是出自欧洲！孔子学说的影响不仅仅体现在政治和文化领域，而且还反映在人们的生活、操行和观念中。无论是谁，只要他读孔子的著作，吸纳他的思想，那么无论他身居何处，他都会更接近智慧和文明。

看看这个举足轻重的人物的价值！他的汉语姓氏是“孔”，内涵丰富，有多重含义。孔子强调，在个人生活和社会层面，都要推行严格的秩序和伦理规范，从上到下，上至王族贵胄，下达薄祚寒门。《论语》中的儒家教义涉及生活的各个方面，如政治、友谊、文化、学术、音乐、爱情等。至于如何治民，也就是治国基本三要素，孔子的一位弟子曾问他，如果人民、食物和军队必须要放弃一个，那放弃哪一个？他的答案发人深省。他毫不犹豫地回答说，放弃军队。的确，儒家思想意味着和平与发展！

视野

孔子的著作包罗万象，涵盖了中华文明和人类文明的开端。他的伦理和哲学思想存于五经中，即《诗经》《尚书》《礼记》《周易》《春秋》。

孔子是一位天选之子，是这个星球上为数不多的散发着上帝之光的人之一。他降临人世间，引导社会和人类向美好前行。

他本性务实，追求人在天地之间的平衡，希望建立一个大同世界。

他的思想产生了电照风行的影响，首先是华人世界，而后是整个远东地区，现在几乎波及全球。

我们要追认孔子为全球化之父。

从来没有人像他一样设想过当代世界：庶——人口众多，富——富裕，教——教育。

全球化已经成为现代生活的重要概念和理论，用一句话来表述就是：四海之内皆兄弟。根据儒家道德学说，它包括以下内容：仁——人性（基本关注点，儒家的最高道德规范）；信——诚实；义——正义；礼——礼仪；孝——家人间的爱，父母对孩子的爱和孩子对生身父母的爱；忠——忠诚；中庸——折中调和的学说，等等。

但首先，最基本的关注点是我们要学会做人，以仁行事。

儒家思想包括自己、群体和传统三个维度。自我修养是整座大厦的地基。人必须有意识地保持身体康健、灵魂纯洁和精神高尚。自我修养源于传统，来自家庭、社会和周围环境，也来自神的力量。

孔子构想的是一个人人有尊严的社会，每个人都尊重自己，同时也尊重和理解他人。群体对于自我修养非常重要。至于传统，孔子重视和谐与一致，反对冲突和战争。

实践

儒家学派包括汉代儒学，新儒学，当代儒学，朝鲜、日本和新加坡儒学，欧洲儒学等，还有自二十一世纪初越来越抢眼的世界儒学。

儒家思想不包括任何已知的宗教元素，如基督教。儒家思想是一种道德体系，囊括各种礼仪。该学说强调孩子对父母的孝，高度赞赏长者和权威，推崇读书、礼仪和规矩。

儒家强调，应以礼为基，以德治世，劝善惩恶。这里它就与基督教思想有一定区别。基督教说：不要与恶人作对。有人打你的右脸，连左脸也转过来由他打。（马太福音，5–39）孔子则主张以直报怨，以德报德。（《论语》14:34）在《易经》一书中，恒卦中九三爻爻辞写道：“不恒其德，或承之羞，珍吝。”

我们不要忘了，孔子将《易经》视为完善个人修养和提高人生品行的教科书和指南，认为占卜只是其外衣。至于《易经》对于道德修养的价值，孔子曾言“洁净精微，易之教也”。

全球传播

我们可以毫无疑问地说，正是有上述孔子的这些箴言，我们今天才得以在良好的条件下进行文化和人文交流及国际访问。我们会在下文举例说明。

每个民族的文化都是建立在一定的关系之上的。这些关系的基础是本民族的生活规范，是特定的道德品质，是本民族的传统，是风俗习惯和独特的文化元素，与人类由生到死这一过程中的基本存在状态密切相关。传统是一种思考和生活方式，拓展了人们的经验，赋予他们过程、行动、参与、永久性等。

世界文化是各民族文化的总和，每个民族的文化都是独一无二的。无论是欧洲语言，还是汉语，都将“对话”一词定义成在两个或多个人之间的交谈，是人与人之间的信息和观点交换，无论这些人在社会和世界中的地位和作用如何。

对话通常是自发的，但也可能是有计划的，比如说，一个国家的机构或国家联盟代表之间的对话就是有计划的。对话的概念反映了一种转变：一种孤立或封闭的文化意识到还存在其他形式的文化，愿意接受新文化，愿意提供更有特色、更好、对人类更有用的文化，愿意同其他文化成为伙伴，携手并进。

当今世界，“对话”一词的定义可谓更仆难数。根据国际劳工组织（ILO）的定义，任何形式的对话都是平等伙伴之间进行信息交流、协商和谈判的自愿行为。

每种文化都是通过与其他文化的对话逐渐得以丰富，趋于完整。

为了加强对话，促进文化表现形式的多样性，推进承认本民族文化的丰富性，增进相互尊重，2010年被设立为“国际文化和睦年”。为了进一步发展，提升人类的价值观，我们要接受文化价值观的无限性和对话的必要性。我们要记得，2500年前，孔子在条件艰难的情况下，仍多次冒着生命危险，坚持周游列国，踏上了当时许多封建国家的土地。时至今日，他的努力也是可以看得见的，因为他的儒家思想已经传播到了世界各地。

人际沟通就像修学一样至关重要，超越了等级、种族和语言的壁垒，构成了世界和平与和平共处的坚实基础。

联合国教科文组织的基本目标之一是在世界范围内传播知识，促进文化、种族、语言和宗教多样性，强调共同的价值观。二十一世纪的重要标志就是高科技和全球化，它们会带来生活的转变，在大多数国家甚至会引起深刻的变革。那么，哪些才是合适的、有益的文化政策呢？人类、国家组织和非政府组织究竟能在多大程度上带来积极的发展呢？有价值的文化如何才能被优先推广呢？

文化交流、频繁接触、互联网和其他电子及数字技术手段促进和简化了相互了解和学习他人先进发明的过程。但是，我们不能忘记，全球化可能会不计代价、不分情况地消磨一种文化的自身特性，还可能会导致文化千篇一律，流于平凡。

因此，儒家学说会帮助我们向前走得更远，推动现代世界的进步。因为它提出了“四海之内皆兄弟”，敦促我们不分民族、不分人种地彼此亲近，相互了解。孔子的学说没有变得老旧，也没有过时。尽管儒家的作品就是那些，毫无变化，但每一代人都能从中找到正确的答案，解决自己所处时代的问题。

罗马尼亚的理解

请允许我用几句话来谈谈罗马尼亚对文化的理解。卢奇安·布拉加(Lucian Blaga)是二十世纪最伟大的诗人和思想家之一，他对文化做了如下定义：“通过文化，存在就不断丰富，变成其最深刻的形式。文化是可见的符号，是表达，是形象，是这个形式的实体。因此，文化与人的定义联系更为紧密，而不是人的身体构造，或者至少与后者的联系没有那么紧密。”

在构成文化的元素中，艺术是人类创造力中最富有表现力的形式。艺术可以被视为终级的表达和文化的精髓。

另一位学者，西米翁·梅海丁齐，有条理地对文明和文化做出了区分。他认为，它们的发展是独立的。一个不稳定的文明，一个混乱的社会，可能文化会高度发达。反之亦然，文化贫瘠或者根本不存在文化的地区也可能拥有发达的文明。

因此，他在《文明与文化》一书中写道：“文明的极点和文化的极点很少重合。如果借用别人的成果，那么任何人都可以达到很大程度的文明。然而，高度发达的文化是一个更难实现的事情。它不仅需要大量的劳作和丰富的思想，而且需要有细腻的感情，也就是高级的道德和审美态度。”

他认为，文化是所有灵魂、知识、道德和美学创作的总和，而文明是所有技术创造的总和，只能帮人类适应地理环境。他的解释确实很对，而且非常具有启发性：“就像叶子有两个面一样：一个是向阳面，朝向太阳；另一个是背阳面，面向地面（这样非常重要，因为这样植物才能每天呼吸和生长），人类的生活也有两个方面：一面朝向大地——文明，即物质技术；另一面朝向天空——文化，或者说所有精神产物的总和，人类通过它们去尝试进入平衡，进入与其他创造物、与他所在的道德世界的平衡。就像斯宾格勒的历史形态学所阐述的那样，这两个方面不可分割同时存在，而不是线性存在。”

在这两位罗马尼亚思想家之后，康斯坦丁·诺伊卡用一些具体的词语重新构建了罗马尼亚社会：自我、调整、自然界等等，赋予了它们“进入主要文化本质”的潜力。他还认为，通过它们，我们罗马尼亚人“可以对世界说些新东西，核心的东西”。

世界文化对话

我们都知道，现在有很多相当重要的欧洲和全球文化对话。

对话一直都存在，尤其是在亚洲和美洲发现所谓的“新世界”之后。第二次世界大战后，美国肯定了多元文化主义，即肯定少数民族文化和境内所有实体的文化，而欧洲则侧重于跨文化，即承认世界各地不同的国家和群体文化的存在和相互交融。

在欧洲和全世界的定义里，文化对话是国家之间、人民之间或群体之间传递信息、协商和长期交流的过程，目的是在宏观文化和微观文化层面对某些变量的增强达成共识，更新和丰富人类文化。

在刚刚进入的21世纪，我们要如何引导人类？应该采取什么原则来建立文化和文明占主导地位的新型关系，创造更美好的生活呢？

文化间的对话是必需的，是不可避免的。对话不是空谈，而是探索其他人所提供的东西，吸收好的部分，是使文化与人之间更为接近，将个体融入宇宙，用有特点的、原创的、高贵的、值得保留的东西充实宇宙。这种对话就是现代和当代世界学者提出的诠释学路径。在这种路径中，理解与应用、理论与实践哲学之间存在着密切的联系。诠释学与跨文化研究息息相关，是解决一些文明冲突的良药。

当然，我们需要采用公正的原则，它们要代表所有国家、地区、种族、宗教等的平等利益，被所有人能接受，文化对话可以丰富我们所有人的内心世界。

孔子的学说就符合这些要求。正因如此，今天所讨论的一些议题——如“孔子：世界和平与发展”“孔子：当代文化和文明对话”，才广受欢迎。这些议题不仅会在学术界产生强烈的反响，还会在政治军事、科学技术和经济领域引起热烈的讨论。

儒家思想就是精神修养。儒家对人类发展的预测有助于建立一个更美好、更理想的世界。人类就是每个人。我们应根据个人所展现的品德修养和才干选拔领导。孔子的学说打造了一种洁净和谐的文化。

在全球化进程中，仁与信，爱与恕，和谐与正义，不会使我们趋于同一，而是会让我们保留自身特性。这就是孔子教给我们的，而将这些原则付诸实践的地方，已经成功收获了果实。它们所倡导的是一种人文精神，是儒家文化香蕴之基础。我认为它们不仅仅是文化对话的精髓，也是解决当今世界复杂冲突、维护世界和谐与和平的灵丹妙药。

我们可以得出如下结论：

——文明和文化是两个迥然不同的概念。前者是指物质世界，后者的本质则是精神，但两者都是塑造人类和新世界的必要条件；

——在人类发展的各个阶段，我们与文明并肩，找到了文化；

——文化与文明相互交织。它们融合在生命的统一性中，因为物质层面（文明）和精神层面（文化）相互联系、相互依赖、相互借助彼此发展，而从一者到另一者的转变往往是难以察觉的。生命的统一性包括它们两者。

孔子的学说提倡修学、爱人、正义和谦虚，是处世的中庸之道，是一种我们可以互联互助但又不会失去自身特性的模式。这就是为什么儒家思想永不朽，这就是为什么中国是文明大国！

第十二章

三篇序言

1. 埃米内斯库《埃米内斯库的诗》

2. 米尔恰·马利查和安东尼娅·梅海丁楚

《了不起的铜锣——今日中国非凡发展的共鸣》

3. 迈特·克雷姆尼茨《罗马尼亚人的童话故事》

关于埃米内斯库

米哈伊·埃米内斯库（1850 年 1 月 15 日至 1889 年 6 月 15 日）的诗歌已经被翻译成世界上近一百种语言。通过他的诗句，我们的文化也勾勒出了自己独特的轮廓。至于诗歌的中文版，中国已出版了三个版本的译文，新加坡还于 1994 年出了一个中文版本。

自 1521 年，即用罗马尼亚语书写的最古老的文件得以保存以来，至米哈伊·埃米内斯库时期的三个多世纪中，罗马尼亚语书面语言日臻成熟和完善。与此同时，知识分子阶层愈发壮大，农民阶层也通过他们开始闪耀出自己的光辉，从而推动了世界上最丰富和最具特色的一种文化的发展。

我们的特殊性体现在对起源的普遍关注。根据作家乔治·科林内斯库（1899—1965）的观点，它保障了我们最根本的创意能够通过罗马尼亚语表达出来。自达契亚人开始，罗马尼亚语在所有传统省份[①]就一直保持不变，像祖国的疆界一样牢固。这就是罗马尼亚人，一个向世界开放的民族，一个与世界相连接的民族。

我们是什么？罗马尼亚文化的特征是什么？在这里，我想引用哲学家和逻辑学家阿塔纳塞·若冉（1904—1972）的观点，当

---

① 译者注：这里指的应该是罗马尼亚的摩尔多瓦地区、塔兰西瓦尼亚地区和蒙特尼亚地区。

今的我们可以从中重新发现自己："理性主义，现实主义，自然的鲜活感，多依娜的忧郁，浪漫主义，幽默和活泼，深刻但朴素的民族情感，宽容心，非凡的吸收能力，对尺度的把握和对状况的精确感悟，对神秘主义的拒绝。"

怀着这些想法，我们十分期待中罗文双语的埃米内斯库诗歌能够再版。埃米内斯库最能表达我们罗马尼亚人的特点，应该每年都在全世界出版他的诗歌，因为上帝赋予了他看见我们灵魂的礼物——杰奥·博格扎（1908—1993）的《埃米内斯库是如何来到世界的》。

知识、敏感性、平衡

节日结束后，我的电子邮箱立即收到了一本书，书名为《了不起的铜锣——今日中国非凡发展的共鸣》。我想，它是圣诞节和新年礼物之外的一份额外福利吧。这本书有 150 页，里面还有彩色插图，图文并茂。翻阅着这本书，我不禁问自己：我是否值得拥有这份礼物呢？这本书里有对当今世界的观察，写得非常精彩。实际上，这本书是由两位作者合著的，每个人分别在自己所著章节署名。在中间部分，还插入了一个导师和学生之间的对话，展现了良好的学术传统。

米尔恰·马利查院士非常有名，他多才多艺，热衷于新事物，也知道如何处理新事物，能够让我们读者参与到惊喜的盛宴中。根据另一位作者——安东尼娅·梅海丁楚的报道，我们可以知道她是一位社会科学领域的年轻学者和雄心勃勃的政治家。这本书是一部构思精妙之作，带我们回顾了历史和当今时代一些几乎微不可察的现象，让我们理解到，眼前所发生之事并不是一个偶然的奇迹，而是源自伟人的明智决策和英勇举动。作者对中国无所不知，正如我所说，他们自孔子的时代，或拜占庭帝国时期（我们高兴地了解到，我们罗马尼亚人通过穿越多布罗加的丝绸之路与中国保持着联系）谈起，一直谈到了最新的经济和社会政策。

有段时间，游览中国后出一本书成了罗马尼亚知识分子的一种习惯。乔治·卡里内斯库用他的《我在新中国》开创了先河，他用一种居高临下的态度对 1953 年的中国进行了现实的审视，对中国的首都做出了鲜明定义：北京是一个大村子。斗转星移，眼前这本书同样对中国的首都北京进行了现实的审视，认为它是一个成熟的大都会，一个令人印象深刻的现代化城市。北京拥有许多旅游地标，或旧或新，在不到二十年内得到了重建！他们撰写和出版此类书籍，可以看作是对时间的记载。许多罗马尼亚作家在二十世纪七八十年代到过中国，许多记者、高级官员、教授、经济学家、工程师等也来过。后来这种风气就过时了，也许长时间的沉默会让现在的声音更强大、更加有意思。

以下摘录了其中一个章节，它既描写了作者所关注的这个国家，也体现了清晰的写作思路和令人愉快的写作方式：

如今的中国总有值得被人发现的地方，每次来中国，都会领略到不同的面貌。……无论我们去参观不同的地方，还是重游同样的景点，总是能收获一些惊喜，发现一些变化。也许是这些地方发生了变化，也有可能是人们的行为举止和教养在变……当前中国治国战略的特点是对外开放，对其他文化和文明开放……在依靠自身深厚的文化底蕴自我培育的同时，中国还通过组织国际活动、论坛、博览会和展览不断发展，因此获得了全球的认可，获得了向其他国家学习的能力。

第一章的标题是“为什么是中国”，随后是“激进转型的时代”。这两章内容翔实，颇有启发性和说服力，特别具有吸引力，可作为畅销书阅读。之后的章节是这本书的精华所在，毋庸置疑是这本书最重要的部分，写作耗费时间也较长。这本书在这里就开始偏重学术性，除了与读者沟通，提供百科全书式的信息之外，还敦促读者反思，读者会不由自主地深陷其中，成为作者所谓的发展基础的一部分。

值得一提的是导师和学生间的对话，它在两位作者所著的章节中独树一帜，仿佛是独有风格的标志。

对话直击主题，首先涉及中华文明的历史。突出创造力、牺牲精神以及其他获得成功（尤其是在古代）所需的品质。这是一种信条，激励着人们去阅读、去获取知识，从而不自觉地改造着自己心中的世界，却始终无法揭开中国的神秘面纱。我们对这本书的要义做如下总结：“孟德斯鸠肯定了气候变化对中国政治文化的影响，魁奈赞赏中国文化在经济政策中的体现，亚当·斯密则将中国的萧条归因于其国内贸易的不足，但他们都从未到过中国。”在对经济、金融和中美两国平衡进行高谈阔论后，有人断言：“中国真正的问题是人口问题、收入增加和缺少中产阶级。”

这场激动人心的对话以罗中交往的片段结束，并且对话中也向罗马尼亚学者和外交官——掌剑官尼古拉耶·米列斯库致以敬意。作者总结道：“米列斯库的中国之旅是世界外交史上的重要事件，他在旅程结束时所著的书籍至今仍是了解当时的中国和东方土地的宝书。”

我痛心地注意到过去几十年里学术界对罗马尼亚本土著作的忽视。该书最后的参考文献罗列了许多在中国和西方出版的相关领域学术著作，有些信息和观点甚至已经过时。如果对罗马尼亚本土出版的书籍进行简单梳理，或者仅仅浏览一下学院图书馆的藏书，就可能会让这本著作更具权威性。我们指出这件事情，不仅仅是因为当前这本书仅引用了三本罗马尼亚参考文献，而是为了向其他学者发出信号，鼓励他们参阅罗马尼亚书籍。因为在米列斯库之后，罗马尼亚还涌现了其他值得重视的作者。

《了不起的铜锣——今日力巩中国发展的共鸣》完全不同于其他有关中国的书，它对过去和当今的所有生活片段进行了持续深入的探查，浓墨重彩地介绍了中国文化和文明，凸显了经济和社会发展的主题。我们认为，这本书中的分析极为公允，将会使历久弥坚的罗中友谊之歌余音绕梁。

智慧之书

神话和传说照亮了我们的童年，它们教会我们做梦，教会我们了解与宇宙融为一体的世界和人生。在神话里，没有什么事情是不能解决的，好人总是能获得胜利。这本书收录了来自罗马尼亚的十一个童话故事，每个故事都从一个新的角度阐释生活。这些故事第一眼看上去很平常，但中间往往会有神来之笔，会有人类同宇宙力量的结合，然后各种意外就会随之而来。魔法一直存在，只要有善良的心和对自己的信念就能获得胜利，就会遇到纯洁、乐观、快乐的人。

在中国，除了在家里给孩子讲的故事之外，民间那些讲故事的人自古以来就有一个传承体系。

在欧洲，民间传说和民间故事在十八世纪开始成形。欧洲知识分子收集并改编了神话、童话、民谣、习俗和传统。最著名的童话作家有：法国的夏尔·佩罗（1628—1703）和奥努瓦夫人（1650—1705）；德国的雅各布·格林（1785—1863）和威廉·格林（1786—1859）兄弟；俄罗斯的亚历山大·尼古拉耶维奇·阿方纳西夫（1826—1871）；罗马尼亚的彼得·伊斯皮雷斯库（1830—1887）等等。

罗马尼亚人拥有许多颇极具创意的民间传说，它们根植于达契亚祖先的源泉，而十九世纪的重要作家们也致力于整理这些故事。一些著名作家，如尼古拉耶·菲利蒙、亚历山德鲁·奥多贝斯库、扬·克良格、米哈伊·埃米内斯库、扬·卢卡·卡拉迦列、扬·斯拉维支、巴尔布·斯特凡内斯库－德拉弗兰恰、米哈伊尔·萨多维亚努都曾收集民间传说，将童话改编成文人创作的故事并出版，但仍沿用了民间故事的叙事主题和技巧。

哲学家康斯坦丁·诺伊卡指出，罗马尼亚民间传说中的哲学思想具有多神崇拜、宇宙主义和宿命论等特点，尘世和超验世界（即宇宙）之间不存在任何距离。这些元素增添了罗马尼亚童话故事的深度和吸引力，从而引起大学者迈特·克雷姆尼茨的关注。

1882 年，罗马尼亚最伟大的民间文学收集者彼得·伊斯皮雷斯库将他收集的三十七个精彩童话故事付梓。与此同时，迈特·克雷姆尼茨在德国出版了自己的罗马尼亚童话故事集。仅三年后，也就是在 1885 年，这本书的英文版就在伦敦和纽约面世了。从那以后，这本书在全球各地出了无数版本。如今，135 年后，一位伟大的语言大师所译的中文版也已问世。

毫无疑问，这本书中童话故事的作者是罗马尼亚人。但收集这些故事，并赋予它们文学形式的人是谁呢？她的名字是迈特·克雷姆尼茨。

如今我们都对迈特·克雷姆尼茨有所了解。她有罗马尼亚和德国的双重国籍，写过长篇小说和戏剧，但她最著名的作品是 1882 年出版的《罗马尼亚故事》。她在罗马尼亚生活的

25 年正是创作鼎盛期。她将罗马尼亚和罗马尼亚文学介绍到了日耳曼民族的土地上，并通过英语译文，将其推向全世界。

一本真正的好书是具有普世价值的，它超越时间而存在。希望罗马尼亚童话故事能捕获中国小朋友们的心！

第十三章

北京罗马尼亚文化中心

北京罗马尼亚文化中心的建立、注册和揭幕

第一波罗马尼亚文化活动

从外部视角看罗马尼亚文化学院的主席们

布朗库西年

傲视侪辈的埃内斯库年

活动列表

2015 年 7 月 14 日，一个星期二的早晨，阳光明媚，天空几近蓝澈。北京的雾霾就像童话里的毒龙那样难以战胜，经常遮天蔽日，将污浊的恶魔气息喷在人们身上。而在那个美好的日子，奇迹发生了。在距离天安门广场约四千米的东城区银河 SOHO 购物中心 A 座一层，八扇大门同时打开，访客络绎不绝。你注意到那个吉利的数字了吗？

除了来自北京的访客，还有专程从上海、杭州、广州、天津、青海等地过来支持我的朋友，他们都带上了自己的墨宝来表达美好的祝愿。宣纸良好的吸墨性使这些祝福墨韵清晰，它们是真正的友谊的标志。到场嘉宾中，有作家协会新任副主席吉狄马加，有曾在罗马尼亚翻译和出版作品的作家们，有中国艺术家、歌手、音乐家、画家、记者，还有许多罗马尼亚人，以及一部分曾学习罗马尼亚语或在布加勒斯特工作的中国人。两国官方人士均莅临并发表了讲话，或做简单介绍，我们每天都能从报纸上看到类似的消息。

银河 SOHO 大楼里，公司、商店和办公室星罗棋布。四座二十三层的高楼矗立，就像是一些通过高空走廊连接的蘑菇，又好像是巨人们手拉手抱在一起，高贵地闪耀着。这些由曲线和椭圆形构成的波浪形高楼，汲取了中国建筑的传统，线条简约，角度精巧，特立独行地屹立在北京中部。

北京罗马尼亚文化中心是亚洲首个、世界第十八个罗马尼亚文化中心，开幕时采用了传统的仪式——剪一段三色缎带。亲爱的朋友，从现在开始我就真正存在了，我还有了一个名字——文化中心，罗语名字是 Centru Cultural。我告诉你一个秘密吧！请千万不要告诉别人：布加勒斯特的坦达利卡剧院会在中国的三四个城市进行巡演，而我们也将以此为契机正式亮相，在文化中心的展厅尽快举办与之配套的木偶展。想象一下，千人礼堂里到处都是各个年龄段的孩子，而他们都会记住一个名字——罗马尼亚。我们已经与东城区的一些学校和一个名为卓越大使的非政府机构建立了联系，他们对我们中心十分感兴趣，会不定期地前来参观。

随后，我们举办了《传统与现代》展览，展出了米尔恰·杜米特雷斯库家族的木版画和挂毯。我们期待书法家和学者们能以多种形式参与进来。中国人喜欢黑白两色，用墨所作的古画有着无穷的黑色深浅浓淡变化，意蕴十足。

很久很久以前，在孕育万物的太阳旁边，还有九个太阳，它们在星空中迷了路，集聚在人类的天空中。那几天酷热难耐，所以即使只有一个太阳，我们也得尽快寻找大树或者高楼的荫庇，或者待在空调房里。古代的弓箭手羿瞄准目标，用箭射下了其他多余的太阳。这能在北京的夏日里稍微缓解一下我们的酷热吗？或者说是我们没有先人那么开阔的视野，因此没有发现天空中不仅仅只有一个太阳，而是有十个！

2015 年 7 月 13 日，在文化中心开幕前夕，北京进入了酷夏季节，也就是所谓的三伏天：初伏，7 月 13 日至 22 日；中伏，7 月 23 日至 8 月 11 日；末伏，8 月 12 日至 21 日。这四十天气温高，气压低，湿度大且少风。

七月的天气就像蒸笼。炎热潮湿，而且没有风。这就是三伏天。太阳躲在气体和尘埃云后面玩捉迷藏。有时可以看到像红色纽扣一样的太阳，但它也被人类制造的污染所遮盖。

我是一捆小麦，被一股看不见的命运之力带到这里。我知道，我很脆弱，但同时也很坚强。我啜饮着太阳的甜蜜，额头便是太阳的光环。那个留存至今的太阳，仿佛是第三只眼睛，用以启发民智。

几千年来，同样的仪式，同样的姿势，同样的愿望。

夜幕降临时，过多的热量会消退，像噪声一样，逐渐一点点藏起来。这个城市每晚都会死去。

抵达北京之前，文化、艺术和大众媒体委员会对我进行了一次议会听证会。听证会主席是参议院的社会民主党参议员格奥尔吉克·塞韦林和众议院的国家自由党众议员什蒂尔布·格杰尔－索林内尔。（在他们的名字被列入选举名单之前，怎么没有人润色一下呢？）我给自己准备了一份大纲，发表了如下讲话：

大家好！请允许我向你们致以无穷的敬意，感谢你们的接待。我曾在布加勒斯特大学学习汉语语言文学，之后被分配到外交部，在罗马尼亚驻北京大使馆工作了十四年，担任文化和新闻参赞及翻译，兼顾外交工作与文学创作。在职期间，我利用密切的政治联系，推动了罗马尼亚文化的多途径传播，包括书籍、电影、音乐会、展览等等。那些年，罗马尼亚的经典文学作品以及当时一些作家的作品均得以翻译和出版。

我只在亚洲的中国、泰国、新加坡、越南，还有马来西亚、缅甸、柬埔寨等国家工作过。我在没有国内拨款的情况下，在那些国家出版了埃米内斯库、布拉加、索雷斯库的作品。

中国是一个非常适合进行文化传播的地方。中华文明的矩阵建立在文学和艺术之上，从前的高官显贵多是文学家、哲学家、画家和书法家。当今，中国人对吸收世界文化精华十分感兴趣。今天，文化世界是开放的，是激荡的。大家对新的创作方式都非常感兴趣，也没有什么阻碍因素，而我们可以组织一些不涉及政治的文化活动。我们只想传播我们自己的文化！我们将在议会的指导下，学习文化传播的特点和新定位。我们希望得到罗马尼亚文化学院、议会文化委员会、外交部、文化部和创作联盟等相关单位的支持。

能与各位交谈是我莫大的荣幸，谢谢你们。现在我想请求各位的谅解，非常抱歉占用了你们太多的宝贵时间。我向你们保证我会在工作上认真责任，勤奋上进。在这里我也回答一个问题，在第一波活动中，我们关注的重点是出版罗马尼亚的书籍！

康斯坦丁·布朗库西有一句关于自己作品的箴言：“看着它们，直到你看到它们。那些最接近上帝的人已经看到了它们。”

2016年有许多纪念日，我们要提一下四个在绘画、音乐、外交和地理领域非常响亮的名字。这四个人都被迫背井离乡，流浪至俄国、法国。两个是伟大的奥尔特尼亚人，另外两个则是天才的摩尔多瓦人。

自17世纪世界上最伟大的学者之一——掌剑官尼古拉耶·米勒斯库（1636—1707）出生已经过去了380年，而自他于1676年5月至9月期间进行的中国之行也已经过去了340年。他曾作为俄国高官，与康熙王朝有过外交接触，之后为俄国撰写了一些国情资料，也就是他在中国游历的日记——《中国漫记》。这些资料不仅对俄国，甚至对整个欧洲和文明世界都具有重要的意义。

尼古拉耶·蒂图列斯库（1882年3月4日至1941年3月17日）有多么杰出呢？费迪南国王去世后，扬·布勒迪亚努想立即宣布成立罗马尼亚共和国，任命蒂图列斯库为总统。也许正因此，曾两次担任国际联盟（即那个年代的联合国）主席的蒂图列斯库才于1936年被迫流亡。第一次世界大战前，他针对特兰西瓦尼亚的地区做了如下讲话，促成了罗马尼亚的统一：没有阿尔迪亚尔[①]，罗马尼亚就不可能统一。阿尔迪亚尔是保护其童年的摇篮，是缔造其民族的学校，是维持其生命的魅力。阿尔迪亚尔不仅是罗马尼亚的政治中心，你们看地图，阿尔迪亚尔是罗马尼亚的地理中心。

我们曾举办了一场纪念乔治·埃内斯库（1881年8月19日至1955年5月4日）的活动。迄今，我们一共举办了两次圆满的纪

① 译者注：阿尔迪亚尔即罗马尼亚特兰西瓦尼亚地区的别称。

念活动：2015 年的逝世六十周年纪念活动以及 2016 年的诞辰 135 周年纪念活动。我们举办的音乐晚会越来越多，2015 年年底，我们还准备了一场致敬音乐会，小提琴家亚历山德鲁 · 托梅斯库（Stradivarius 小提琴的拥有者）也来到了现场。2016 年我们考虑举办了一场埃内斯库——巴托克对话活动。

北京罗马尼亚文化中心成立后，每年举办一百多场文化活动，为中国的罗马尼亚文化和艺术爱好者展示了一个良好的形象！

北京罗马尼亚文化中心根据罗马尼亚政府与中华人民共和国政府于 2013 年 11 月 25 日在布加勒斯特签署的互设文化中心的协定开展工作，于 2015 年 7 月正式开幕，由我本人担任主任。团队成员有：参事安东尼娜 · 丘恰努—德拉格内和埃列娜 · 拉库；秘书兼会计瓦娜 · 罗塔鲁；管理员兼司机拜特鲁 - 科斯明 · 亚历山德鲁。文化中心位于北京市东城区朝阳门的银河 SOHO，A 座一楼。

文化中心的外部合作伙伴有：北京两所大学罗语专业的中国学生，他们定期到文化中心实习。我们也热烈欢迎在中国学习汉语的罗马尼亚学生假期来实习。实习没有报酬，但可以提供实习证书。此外，文化中心向积极在中国和亚洲参与推广罗马尼亚文化的人授予“友谊使者”称号。

北京罗马尼亚文化中心拥有一个一百多平方米的展览厅，十分现代，观赏效果佳。文化中心的书架上陈列着近千本罗马尼亚语、英语和汉语的书籍、艺术画册及文化杂志等，可在每天 9 点到 17 点之间进行借阅。文化中心的电影和音乐礼堂最多可容纳 99 人，我们一般会在这里进行罗马尼亚语教学，召开会议和举办欧盟国家文化学院（EUNIC）的活动。工作区紧邻礼堂，位于另一房间，那里还有一个接待客人的休息室。

北京罗马尼亚文化中心开展了各种各样的活动，庆祝 2018 年罗马尼亚“大统一”一百周年。如果仅将这些活动定义为“有价值”，那我们可能就无法将整个内涵丰富、引人深思的内容带到中国朋友面前；如果我们只谈罗马尼亚科学院现任院长扬·奥雷尔·波普院士《罗马尼亚人的历史》一书，那么这就变成了一个表达钦佩的场合；同样，我们也不能只谈中国演员用汉语诵读了伊利耶·克里斯泰斯库献给“大统一”的作品《最后一个月的第一天》——今年（2019 年）有多少以此为主题的作品在国内外上演呢？北京罗马尼亚文化中心通过不断的搜寻发现了这部剧作。如果我们只谈一年来在北京和中国其他地方举办的纪念罗马尼亚“大统一”一百周年音乐会的话，那么就是：《春天的到来》——皇家合唱团；《“大统一”一百周年音乐会，从奇普里安·波隆贝斯库到阿纳托尔·米特库》，波格丹·米哈伊列斯库负责吉他演奏，而拉斐尔·布塔鲁负责小提琴演奏；罗马尼亚青年管弦乐团；Allegretto 合唱团在中国进行了巡回演出。

在这里只简单谈一下最棒的两个月份，即 2018 年的 11 月和 12 月。在这两个月里，我们在中国举办了一系列庆祝罗马尼亚“大统一”一百周年的活动，惊喜不断。首先便是“柯尔内留·巴巴作品展”，此次展览共选取了罗马尼亚十七个博物馆及私人藏家收藏的六十余幅作品参展，在11月16日的开幕式上（浙江省省会杭州全山石艺术中心）一共有一千人到场参加，你有没有发现呢？根据主办方的信息，在随后的展期中，每天有三百至五百人前来观展，画家、中学生、大学生和美术老师都纷纷来到这里欣赏画作，观摩学习。我们在这里要特别指出，没有中国大师全山石、罗马尼亚画家协会副会长伊万娜·乔坎和罗马尼亚文化学院副院长贝拉·丹·克里兹巴依无与伦比的努力，这次展览就不会获得前所未有的成功，甚至就不会有这次罗马尼亚艺术在中国的推介活动。今年1月份，这个展览在杭州这个拥有950万人口、被称为“人间天堂”的城市正式闭幕。2019年1月22日，这个展览又在江西省的省会、拥有550万人口的南昌正式开幕。为了让中国大江南北的人们都了解我们，我们为这个展览制订了如下日程：4月2日在拥有770万人口的宁波市开幕，6月1日在拥有2400万人口的大都市上海开幕，7月9日在拥有950万人口的邯郸市开幕，而2019年8月22日在拥有2000万人口的中国首都——北京开幕。

尼古拉耶·沃伊库莱茨带来了排箫演奏，为巴巴的展览进行了暖场演出。接下来的几天里，他将在中国的古都西安演出。

一个颇具突破性的展览是《一位中国画家眼中的罗马尼亚》，于2018年11月27日在北京罗马尼亚文化中心正式开幕，是一份给罗马尼亚国庆日和“大统一”一百周年的献礼。该展览一直开放至2019年1月15日，即“埃米内斯库日”和“罗马尼亚文化日”。值得一提的是，我们还在同日举行了一场有关罗马尼亚人团体的专题学术研讨会。与会期间，我们讨论了1918年发生的一些事件，溯因求果，回顾了罗马尼亚成为一个统一的民族国家的历史进程。此外，我们还回顾了2018年一年来我们为庆祝罗马尼亚统一一百周年所举办的活动及其价值和意义。一百年前，罗马尼亚实现了统一，这是属于罗马尼亚的星辰荣耀，是上帝在他的神秘工作坊中（歌德）精心准备的历史性时刻。

12月2日，由我们文化中心、奥拉迪亚的欧洲艺术协会（其会长是著名的摄影家斯特凡·托特）、陈伟录先生领导的中国摄影在线和珠海市摄影家协会合办的罗马尼亚摄影展“罗马尼亚民间传统”在珠海和澳门这两个中国南方城市开幕。这是为庆祝罗马尼亚“大统一”一百周年所举办的第三场活动。中国朋友除了举办摄影展之外，还附印了一千份小图册，上边收录了一些罗马尼亚最美丽的照片，免费发放给观众。此外，我们还签订了一份友好谅解备忘录，在2019年两国的国庆节时，我们将在两国首都及其他五个城市互相举办类似的摄影展。

在百年庆典结束时和圣诞节前夕，为上帝演奏、在中国被视为排箫之神的罗马尼亚音乐家乔治·赞菲尔来到西安举办音乐会，人们从中国四面八方慕名而来，跟着他学习排箫，赞菲尔也对他们指点了一二。赞菲尔大师用排箫讲述了百年大统一的奇迹，他就是罗马尼亚的代表，或许也是全世界在世的罗马尼亚人中最有名的那一位。在中国人的描述中，赞菲尔不仅是一位老师和天才音乐家，还是一位完美而富有内涵的艺术家，是复兴传统的巨人，是天赋异禀的作曲家，是古老排箫的创新者。他是一位诗人，也是一位作家；他是一位画家，也是一位天才的美术家。

除他之外，罗马尼亚艺术家拉卢卡·珀图莱亚努（Raluca Pătuleanu）、约努茨·普雷达（Ionuț Preda）以及中国艺术家高纯华等人都进行了演出。

西安音乐学院坐落于陕西省省会西安，曾设立排箫专业，还成立了国际排箫学术交流中心，由高纯华担任中心主任，我为荣誉主任。值得一提的是，交流中心深受罗马尼亚排箫艺术大师的支持，双方一直保持着紧密的联系。

2018 年恰逢罗马尼亚统一一百周年，举国上下洋溢着喜悦之情。圣诞节来临时，排箫大师赞菲尔用一场精彩绝伦的表演为罗马尼亚的百年庆画上了完美的句号。

我曾就读于克拉约瓦卡罗尔中学，当时的宿舍楼位于高中教学楼后的操场南侧，我在这幢两层高的宿舍楼里度过了四年时光。那时，克拉约瓦国家剧院借用了我们中学的大礼堂，在那里组织举办各种演艺活动。每当我一时兴起想去剧院瞧瞧时，就会和朋友一起爬上楼，从一扇内窗偷偷溜进剧院里，紧接着一路向上，一直爬到剧院的顶层楼座。当大礼堂内没什么人的时候，引座员会示意我们下来，然后就可以舒舒服服地坐在长毛绒扶手椅上。

艺术大师马努·内代亚努（Manu Nedeianu）曾在剧院舞台上大放异彩，能亲眼看到他那精妙绝伦的表演真乃我人生一大幸事！那时，我还结识了只比自己年长几岁的年轻演员，导演弗拉德·穆古尔（Vlad Mugur）将这群出类拔萃的年轻人会聚到一起，组成了一支所向披靡的团队，成员包括：西尔维娅·波波维奇（Silvia Popovici）、格奥尔基·科佐尔奇（Gheorghe Cozorci）、康斯坦丁·劳乌茨基（Constantin Rauţchi）、杜米特鲁·鲁克雷亚努（Dumitru Rucăreanu）、阿姆扎·佩莱亚（Amza Pelea）等人。1957年，"二战"后由弗拉德·穆古尔执导的第一部《哈姆雷特》正式上演，有谁会不记得出演这部戏的科佐尔奇呢？！他那洋洋盈耳的声音，如丝绒般柔软却又不失坚定，像是"为声音裹上了一件由金丝银线和丝绸精制而成的衣服"[奥雷尔·斯托林（Aurel Storin）]。

剧院表演在我的心中埋下了一颗种子。如今，北京的罗马尼亚文化中心年年都会上演罗马尼亚戏剧，依次为：霍里亚·格尔贝亚（Horia Gârbea）的《命运的职员》、特里斯坦·察拉（Tristan Ţara）的《冰之心》[基于达恩·维克托（Dan Victor）视角]、马太·维希尼耶克（Matei Vişniec）的《雇佣小丑》、塞巴斯蒂安·温古雷亚努（Sebastian Ungureanu）的《工匠马诺莱》、瓦列留·布图莱斯库（Valeriu Butulescu）的《永远的布伦库什》、埃里克·艾曼纽尔·施密特（Eric Emmanuel Schmitt）的《奥斯卡和布尼·罗兹》、伊利耶·克里泰斯库（Ilie Cristescu）《最后一个月的第一天》（致统一一百周年）。此外，安娜·玛利亚·班贝尔杰尔（Ana-Maria Bamberger）、达恩·图多尔（Dan Tudor）和阿达·纳夫罗特（Ada Navrot）的《犯罪者》也将上演。

这一场场来自欧洲的文化盛宴，彰显着罗马尼亚之魂，一场场艺术的极致享受，让我们共同探寻罗马尼亚文明的精髓所在。

基于各大戏剧节的契机和我们不懈的努力，来自罗马尼亚的优秀演员和戏剧团体通过出色的演绎获得了中国观众的一致好评。2018 年，扬·卡拉米特鲁（Ion Caramitru）和布加勒斯特扬·卢卡·卡拉贾莱国家剧院上演了莎士比亚的《暴风雨》，而乔治·米赫伊泽（George Mihăiță）和布加勒斯特喜剧剧院则上演了果戈里的《钦差大臣》。这两出戏依次演出三晚，每场演出都座无虚席，落幕时掌声雷动，取得了瞩目的成功。在设置了 1000—1500 个席位的演出厅中，我还注意到有不少年轻人也参与其中。三年前，康斯坦丁·基里亚克（Constantin Chiriac）和锡比乌拉杜·斯坦卡（Radu Stanca）国家剧院选用西尔维乌·普尔克雷特（Silviu Purcărete）的改编剧本，上演了索福克勒斯的《俄狄浦斯》，同样大获成功。2018 年，锡比乌剧院还在上海戏剧节中上演了这出戏。康斯坦丁·基里亚克，既是一名杰出的戏剧演员，还身兼经纪人、艺术动画制作人等职位。他孜孜不倦，多年来经常在中国举办高质量的艺术表演。我还记得他在上海戏剧学院曾朗诵过多首罗马尼亚著名诗歌，以及埃米内斯库（Eminescu）和克雷安格（Creangă）这两位文学家间的书信摘要。他的演出震撼了全场师生，观众随即请求他为大家教授一堂表演课。那堂课比诗歌朗诵持续了更长的时间，全场听众都听得如痴如醉。

以上这些只是2015年7月15日到2019年8月31日之间的一些演出，也就是我担任北京罗马尼亚文化中心主任的期间。虽然时间不长，但我通过这七部罗马尼亚戏剧和其他世界名剧，为中国观众献上了罗马尼亚人眼中的文化盛宴！

这群罗马尼亚艺术家带来的剧作在中国乃至亚洲范围内皆属首次演出。演员们对角色的完美诠释传递着环环相扣的艺术情感，在中国观众心中构建起了一座罗马尼亚的艺术殿堂。

犹记得，在关于罗马尼亚文化中心（北京）主任这一职位的人选评估结束时，今任布加勒斯特市市长的那位杰出女诗人兴奋地问我道："您在中国的第一项文化推广活动会从哪方面着手？"我说："从书开始。我会为罗马尼亚书籍的中文翻译工作提供支持，并尽可能多地出版相关著作。"我也完成了当年的许诺。

我支持出版了许多诗集，包括米哈伊·埃米内斯库（Mihai Eminescu）、卢奇安·布拉加（Lucian Blaga）、马林·索雷斯库（Marin Sorescu）、尼基塔·斯特内斯库（Nichita Stănescu）、奥拉·基里斯蒂（Aura Christi）、卡罗利娜·伊利卡（Carolina Ilica）、卡西安·玛利亚·斯皮里东（Cassian Maria Spiridon）、彼得·斯特拉葛尔（Peter Sragher）等诗人的作品，瓦列留·布图莱斯库（Valeriu Butulescu）的一本格言集和一本诗选《当代罗马尼亚诗歌》。

除诗集外，我还支持出版了散文及小说：麦特·克莱姆尼兹（Mite Kremnitz）的《罗马尼亚人的童话》、欧金·乌里卡鲁（Eugen

Uricaru）的《弗拉迪亚》、加布里埃尔·基富（Gabriel Chifu）的《权力制图师》、诺曼·马内阿的《巢》和《法定幸福》，以及一本文集——《罗马尼亚当代短篇小说》。

我还出版了科学院院长伊万·奥拉尔·波普（Ioan-Aural Pop）教授所著的《罗马尼亚人的历史》，以及一本名为《罗马尼亚》的参考书，这本书由中国学者李秀环和徐刚编著，全方位地介绍了罗马尼亚的情况。罗马尼亚总统的自传《跬步千里》也是由我支持出版的。

以下出版物也值得一提：格里戈雷·杰奥尔久的《罗马尼亚现代文化史》、董希骁老师的《现代罗马尼亚语语法》、瓦西里·弗洛雷亚（Vasile Florea）的《罗马尼亚艺术——从起源至今日》（创作中）、马留斯·斯托伊切斯库（Marius Stoicescu）的《未来七年》（经济类著作）、尼古拉·布德（Nicolae Bud）的《千年之交：矿业，该走向何处？》（涉及工程、科学、经济和社会学的著作）。

每年8月的最后一周，北京会举行一场国际图书博览会，展会的最后两天（周六和周日）则会面向公众开放。尽管罗马尼亚文化中心在2015年7月14日才在中国成立，但我当年就通过协商，促成罗马尼亚从2015年起就开始参加这一展会。2019年是罗马尼亚参加图博会的第五个年头，这次我们还将是主宾国！

自文化中心在北京成立以来，我们通过出版这些书籍让这座“罗马尼亚大厦”变得精彩纷呈。这种趋势会继续保持下去吗？

第十四章

中华图书特殊贡献奖

2016年8月的北京国际书展

杂评

从立图阿王国[①]到书的帝国

① 译者注：在13世纪的文献中，记载了一个名为立图阿（Litua）的罗马尼亚公国，国王为利特沃依（Lituvoi），匈牙利的文献中也有相关记载。

我想要说的只有两个词：感恩和爱。首先，我要向中国人民致以感谢。中国人民创造了伟大的文明，创造了无数的作品。没有这些作品，我今天就不会站在这里。我还要感谢领导人的表彰和奖励。小时候，我就读过唐代的诗歌集。中国诗歌之美深深感染了我。于是，在高中毕业时，我决定学习汉语，希望能读原版的唐诗。我在布加勒斯特大学学习汉语语言文学的时候，日益被中国文化所吸引。从那时起，我就开始翻译中国古典和现代文学。中华文化强大深厚，源远流长。你越研究它，你就越会发现自己只是管中窥豹。中国文化是人类文化不可分割的一部分，我很高兴能够向罗马尼亚人介绍其中很小很小的一部分。我很荣幸能够为罗中文化交流添砖加瓦，做了一些有用的事情。我相信，今天获奖的汉学家都经历过类似的情况。博大精深的中华文明值得我们终生探讨。

2016年8月24日，我在中国人民大会堂发表了上面这番致辞。中国政府为了表彰我在罗马尼亚翻译和出版中国文学所做的工作，向作为汉学家的我，颁发了中华图书特殊贡献奖。

这次活动不仅是一次对罗马尼亚的良好宣传，还是对罗马尼亚汉学界和罗马尼亚文化的褒奖。

我最近读了斯蒂芬·茨威格的《人类的群星闪耀时》，该书由I.M.斯特凡所译，翻译得十分地道。这本书讲的是“上帝的满是秘密的工作坊”（歌德）[1] 中的几天或几小时或几秒钟的意外，却会对生命的进程产生莫大影响，包括个人的命运和历史的演进。无论是选择研究课题，还是生活中的方方面面，我都也曾有同样的感受。因此，我想说这个奖就像是一件新衣，有着特殊的剪裁，特定的颜色，因为它来自中国。接下来是否会有一个罗马尼亚方面颁发的奖项来表彰我所有这些著作、译著和原创文学呢？有人私下跟我说，好像已经有人在罗马尼亚文化学院提这个事情了，但是我并不知晓细节。我相信群星闪耀的时刻！

这个奖是颁给我的，我收到它自然非常高兴。除此之外，我认为，它对其他人、对世界、对中国和罗马尼亚的文学界都具有重要意义。这是一个颁给罗马尼亚的奖项，请允许我将它献给罗马尼亚的汉学研究。今年（2016 年）布加勒斯特大学开设汉语专业刚好满六十周年，请允许我也将它献给我的母校。

至于我的翻译工作和翻译质量，我想请中东欧研究中心的丁超教授作为旁证。2006 年，他在人民文学出版社出版了一本二百九十页的大型学术专著《中罗文学关系史探》。作者用五十页介绍了 1965—1989 年间真正为中国文学在罗马尼亚的传播做出了有益贡献的人物。其中，作者用了十二页来介绍米拉 · 卢佩亚努（1944—2006）和康斯坦丁 · 卢佩亚努，因为他

---

① 此处的“上帝的满是秘密的工作坊”指历史，茨威格在其作品《人类的群星闪耀时》中，曾引用这一说法。

们有三十多部译作和原创作品。援引如下：

“鲁博安夫妇在二十世纪七八十年代沉湎中国文学和文化经典，无论是研读原著还是翻译出版，其速度和质量都相当惊人，从部分译本与原著对照情况看，质量亦可称上乘。这不仅大大推进了中国文学在罗马尼亚的流传和接受，也确立了鲁博安夫妇在罗马尼亚汉学界的地位和威望。”

在谈及质量时，丁超教授使用了一个佛教用语——上乘，这一术语指的是大乘，借指为高妙的成就。

在北京的时候，在图书馆向公众开放之前（“文化大革命”期间曾关闭），我常常在法国和英国大使馆图书馆的书架上查寻翻阅。我穷尽手段寻找我想读的作品，在罗马尼亚那些作品要么难觅踪影，要么禁止向公众开放。时至今日，首都图书馆的藏书浩如烟海，收到的捐赠也很可观，成为图书馆中的佼佼者。完成了在布加勒斯特大学的学业后，这 3 个图书馆成了我“不发文凭”的大学。

中国文学就像一块芳香四溢的多彩宝地，一望无际，远远超出了我们的视野和理解。为什么这么说呢？因为我每次只挑选某一时代的书籍，好像一个孩子在 5 月欢快地跑过一片林间空地，四处摘花，发现一朵比一朵奇艳！中国是一眼取之不尽的文化和文明之泉。中华文化博大精深，独树一帜。它独立于世界，在华夏土地上自我培育和生长。令人惊讶的是——一旦罗马尼亚汉学家研究了中国的文化和文学史，就会发现早在几个世纪前，它就有了欧洲文艺复兴以来所创造的几乎所有文学和艺术潮流！

文学翻译本质上是一位谦虚的作家，是一个看见杰作就两眼放光的孩子。他牺牲自己，推迟创作自己的作品，将其他作者的作品译著成自己的母语。

我一直在研究中国文明史，但日常琐事繁多，经常被迫中断。我们怎样才能摆脱眼前的压力呢？我一生都是国家的公仆，不得不服从上面的命令！而翻译，不仅仅是对众所周知的中国文化资料进行简单加工，还要考虑到罗马尼亚人在一个独立成长的悠久文明历史中，看到了什么，是如何看到的。

我是利特沃依国王[①]的后裔。在当今世界，我未能重建这个古老的国家，但是打造了一个鲁博安的帝国——我、米拉、阿德里安·丹尼尔，克拉迪亚、艾莲娜，安德里亚纳。这个帝国是书的帝国，一个处处文明、满是光明和奉献的帝国，这可能会让一些人受到惊吓，让他们妒忌。这个帝国是一片广袤的学术天地，我们力求将中国具有普世价值的文学和哲学著作中的达契亚元素（参见尼古拉耶·登苏夏努的《史前达契亚》）译成罗语。此外，我们还支持出版自己的作品，如诗歌、长篇小说、随笔、儿童文学、科幻小说、戏剧，甚至还包括中医书籍。这个帝国是一个长盛不衰的帝国，与罗马尼亚语共存，而时间会见证它的一切美好品质。这个独一无二的帝国独具魅力，

---

① 译者注：即上述立图阿（Litua）王国的国王。

它引人入胜、光芒万丈，充满了风情、智慧和美感。几乎首都和外地的所有大型图书馆都陈列着它所出版的书籍，我希望这些书还能推出电子版，这样可以方便年轻人查阅。

上中学和大学的时候，我写了一些诗歌和散文，《金星》杂志编辑部的米胡·德拉戈米尔还礼貌地回复过我。中国古代诗人、长篇小说家和哲学家的军队兵临城下，面对他们，我臣服了，并且自愿投诚。我写了六部长篇小说，三部已付梓。还有两卷短篇小说以及诗歌、戏剧等。我并不急于出版它们，就像达契亚人的姐妹拉丁人说的那样，我有时间，我会活到128岁！

最后，我要说我非常爱书。有时我会放下所有无聊的繁杂事务，开始写书法。文房四宝——笔墨纸砚——还应该加上书！

第十五章
颂

中国颂

北京颂

一座充满传说的古老城市，一位现代的老者。

你有三千年的历史，依然生机勃勃！

你曾是蓟州，是燕京，是中都，是大都，这些都是转瞬即逝的荣耀，

在痛苦的黑暗年代，你是北平，是北方的平静和安宁，

也是充满荣耀的首都。

多年前我初见你的模样，

就像这芸芸众生，对你一见钟情。

你是政治、文化和教育中心，这些词语又意味着什么呢？

在这里，中国的商业和经济隆隆震动，技术革新火火红红，

艺术和文化潮流涌动，不断走向全国和世界，

还有体育和音乐，与众不同的建筑，你是首屈一指的文明！

北京今日之名就是奇迹，难以超越。

我许下一个愿望：向那些成就你的人致敬！

他们，今日的居民，将你构想，将你构造，将你从无到有，一步步打造，

你曾只是一个充满异国情调的大村庄，却在花果园上拔地而起！

我多么爱慕你啊，大北京！从一开始你就是我的好兄弟，

我用双脚丈量你的距离，但仍未留下我想要的足迹！

啊，早晨从热情、安静、沉默和郁闷的夜晚升起。

我记得长安街上川流不息的单车，

车流既是三百万人难以阻挡的热情，也是全人类的激情。

双轮的自行车，难以描述的羊群，还有装甲连，

而人们，人们是高贵的火花，是朋友和兄弟。

所有人都散发着善良的气息，从达官贵人到平民百姓，无不如此。

京剧的唱、念、做、打，还有相声、杂技和景泰蓝，

前门外的北京烤鸭和周围的北京酒吧……

从天安门，这个的城市中心开始，无论你在哪里，它都会友好迎接你。

数不胜数的名胜古迹，打开大门，等你踏进去。

向你鞠躬，大北京，我的首都朋友，你是尊贵血统的象征。

你曾经伟大，如今依然伟大。

我看到了你金色的未来，从这里开启！

上海颂

当我知道你的海拔只有四米，我很害怕。

这么大的城市，会不会沉入海里。

你是中国最宏伟的城市，相当于一个半罗马尼亚。

我在想什么呢？

我去看过你一二十次，只见你日新月异。

现在，我们再也看不见你曾经的模样。
三十年代的摩天大楼，如今看来，就像是糖果和巧克力。
对于中国，对于这个完美的民族，
几个世纪的兴衰荣辱，大浪淘沙，
现在只给他们留下，
陆家嘴、外滩，历史建筑、博物馆和豫园。
你曾是吴国旧地，
然后属越、属楚。
最后，在征服中原的战斗中，
秦始皇，伟大的统一者，
赋予了你一席之地。
你诞生了。
上海，汉语中你名为“海上之城”，
但你真正的名字是东方明珠，
就如今日的你！

广州颂

你很像布勒伊拉，
有扇形的街道，大江的支流。
你有一种独特的魅力，
人行道都藏在房檐下，
寸土寸金，利用合理，

不是吗？
我曾一年两次来看你，
在著名的广交会上。
而你是这个地方的女王，
你是浪漫优雅的音乐圣殿，
你是精致甜食的家园。
通过你，我参观了景德镇名窑，
看到价值千金的瓷器和荔枝园。
看见荔枝园，我仿佛看到了无冕之后杨玉环，
向京城送荔枝的疲倦马匹，
新鲜的荔枝，就像一些圆苹果
从树上掉落。
一切都自你开始。我穿梭在人群里，
满怀都是黄灿灿的水果，多汁，小核，
我或是品尝甘蔗
或是品尝鸡蛋水果糖，
我那来自布加勒斯特的同事，
诙谐幽默，大声喊道，
“荔枝园！”
他不敢相信自己的眼睛：
——我为它们着迷！他压实装满糖果的口袋
带着它们回了国，戏谑道：
——我喜欢它！

广州，你仍那么纯净，虽然离香港、澳门
只有一百多千米，
我知道你是中国最古老的城市之一，
我记得，你是帝国扩大的疆域。
水系众多，珠江是赋予你美好生态的静脉，
在美妙的风景背后，
在看不见的深处，我们会发现中国人的坚韧。
你有成千的稀有矿产和油田，
你是烈士之城，
你是中华之珠，
你是革命胜利的基础，是全球商业前哨！

杭州颂

中国人常说，
“上有天堂，下有苏杭。”
在分隔上海和宁波的
海湾尽头，
藏着杭州这个奇迹。

还有人说，
“生在杭州，长在苏州，吃在广州，死在柳州。”
因为苏杭有青山绿水，广州有玉盘珍馐，

柳州的柳木，
可让人千年不朽！
我做证，人间有天堂，
天堂就是丝、米、茶、竹之乡。
阿拉伯人、犹太人和其他部落
都把杭州作为他们的家园。
一千年前，这里只有两百万居民，
今天却有二千二百万，
成为世界上最大的居民点。
马可·波罗说，这个城市
一万两千座桥梁，
一百英里的周长，
货物琳琅满目
数不胜数！
人间的天堂，
因白居易、苏东坡等名士骚人
更添一份色彩。
艺术的国度，再加上西湖
便是天堂的中心。
如今，
这里也是旅游的好去处，国际会议的绝佳场所。

苏州颂

苏州，无锡——我记忆中的花园小城！
我从国际大都会上海过来，
来这里悠哉游哉。
异国风情，安静而凉爽。
当地人们在哪里，我从未想过。
他们存在于我到达不了的地方。
现在我发现苏州有一千万人，
无锡也有八百万。
汽车疾驰而过，
从窗口望去，
它们仿佛是巨大的小摆件！
在苏州，谁都想给自己盖一座房子！
历代园林鳞次栉比。
走马观花难以领略其妙处，
更不知哪个最雅致！
六十九个园林都被列入联合国教科文组织遗产。
沧浪亭——宋代风格的代表，
狮子林——元代风格的代表，
拙政园——明代风格的代表，
留园——清代风格的代表。

西安颂

你是古老的荣耀，你是盾牌与盔甲，
你的辉煌历史无人不知。
你是庞大帝国的第一个都城，
无论用何种标准，你都可当仁不让！
你是著名的长安，
是自古以来的安宁！
如今你是现代化城市，与日俱进，
与重庆、成都合称新时代西三角。
人们自幼便知，
你是迷人的城市，古老的传奇，
是一个民族无与伦比的骄傲。
这个城市有十处名胜古迹：
最与众不同的帝国缔造者
始皇帝的坟冢，
举世无双的兵马俑，
堪比宇宙中璀璨的星辰！
古老的寺庙和宝塔，
四季都是高贵的模样，
如同那位唯一的女皇，
投下了阴影。

西安，
了不起的城市！

竹颂

竹子，让我赞扬你！
竹子，种类百千种，
竹子，又称铁乔木，
竹子，笔直又圆润，像童话里的王子
——每天长一米，
一月三十米！
一个孤单的人，一个鲁滨逊，只需一园竹子
生活就如同大富翁，不再需要其他东西！
房子由竹造，
怎么会有比这更耐用的建筑材料？
竹柱子、竹墙、竹地板，
竹顶棚，竹房顶，
竹床、竹桌、竹椅子，
竹帽，竹玩具，
竹柯布查[①]，竹船舶。
汉字写在竹简上，

---

① 译者注：柯布查，一种类似吉他的瓢状弹拨乐器。

汉字要用尖竹写！
生活离不开竹子！
竹笋是美食，
还可治感染。
空心的竹竿
普遍用于家居！
动物以竹叶为食。
人们因竹子发明了酒。
一位牧羊人在竹筒里盛满米饭，
却将它忘在田间。
几天之后，他发现米饭不仅没有变质，
还成了一种醉人的饮料，
全天都可以喝的米制饮料！
宝宝长在竹篮里，
玩竹制玩具，
使用竹子工具，
年老又拄竹拐杖，
死了躺在竹棺里！
一开始，
竹笋从土中冒出尖芽
没长叶子，
反而长出了胳膊腿，
不久，他离开了地面走出去，

因此，地球上出现了人类。
人类就是在竹茎上诞生的。
一竹一世界！
一竹一乾坤！

茅台和中国

秋意渐浓，
茅台如老友，
拥抱我的心灵，
与我共叙旧情，责备道：
你忘了我！
你像从云朵中透出的月光，
带着微笑——一个幻影，
你有着十二岁孩童的稚嫩脸庞，
对未来的承诺，
内心的强烈光亮，
梦。五千年的文明在哪里呢？
第一天，我便知道了一切，
关于你的一切，茅台。
第二天，在酿酒厂，我了解到，
你脱胎于红高粱，产生自红泉水，
和山民们的温暖红心。

要过去多少日日夜夜，月月年年，
我才能发现，
那勾人回忆的光亮来自哪里？
不过我了解的中国，
早已在我心中。

中国颂

1.
我今天来找你
用心和思想装满礼物
我录下首都的喧闹
听着你发出的声音
我想知道
是否已万事俱备
可以让你敞开心扉
或许我从你这里
听到的轻音乐
是从天上降下来的
为何它经万物的过滤
像是宇宙的呼吸
或者它不是从天而降
只不过是

通向你的道路
来寻觅我，牵起我的手，低声对我说
要勇敢
日光落下
到了午餐时间
我的心飞向你
你沉默地呼唤我
听起来像是一个誓言

2.

我无边的灵魂触碰着你，
轻声细语，舞动着滑向你；
啊，距离消融了，
我思念的帝国正在向我靠近，战斗吧，不要哭！
我要先偷走你的心和头脑——拥有你身上的光彩，
扫除不属于你的一切，
将我的想念献给你。
多少次，我在梦中遇见你，
我熟悉你的每一丝秀发，
没有人像我一样，那么多年一直研究你，
我低声对你说道：你像朵杏花。

你是人类最初的起源，
一束灼热的灯光照射在你身上，
我要撕裂它，将它融化在我体内，
让我精神中的玫瑰园绽放！

3.

窗外，落叶缤纷。
天上，彩云逐月，
在初冬的夜空躁动。
微信上，我收到了花朵的表情，
而思绪却不自觉地从一个朋友转到另一个朋友，
从一个省转到另一个省，
从一个时代转到另一个时代。
将手轻轻按压，
在你的脸上——一张地图，
然后就停了下来。
我在脑海里送了你一份礼物，
一份躁动的脑电图。
你在哪里？你那竹笋一般的手指，
按着哪个电脑按键？
你可曾看到最高的浪头上，
我那对你的思念？

第十六章

不完整的小说和生活片段

中国是个充满文化氛围的国度，她通过文化向我们展现中华文明的魅力。即使整日埋首于各大图书馆，可能也无法看到这里提到的某些内容，这些内容将构建起一座智慧的金字塔。

爱情与战争

他是一个令人胆寒的战士，有 5 个妻子和 10 个妃嫔，但最爱的是海兰珠。两人成婚时，她二十六岁。尽管并没有相关记录，但是历史学家认为她那时已经结过婚了。在那个年代，女孩十六岁就嫁人了，国色天香的海兰珠怎么可能那么晚还不成婚呢？当她策马奔腾时，似乎整个草原都铺展开来，因染上她的华裳光泽而改变了颜色。

我们知道，皇太极是大清帝国的创始人。他从无到有，一步步建立了自己的帝国。267 年后，也就是 1912 年，这个帝国土崩瓦解，烟消云散。皇太极的父亲努尔哈赤（1559—1626）在家中排行老八，是爱新觉罗部落的首领，建立了第一个满族部落联盟。他的母亲是叶赫那拉部落的蒙古公主，因此，他渴望娶蒙古贵族女子为妻，并征服蒙古族，将其纳入帝国版图。

1634 年，皇太极成功击溃了蒙古帝国，而战败的蒙古君主林丹汗也难逃一死。为了给自己的民族留下一线生机，林丹汗的八个妻子中有两个嫁给了皇太极，还有 3 个和皇太极的兄弟成了亲。

1614 年，二十二岁的皇太极与蒙古族科尔沁部落十六岁的博尔济吉特 · 哲哲结为连理，哲哲是他的正妻，也是后来的皇后。1625 年，他又迎娶了布木布泰，哲哲的侄女。九年后，比布木布泰年长四岁的姐姐——海兰珠，也嫁给了皇太极。

皇太极知道海兰珠，太知道了。海兰珠经常出现在他的脑海中，挥之不去——她身披砖红色华服，发丝藏在发饰中，深蓝色的扁方下则是一张孤傲的面庞。他第一次见到她，是在与她妹妹的婚礼上。多年来，他始终忘不了她那炙热勾人的眼睛。她的美貌无法遮掩，扁方两侧镶满了饰物，缀着宝石的丝带随风飘荡，细碎的蓝宝石从额头一直贴到眉梢。她脑后缀着长长的银线，周围装点着各色宝石，色泽浑然一体。对于自己应以何种形象示人，她心知肚明。

“海兰珠！”他向她招呼，喊出了她的名字，十分惊讶能够见到她！

“太极”，她低声叫出了他的名字。但这是大不敬！她必须尊称他为“陛下”！但是，她再次越了界，表明了自己的态度——她屈膝下跪，但并没有叩头，而是深情地看着眼前高高在上的男人。接下来的举动可能会导致杀身之祸——她并没有将手交叠放在小腹，遮盖每一寸肌肤，而是将右手转到一边，微微抬起，似乎想去触碰他。

海兰珠拒绝了其他追求者，爱上了满族勇士。他们的婚姻和爱情很久以后才开花结果。那年她二十六岁，而他四十二岁，已彼此爱慕了数十年。她一直在满怀信心地等待，而他始终在寻找良机。

皇太极无法将她封为正妻，但给了她比其他妃嫔都高的位分和冠绝后宫的宠爱。1637年，海兰珠诞下一个小皇子。他欣喜若狂，大赦天下。此时的皇太极，开疆拓土，除了传统的蒙古族全部领地外，还占领了如今中国的华北和东北，朝鲜半岛的那些国家也成为其藩属。他还准备攻占所谓的“中原”，瓦解明王朝（1368—1644），将首都南迁。但好景不长，小皇子只活了半年就夭折了。海兰珠尝试再次怀孕，始终未能如愿。在此打击下，仅过了三年她便离世了。当她弥留之际，皇帝正在征战沙场，以图征服明王朝。在江山和卧病在床的后妃之间，他选择了爱情。自昭陵至皇宫约有六百里，他催动战马，日夜兼程赶了回去。第五日，他终于抵达，却得知他那仅三十三岁的爱人，刚刚闭上了眼睛。

我说，你说的故事如此动人。蒙古族的朱丽叶到底长什么样子呢?

根据当时的习俗，他的妻子都是当地最美丽的女人。这些女人一共给他生了十一个儿子和十四个女儿。海兰珠长什么样子呢? 想象一下现代的牛仔女孩：高挑、苗条、自信。据说，皇太极很珍视她的存在，也爱慕她的思想和灵魂。海兰珠具有和他相同的高贵品质，但是没有用它们去征战沙场，而是用以维护宗法、治理后宫。

“我在你身上看到了自己”，他经常对她这样说。而她只是沉默，更多的是用眼睛来诉说。她那穿透人心的大胆目光，就像是敌人在攻城略池。他经常独自带她去打猎，而她会给他吟唱自己所作的诗词，抑或是一些民间歌颂他的丰功伟绩的歌曲。

两年后，皇太极驾崩。心爱女人的死使他饱受打击，再也无法重返疆场。当时，他刚过五十岁。

他出生于 1592 年 11 月 8 日，1643 年 9 月 21 日溘然长逝。他将族名从“女真”改为“满族”，取“勇敢”之意，还将新帝国的国号更改为“清”，意为“清澈”，那是水之特点。明朝的“明”与火相关。根据中国古代哲学的五行说：水、火、土、木、金相克相生，水能克火。

他成功终结了一个纯汉族统治的朝代。他勇猛果敢、富有远见、才识过人，军事和政治思想卓越，知人善任，和世界上那些最伟大的指挥官和帝王，如拿破仑·波拿巴、成吉思汗、中国首个皇帝秦始皇等不相上下。然而，他却在明王朝完全臣服之前溘然长逝。他与海兰珠的妹妹布木布泰的儿子——年仅六岁的福临，是第一位入主北京皇宫的满族皇帝。

在皇太极的所有成就中，他对海兰珠的爱流传了整整几个世纪，被人们口耳相传。

香山之旅

秋日漫长，在一个阳光明媚的日子里，我们前往香山秋游。我们身着盛装，就像穿着舞会华服的王子和公主，在灌木丛中穿梭漫步。深浅不一的红叶在强烈的日照下闪闪发光，又像雄奇的瀑布一样簌簌落到地上，奔向我们。在去停车场（我们两个小时前在那儿停了车）的路上，我们遇到一个年轻的女孩子，很明显是个大学生。她衣着朴素，就像那些年常见的装扮一样：一件蓝色粗布外套把她裹得严严实实的，几乎看不见里面的白衬衫，头发梳成了两个麻花辫，随意地垂在后背上。她有一张鹅蛋脸，鼻子轮廓模糊，却赋予了她一种罕见的优雅。她的眼中充满了悲伤，但是被棕色框架的细长眼镜挡住了，让人难以察觉，只见嘴唇在轻轻地颤抖着。

当我们走近时，我发现她一直在轻轻啜泣，一滴泪刚好从右脸颊滑落。她并没有注意到我们，我和我的妻子也没有上前，做出任何安慰的举动。当我们离这个年轻的中国女孩稍远一点的时候，米拉立刻小声对我说："他离开了她。""谁？"我问道。"哎，还能是谁？她的男朋友。"米拉颇为肯定地告诉我。"他带她来散步，俩人吵架了，他就把女生留在这里，自己回去了。""她肯定很生气，怎么没打他呢？"我说道。"不是。这个女孩不是生气，而是伤心。你一点都不了解女人！"她责备道。"她这么难受，我们开车把她送回学校吧。"我开始觉得自己的妻子有道理了。当我们上车时，我就下了决心，想邀请这个年轻女孩子和我们一起回市区。我启动了引擎，当车开到女孩走的那条路上时，发现她还是深陷在痛苦中，我妻子低声说，"别停下来。""为什么？""你没法儿理解！"她觉得我们不能干预。我也有预感，即使我们和她搭上话，对她来讲，事情也不会变得更好。我们无法插手一个不属于我们的爱情故事。

鼓

银英坐在我对面，慵懒地靠在房子阳台的躺椅上。这座房子是专门为她而建的，不到六个月就竣工了，由美丽乡村农业公司承建。这所公司是在中国允许"下海"，也就是成立私人企业后成立的。她穿着件旗袍，那是一种中国传统长裙。旗袍由轻盈的丝绸制成，下摆从臀部开始开叉，她仿佛把人间的万紫千红都穿在了身上。她的一条腿收在椅子下面，另一条腿则挑衅般地伸展着。我很喜欢那优雅的腿部线条和大腿的轮廓。银，她的姓氏意为“银”，而英则有好几个含义：优雅、花瓣、品格高尚的人或英雄。

今天是谈心的时候。我们已经相识很久了，她当了一辈子记者，知道怎么去问，但不知道怎么回答。

我们从十六岁就在一起了。我们被送到了同一个村子，那是个内蒙古大草原上被人遗忘的村子。我们当时会些什么呢？我们只学了些口号。对我来说，虽然父亲是将军，被下放到南方的某个稻田里劳改，但我还是很喜欢这个国家。我们当时要做各种农活儿，种地、养马、养牛、养羊，或者就待在食堂和屋子里。我也算是一名乡村医生，跟着祖父学了一点儿医术。李和我的年纪差不多，虽然我们都来自北京，但是我们彼此并不认识。他一开始就爱上了我，把我照顾得无微不至，像一个男仆一样。我们第一次在一起的时候，他并没有抱我或是抚摸我，而是把我转过来，往我屁股上不知打了多少下。他怀疑我曾是生产大队长沐子飞的女人，所以应该是报复吧？当时村子里来了一批又一批中学生，来这里跟工农兵学习。我们就是一边过着苦日子，一边学习。就这些！

我学会了骑马。有一次，我在山丘后面迷了路。当时我来村子已经一年了。大概是五月吧，天空澄澈，草儿鲜嫩，我沉醉其中。我下马挖了些蒲公英，马儿就在那里等我。后来，它就自己回了生产大队！我并不害怕，又摘了小野花儿。那儿的花草长得都不高。我告诉自己，这就是一曲绿色的交响乐。我又爬了一座山。在前面不远处，岩峰毕现。我知道山很矮，但对当时的我来说，它们就是崇山峻岭，从东到西几乎呈直线延伸，绵延不绝。回望村庄，房子看起来就像些小土堆，蒙古包染上了泥土的黑色和太阳的黄色。我开始欢呼雀跃，手舞足蹈，那里只有我、天空和大地，让我满心欢喜。突然，我从疯狂的舞蹈中停了下来。面前站着沐子飞，生产大队的队长。他从哪儿来的？什么时候来的？他问我在那里找什么，我告诉他，我的马跑了。

“马儿可比一个没脑子的女知青懂得多。过来，我带你走。”

我拒绝了他，准备徒步走回村里。我在避开他，因为他跟我说他喜欢我。

“你连碰我脚指头的资格都没有！”我对他说道，然后转身去了其他女孩所在的地方。

“你会成为我的女人！”他向我喊道。

他的这番话就像村里过节时点燃的熊熊篝火，火焰上下跳跃，火舌舔舐着我，将我燃烧。而我，似乎喜欢这种感觉。在寒冷的夜里，这些话就像篝火一样诱惑着我。我甚至都没有忘记它们，有几次我看到他时，似乎还在等着他再重复一遍。

当时，他任我走了很长时间，然后就出现在我旁边，从马背上把我捡了起来，就像捡麦穗和战利品一样。他用胳膊捞起我的腰，把我拉上了马背，坐在他前面。他接下来就用胳膊将我禁锢起来，我不断挣扎。但是，马儿、强壮的男人、大草原和风都散发着一股致命的吸引力，让我深陷其中，最终我不由自主地将背靠在他的胸前。

他似乎就是在等我这样。他立刻勒马掉头，开始跟我说话，讲他自己和他的家人。他说，他们似乎很卑贱，微不足道，但他们其实是成吉思汗第五个孩子的后裔。满清王朝建立的同时，他们却在不断地衰落。清朝一开始只用自己人，后来就只和汉族人合作，夺走了他们的一切。我们骑了很久，他一路都在说话，但突然在一个蒙古包前停下来了。这个蒙古包很新，小小的，深藏在林间，我从来没见过，因为它离村子很远，似乎坐落在牧场的斜坡上。他停下了马，用同一只胳膊抱着我跳了下来，就像抱小羊羔一样。他把马拴好，我们就进了帐篷。

在里面，我突然反应过来，反手给了他一记耳光，十分决绝地要求回队里。他笑了起来，把我推到了铺着厚厚兽皮的床上。一场飓风从我身上刮过，我就像在一个虚幻的世界，迷人又敏感。当时，除了痛苦之外，我什么都感觉不到。这个成吉思汗的后人毁了我。我当他的女人当了一年左右，直到他把目光转向了另一个年轻女孩，一个来自上海的高中生。镇上的这些女孩就是他的战利品。沐子飞是生产大队的领导，尽管他并不比我们大多少。他身材高大，体型匀称，眼神很凶，总是胡子拉碴的。他参过军，甚至还有获军衔的机会，但他却拒绝了。

他是一个彻头彻尾的草原儿郎。他是我从一开始就鄙视、讨厌的人，但同时我也爱他。我在那个无名村子待了多少年，就爱了他多少年。自从成为他的女人那天起，我就在他面前迷失了自我，直到我们小组回到城里去上学的那一天。沐子飞把我送给李后，就再也没有碰过我。但是，如果他想要的话，我不确定我是否会拒绝。他离开我时，还精心设计了一番。他发现李爱上了我，就把他叫出来，逼他坦白。然后，他就答应帮李追我，还让他发誓不会碰我，除非答应我们回到北京之后娶我。李答应了，也发了誓。有一次，天快黑了，我跟沐子飞一起回他的蒙古包，突然发现李也在那里。

他对我们说，“你俩想说什么就说什么，但是十点钟要回宿舍！”没有多看我一眼就离开了，把我扔在那里，就像扔下了一个腐烂的水果。我和李站了很长时间，各怀心事，时不时地偷瞄对方几眼。我不想让他碰我。我们累了之后，就蹲了下来，后来我们实在太累，就躺在了床上。然后，他就开始用手掌和拳头打我的臀部，好像打鼓一样。我乖乖地待在那里，没有任何反应。我告诉自己，这个胆小鬼即将成为我的丈夫，他也值得拥有自己的高光时刻。整个一生，即使是现在，他还时不时地在我的臀部打鼓，我们谁都不知道到底为什么！

激光&等离子体

我为图尔努·默古雷莱原子物理研究所的一位激光物理

研究员做过陪同翻译。他是一位大学教授、出色的科学家，应该叫米哈伊·德拉格内斯库。当时，我是突然被叫过去的，我不知道他是干什么的，也没有做任何准备。我在中国外交部的同僚——精通罗马尼亚语的张文英女士，从中国驻布加勒斯特大使馆得知了一些有关此次访问的信息，帮了我许多忙。我同她，还有她的丈夫龚先生都很熟，我们是朋友。当然了，如果我们承认外交中存在友谊的话，那我们就是朋友。当涉及过于技术性的词汇或表达时，我们就借助英语，一般是中方告诉我们术语的汉语说法，我们再进行翻译。

对我和文英来说，最有意思的词就是激光和等离子体。访问结束后很长一段时间，只要我们遇见了，我们就用这两个词互相问候。我不说“早上好”，而是用汉语说：“激光！”她就答：“等离子体！”多年过去后，我们还是以同样的方式彼此问候：

“激光！”

“等离子体！”

科学术语

那时候，罗马尼亚有一个由伟大的科学家埃列娜·齐奥塞斯库领导的科学技术委员会，她的副手收到了中国科学院的正式访问邀请。我和外交部的张文英女士被指派去做翻译。第一天，中国科学院的一位副院长接待了他。他们俩之前就在一些国际会议上认识了，便开始用法语对话，就是一些诸如“你最近在干吗？”“你还去了哪里呀？”“好久不见！”此类的礼节性寒暄。突然，主持人看着我们这两位年轻的翻译，半开玩笑地说道：

“你俩都无聊了吧。我建议咱们开始讨论科学上的问题，让他们翻译，继续咱们的对话！”

“副主席先生，我斗胆说一句，我只能帮你到这儿了。我是学语文的，那些化学中的科学术语……可能我的同事更了解吧！”

“不，不，不！我也不行！您二位能用法语继续吗？”

两位科学家互相看了看，微笑了一下，继续他们的对话。我记得当时我在本子上记了很多化学术语，中罗文都有。对我来说，它们是全新的东西，难以理解。那个小本子在哪里呢？

学艺不精和自命不凡

当时，在高层会议上，比如说大使和中国相关领导人的会谈，或者一些代表团来访等等，一般会有两名翻译，一名中国翻译和一名罗马尼亚翻译，每个翻译都将自己的母语译成外文，所以外文表达并不总是那么令人满意。我们罗马尼亚的外交官是汉学家，在大学里学了汉语，也掌握了这门语言，但主要是对外交和对外政策领域的词汇比较熟悉。当超过这个领域时，我们的翻译就惨不忍睹。当然，中国翻译也有这个问题。我一直非常钦佩我的中国同事，因为他们的词汇储备比我们大得多。

我还记得有一个在中央部门当翻译的同事：他不算太老，也不算很年轻；不算丑，也不算好看；不算胖，也不算瘦；不算坏，也不算好。他对自己非常有自信，不想承认或是没有意识到自己不懂罗马尼亚语语法。他讲罗语时没有曲折变化，就是按照汉语的句法顺序或自己听到的顺序一个接一个地蹦出那些词，通常是一大长串主格名词和动词。比如说下面这个句子：“根据作家亚历山德鲁·彼得利亚所言，一个社会病患者拥有上天赐予的礼物，要比一般人聪明，能言善辩。但是，他们无法去爱，不知道什么是羞耻，从不向别人道歉，坚信自己拥有绝对的真理。”他就会翻译成：“作家亚历山德鲁·彼得利亚根据所言，一个社会病患者具有上天赐予的礼物，在中间聪明，能言善辩，但是无法爱情，不羞耻，从不原谅，他坚信绝对的真理。”

我第一次与他面对面翻译时，大使小声对我说：

“你记一下，我什么都听不明白。这个男孩在说什么鸟语！”

后来，他陪着一个重要的代表团访问罗马尼亚。在参观当中，他担任中国代表团的翻译，将他们的发言译成罗语。罗马尼亚共产党中央委员会的一个重要人物跟我说，让我接替他去翻译。但是我怎么能打断他，然后自己翻译呢？我不对任何人使坏，如果这么做的话，他会瞧不起我的。另一方面，我想我翻译的汉语或许有时候也像他翻的罗文一样，不太好懂。那我们是要互换角色，互相指责吗？

这里我想说的是，我和中国同事总是相互合作，为彼此创造翻译的最佳条件，相互理解，在需要时互相帮助。口译是一种折磨，翻译的脑袋总是在断头台上。

我在一本外国杂志上看到了一组漫画，一共有3幅：在两位政治家的会谈上，一位说了一个笑话，翻译就翻了过去，然后两位政治家都笑了。译者站在他们之间，化作一副斯芬克斯的面孔。

还有一个翻译，姓白，特别自命不凡。有一次，罗中两国旅游部长会议在罗马尼亚召开，在我进行翻译后，他直接插话进来纠正我。虽然大多数时候他是对的，但那些并没有涉及本质性问题。我忍了好几次，后来我也开始纠正他。即使他翻译得没有错误，我也会将罗语句子再组织一遍，使其更加有文采。第二次还是第三次的时候，在这样纠正他之前，我用中文跟他说："不对！"这样做是为了让中国代表团知道我在纠正他。我盯着他的眼睛，几次打断后，他用罗语跟我说："我们要这样继续下去吗？"

他终于停了下来，但他在其他会议上还是会这么做。心怀恶意的自命不凡者！他的罗马尼亚语都是从《火花报》上摘抄的！

国际货币基金组织

我们罗马尼亚人说汉语的时候，有时会因为发音、声调和用词的问题，导致自己想表达的意思完全走样。我们当然还得继续学习这些东西，不过我们肯定还会闹笑话，还得在胸前画十字！

讲罗马尼亚语的中国人也有一些这样的问题。一次，一个罗马尼亚代表团访问北京，提了一个问题：“在哪儿举办呀？”为了使翻译更加优美，那位中国译者翻译的时候没有说“离这儿比较远”，而是用了一个罗马尼亚谚语。他翻译的是：“在世界尽头！”

还有一次，罗方用一条谚语回答中方的问题，想表达徒劳无益的意思：“它有用，就像是在抚摸木头做的大腿似的！”接待结束后，中国翻译问道：“不好意思，抚摸木腿真的有用吗？”

有一次，中国财政部长访问罗马尼亚。罗马尼亚财政部长问道：“跟我们一起去国际货币基金组织吗？”[①]这一次，中国翻译吓到了，都没有把这句话翻译给部长，直接回答说：“不！我们不去找女人！”

梁山伯与祝英台

中国人非常珍视爱情。没有什么可以阻止真挚的爱，如果在尘世间受阻的话，那么它就会在精神上实现，超越生死，天长地久。中国诗人写了不计其数的有关真爱的诗作。大多

---

① 译者注：罗语的国际货币基金组织缩写为 FMI，读起来和单词 femei（女人）发音相同。

数情况下，这些爱情故事的主人公都是书生，但也有农民和帝王。爱没有阶级之分！我知道四个很久以前流传下来的爱情传说：《梁山伯和祝英台》《白蛇传》《孟姜女》和《牛郎织女》。

中国有个古老的爱情神话传说——牛郎织女。织女是织女星的象征，她爱上了一位养牛人——牛郎，也就是天鹰星座中的牵牛星的象征。他们的爱是禁忌之恋，因此，两个人都受到了惩罚，被迫分居于银河两地，每年只有在农历七月七的时候才能相见。那天，喜鹊会为他们搭起鹊桥，让他们过桥相会，一起度过一天。

《白蛇传》讲的是一个年轻的书生——许仙和素素——一个修炼千年的蛇精之间的故事。但是，凡人不能同神妖通婚，所以最后结局也很悲惨。

公元前三世纪，孟姜女的丈夫被抓去建长城。而孟姜女为了给自己的丈夫送冬衣，孤身北上。当她到达时，发现自己的丈夫已经死了。她悲恸欲绝，放声痛哭，她的号哭哭倒了一段长城，丈夫的尸骨也露了出来，至今那段城墙还倒在那里。从这个故事中，我们可以看出中国人对真爱的高度赞赏。

梁山伯和祝英台就是中国的罗密欧与朱丽叶，或者说是中国的特里斯坦与伊索尔德。这个故事可以追溯到东晋时期(265—420年)。英台家境殷实，是家中第九个孩子和唯一的女儿。她坚持要前往杭州求学，但是那个年代女孩不能上学，所以她就女扮男装。求学途中，她邂逅了山伯，两人成了朋友，义结金兰。两人之间产生了强烈而纯洁的爱。对他来说，这种爱是兄弟之情，而她却悄悄地爱着他。三年后，两人完成学业，山伯被任命为一个县的县令，而英台则回到了家中。当山伯去英台家拜访时，他终于发现了他的“兄弟”是谁。他对英台也燃起了炙热的爱恋，两人发誓要在一起，直到死亡将他们分开。不幸的是，家里人跟英台说已经将她许配给了一个富家子弟。山伯忧郁成疾，几个月后就死了。婚礼当天，梁山伯墓边狂风大作。祝英台要求下轿去墓前祭奠梁山伯。她哀恸地祈祷坟墓打开，将她也葬进去。这时，一道晴天霹雳劈开了山伯的坟墓，英台翩然跃入坟中，墓复合拢。他们的魂灵化作两只蝴蝶，出现在坟墓上，蹁跹飞舞，永不分离。

这是一个典型的中国故事，无比纯粹。真正的爱情会打破人类的铁律。它被写成了诗歌、故事、戏剧，还被拍成了电影（第一部是在二十世纪初），谱成了音乐。在维罗纳的罗密欧与朱丽叶墓附近，还竖起了梁山伯和祝英台化作蝴蝶比翼双飞的纪念碑。最为著名的是1959年上海音乐学院的两名学生——何占豪和陈钢创作的小提琴协奏曲《梁祝》。

我将这个故事译成了罗文的话剧，剧目名和书名一样，用的也是汉语话剧的脚本。多年前，它还在罗马尼亚广播的话剧栏目播出了。是哪些演员表演的呢?

慷慨

我曾见证过中国朋友的各种慷慨举动，有时候我也是受益者。你要善良，要学会理解，要当利他主义的人，要把自己奉献给别人，要为了公共利益牺牲自己。这是文明人类的精髓！中国人懂得爱和宽恕。

飞

我开始在天空腾走，离开了地面。我像穿越浓雾一样穿过云层。我向上或向下走的时候，会把云碰得歪歪斜斜。它们在那里，就像几座高耸的山峰，如丝绸般顺滑。事实上，这次我的额头、我的鼻子、我的翅膀，只碰到了一朵云。当我从云中出来的时候，我发现我触动了天空的心脏。在我的上方，一个涡旋在向我招手，在呼唤我。我的上方有一个从未遇见过的吸引力，好像要把我吸走一样。但是，我还是奋力向下走。下来的时候，一缕云都看不到，而太阳照耀着开始泛绿的山脉，这说明我回到了尘世。我到了一个干旱的地方：四处都是灌木，没有高大的树木，沙石飞扬。

我去散步的时候，从院子出发，往西北方向走。众所周知，沙漠地区是荒无人烟的高原，是不受欢迎的土地，满地都是沙石。在我周围，我看到了支离破碎的云朵，形状大小不一。有一次，我从一条又长又高的云旁边经过，它像是山地之间的奇异支柱。我一开始坚信，我可以用右臂分开它，用手穿过它，就像穿过超现实的蒸气。但事实并非如此，我没有触到它，我跌跌撞撞地飞过那里，而它仍屹立在那里，像离地面很近的一个庞然大物，十分荒谬。云属于天空还是属于大地呢？

接下来，就是破布一样的碎云或是棉花团一样的云。从一处到另一处，我看到了被岩石或黏土包围的耕地，很少能看见一个“目”字形的村庄。低矮贫瘠的山丘，没有任何植被，只有一些苔藓，向着北方生长。我想知道它们存在的意义，究竟是为了什么而存在呢？

白云，好像散乱的麦芒，被风吹起，吹到破碎，就像错落在各处的房屋，就像一个疯狂画家在天空中的涂鸦。它什么都像，但不像我。

穿过沙漠，我看到了绿洲。无论在哪里，绿洲都能够保护盘古为我们开辟出的土地。大篷车，然后是道路、房屋、村庄、人。

现在，我再次被云层包围，被白马拉着的马车包围，实际上是被冰山包围。我离太阳越近，温度就越低。我不太明白，为什么会这样？当我上下走动时，我会冻结或者融化。

有时云是灰色的，是黑色的阴影。它们想向我证明，它们在上边很无聊，它们鼓起了肚子，然后不久之后就会下雨。根据《易经》中的“阴阳”原则，万物都在成长和发展，但最终盛极必衰，物极必反。

在上面，太阳是一个点，当我的马车轮子和孙悟空的丹炉都被连绵的云遮盖，一切都消失了。我继续飞，在空中漫步。

第十七章
结　语

回首往事

追忆我的前半生

自1968年5月20日以来，我就一直在中国生活。前些年，我到了《劳动法》规定的退休年龄，但是后来为了建设北京罗马尼亚文化交流中心，我就又回到了中国。这样算下来，我在中国已经生活了半个世纪。作为一名职业外交官，这些年我并没有一直在中国，只是外派至中国工作几年，再返回罗马尼亚待几年，然后再回到中国。总是回中国工作，是因为我不想外派至其他国家当外交官。北京是世界上最大的首都之一，我在这里感受到了伟大的世界政治的脉搏，怎么还能去随便某个国家当外交官呢？有一次，他们提出派我去巴黎常驻三到四年，但是我拒绝了。我去那儿能干什么呢？尽管生活给了我很多次机会，但是我依然想尽办法回到北京。记得在一次采访中，有人问我，对生活和工作的地方不够了解会不会给造成一些不适应和困难。当然会，那种情况数不胜数。我们西方人一路走来，到处犯错误。我不止一次地感觉到，我就是梦游仙境的爱丽丝，我就是一个走进幻想世界的孩子，每个举动或每一步都会引发意想不到的后果。在成为外交官和作家之前，我是一名汉学家，一个研究汉语言与文明史的欧洲人。

虽然生活在中国并不一定能让你成为专家级人物，但我的中国朋友还是称我为专家。有段时间，我和一位大使一起工作。他皮肤微微发黑，当他听到别人叫我专家的时候，整张脸就会变得更黑。不，我离成为专家还很远。我所知不过一星半点，就如池塘之鱼，对海洋几无所知。在我的理解中，只有一个国家的国民才能了解这个国家。我爱我的祖国，但我也可以爱中国的一些东西，比如文化和文明、古代文学、道教、能顶半边天的女人，因为这些都很有价值。

我认为我对中国人以及其思维和行动方式都达到了一定程度的理解，略高于那些没有到过黑海以东的人。我承认自己没有得到什么益处，有些许遗憾。我没有机会与这些社团融为一体，因为我没有和东道主一起生活，而是独自生活在外国人团体中，大部分时间都与当地人割裂。外国代表去一个国家的时候，往往带着自己的偏见，他们并不关心那些是否属实，就以为自己手握真理。事实上，真相往往会让他们感到不安，他们毫不在意的那些尖叫和嘶吼会让他们心神不宁。我们当中有多少人能正确地理解我们罗马尼亚人，并正确地传达真实的我们呢?

当我降落在首都北京时，这座城市似乎不见了。只有一种广袤文明。美国除了那些大型的中心城市外，其他地方都是无边无际的村庄。而我面前的北京，街道铺砌整齐，干净整洁，街墙比人略高，青灰墙壁后几乎没有房子。我喜欢故宫方方正正的道路，但这些街道也藏在冷冷的宫墙后面，只有四角的角楼才能勉强露出个头。而外面的街道，无论何时都极其拥挤，人行道上熙熙攘攘，自行车道上车水马龙。这座城市的建筑与欧洲的建筑迥然不同，矮小的建筑中一座座寺庙拔地而起，或许还藏着一个公园，一座前朝的宫殿，一处历史遗迹，这一切能立马将你征服，让你原谅别处的种种单调和不足。我想，我们应该为中国写一本新书，为她作一首散文诗，因为她的美丽是那么丰富多样，那么与众不同，那么容易让人臣服，就像这个伟大国家的人民一样。现在的北京焕然一新，变成了一个大都市，街上几乎再也看不见自行车，都成了汽车！对我来说，北京和中国吸引我的地方是悠久的历史，是创造力、原创性和创作精神。在亚洲，中国的汉语和历史、哲学、文学、艺术、法律、科学以及社会和国家组织等，数百年来都是远东地区的标杆，今天仍然是进步的典范。中华文明是一个珍宝之岛。在中国度过的岁月里，我不仅提高了语言水平，还对中华文明以及中国人的做事方式有了更深入的理解，中国是我的第二所大学。

1949 年 10 月 1 日，中华人民共和国宣布成立。自此，中国摆脱了动荡，走上了辉煌的复兴道路。从秦始皇建立秦帝国起，中国就是一个荣耀之国，随着自身的发展，更是成为亚洲和世界文明大国。亚洲的大部分地区都发源自中华文明，后来渐渐化为百川。汉语之于亚洲就如拉丁语之于欧洲，两者都是最初的文明基因。中国哲学和文化名人孔子的思想及著作是形成国家和文明的胚胎，而研究孔子、老子等圣贤就是中国人为当今之世界立起的黄金之柱，为世界文明树起的喜马拉雅高峰。

在人类历史发展进程中，有段时间世界上只有两个伟大的帝国，千民百族均归属于它们。布雷比斯塔建立的达契亚帝国疆域辽阔，向东无限延伸，有时候甚至会进入到第二大帝国——汉帝国（公元前206—8年）的势力范围。据说布雷比斯塔（公元前82—前44年）向中国皇帝传信，希望签署一份和平共处及互不侵略条约。达契亚的文明只是口耳相传，没有书面记录，所以罗马尼亚和中国的青年历史学家应依据古文献，尤其是中国的历史文献来对此进行研究。我相信，在中国的古文献中会找到一些记录或是朝廷公文，来解开这个谜团。与此同时，中国朝廷的编年史记录也会证明罗马尼亚人与中国人之间的友谊究竟有多么源远流长。

无论如何，我们应该记住，这应该是丝绸之路上第二个重要时刻。如果我们发现了库库特尼文化和仰韶文化之间存在文化和商业交流，那么“一带一路”这个概念的历史便可再往前追溯几千年。

这件事或许还可以证明，在君士坦丁大帝（306—307年间任罗马皇帝）时期就已经有了通往中国的道路。君士坦丁大帝是达契亚族人，百战百胜，统治疆域可达格鲁吉亚和阿塞拜疆。罗马帝国通过黑海北部一条通往西方的道路与中国进行商业往来和人员交流，那条道路经过了今日罗马尼亚的多布罗加。我要向现在和未来的历史学家们发出一条倡议，希望你们搜寻资料，以证实是我们的祖先促成了欧洲与中国的首次接触。

我为什么选择中国呢？首先是因为它的文化。中国人的生活哲学是：读万卷书，行万里路，这就是人类认知的方式。我最近看见诗词诵读在中国大热，诗集也更受追捧，编辑们看到诗集也不再避之唯恐不及。好兆头！还有一些爱情诗。年轻人和老年人经常自问，什么是爱。一位朋友发表的一篇关于爱情的文章获得了热评。

他说：无论爱是什么何种形式，它都是让你改变自己，不断完善自己，变得更加美好的尝试。有些人能坚持一天、一周、一个月或者两个月，而那些坚持了一年的人，会有很大的蜕变。三五年或更长时间的坚持会重新定义你这个人，这意味着你已经往前进了数千步。随着爱变得越来越高尚，你也使自己变得完美。

大约在同一时间，北京下了初雪。北京像马蹄铁一样夹在山间，缺少降水。雪下得并不大，但足以让街道银装素裹。一场小雪，盖住了整个北京。我抓住灵感的火花，写了一首有关雪花的诗。这首诗勾起了我一些旧日情感，让人感到和谐和安宁。我们怎么能想着夏日的骄阳，而忽视这眼前的雪景呢？中国首都污染确实很严重，我们必须注意。无论愿意不愿意，我们都得戴上口罩，因为在你意想不到的地方飘浮着一些不可见的有害颗粒物。

在北京罗马尼亚文化中心，经常能感受到喀尔巴阡山的呼呼风声，罗马尼亚平原的沙沙草声和多瑙河的潺潺水声。在免费的罗马尼亚语课程中，中国的大朋友和小朋友都开始讲罗语。这些年来，优秀的罗马尼亚艺术和文化大使、（我不知道他们为什么喜欢用这个词，导致我也得看在他们的面子上用这个词。我认为，“艺术家”这个称号比“大使”称号高级一千倍，至少现在如此）艺术家和创造者们都利用自己的知识、艺术沉淀和修养积极地宣传罗马尼亚文化，给人们留下了深刻印象。罗马尼亚每年都参加八月份的北京国际图书博览会，我想我们可以做得更好。我们要向那些飞来北京的作家、艺术家、学者和教师们致谢。因为正是通过他们，罗马尼亚才树立了自己的形象，越来越有认知度。

我已经 75 岁了，过完了我的前半生，但我还很年轻。

根据博学之士 C.I. 巴洪的研究，我的生命已度过一半。我一直都很爱看书。小时候，一拿到课本，我就花好几天一口气把书读完。我还将学的诗倒背如流。很多诗其实并没有任何美学价值，只是每天的学习任务，但我还是将它们记下来了。慢慢长大，我才懂得分类和辨别。至今我还记得尼娜·卡西斯（Nina Cassian）的童话《无所畏惧》（1950 年出版）中的句子。她是一位非常敏感的伟大诗人，原名勒内·安妮·卡西斯－玛德撒鲁。

无论身处何方，我都能找到当地的图书馆。我就是在一个图书馆里邂逅了中国诗歌，当时读的是唐朝的诗歌集《玉笛集》，由诗人 Al. 斯塔玛蒂亚德从德语转译。我当时还是个孩子，我就对自己说，学习中文挺好的，可以读到那些原版的“珍宝”。现在我确信，这个想法是一种原始冲动。高中毕业后，我参加了布加勒斯特大学汉语言文学系举办的入学考试，那一年一共有五个招生名额。当时一共有六十五名高中毕业生报名，不多也不少。十一个人抢一个名额！后来我就决定学中文。中国哲学的“三才”——天时、地利和人和，我都具备了。果然，我成功了！我翻译并出版的第一本书是散文，经诗人乔治·蒂姆库协调，交由雅西青年出版社出版。大学的时候，我翻译了一些诗，对我来说就是练手吧。我还保留着一些从横格本中撕下来的纸，皱巴巴的。

1974年后，我将中国古代、古典和现代文学中的重要著作引入了罗马尼亚市场。这样做的目的是什么呢？我不止一次地说过，这样是为了丰富我们的文学，为罗马尼亚文化提供新方位，做出有益补充。米拉·卢佩亚努和康斯坦丁·卢佩亚努多年来辛勤耕耘，一共出版了三十多本书，这些书不仅质量堪称上乘，而且还具有较高的艺术价值。

如果现在让我从之前出版的众多书籍中选一本，那我第一个选择的就是《周易》，因为它耗费了我五年心血。这本书是一本中华文明的圣经，是一本神圣的书，分上、下两卷，共880页。1996年，由玉麒麟出版社出版，编辑是克劳迪亚·埃列娜。这本书包罗万象，内容涉及哲学、政治、道德等诸多领域，综合地阐述了宇宙万物间的关系，一共售出五千本！这版《周易》不仅仅是一本译作，更重要的是，我们对它进行了思考、阐释，并用罗马尼亚语将其重新写了出来。在译文中，我只保留了那些意义模糊但非常简练的古文。我想将这本书推荐给一个更有影响力的出版社进行再版，以适应当今读者的阅读需求。这本书有一个非常宏大的宇宙观，通过六十四卦来解释我们现实世界中的各种情况。我们会发现，这本深奥的著作为我们提供了一种广泛且确凿的方式来了解和理解个体和社会的可能性，帮助每个个体在天地之间、在平衡和谐的集体中不断提升与完善自我！人类不计其数的发明和创造都自此萌芽。比如说，计算机语言的发明者 G.W. 莱布尼茨就曾说道："六十四卦正是二进制计算……"这足以说明《周易》中所蕴含的知识和智慧。

我怀着欣喜，向大家推荐这部举世无双的小说。它包含了现代潮流元素，再次证明了人类日常生活中无处不在的永久性探索。

半个世纪前，吴承恩的这本《西游记》只有英文节译版，共三十章。现在，这本书也有了第一个罗马尼亚语全译本（由汉学家米拉和康斯坦丁所译，后来安德里安 · 丹尼尔也加入了），看过英译本的人知道这个消息之后应该会很高兴吧。

在那个时候，出版商并不是真正掌握话语权的人。我当时每年都有两三本书他们都争相出版，一般也不会拒绝我的意见。宇宙出版社、信天翁出版社、罗马尼亚图书出版社、军事出版社和达契亚出版社都毫无保留地接受了我的译著并迅速将它们刊印。因为大家都知道，它们是有价值的书籍……

我们将三十多本汉语书籍译成了罗语并在罗马尼亚出版，由此丰富了罗马尼亚文学的内涵，为其增加了一些未知的价值，或许还增添了些许奇异色彩和对生活奥义的诠释。与此同时，我们还向罗马尼亚人展示了中华文明的珍宝，介绍了真正的中国。此外，通过出版的书籍，我们凭借自己的力量，在一定程度上增进了中罗的相互了解，巩固和加强了罗中友谊。

翻译是发展和融入世界的标志，而文化领域的翻译，不仅是文学翻译，丰富了一个民族的文化，为人们打开了新的视野。

我认为文学翻译应该是一种创作，而不是机械地硬翻，没有所谓的制造、工业外观、印刷这些技术过程。译者的地位发生了转变，似乎从奥诺雷·德·巴尔扎克笔下的驿马变成了奥克塔维奥·帕斯所说的金币。如今，大家已经接受文学译者也是作家这个观点了！（为什么中国有作家协会和翻译家协会两个协会呢？）

文学翻译无疑也是艺术创作。无论是诗歌还是散文，无论翻译的源语言是什么，它都需要调动氛围、节奏、色彩、声音以及创作的其他要素。在我开始翻译之前，我总是反反复复地读汉语原著，尝试找出这部作品的伟大之处，然后在罗马尼亚语中找出相似内容，再进行翻译。我翻译中国文学不是为了赚钱，我有自己的工作。我只是出于爱好，出于纯粹的学术和艺术目的。我认为文学翻译是丰富本民族语言和文化的一种手段。实际上，欧洲文明正是通过翻译得以发展，正是翻译家通过互译活动为其奠定了基础。约四世纪，《圣经》才最先被翻译成希腊文，又过了一个多世纪，被翻译成拉丁文。一千多年后，它才最终被翻译成罗马尼亚语。如果我没有弄错的话，1661 年至 1668 年间，掌剑官尼古拉 · 米勒斯库首次将《圣经》全文译成罗马尼亚语；1688 年版的《布加勒斯特圣经》则是博学的尼古拉 · 米勒斯库的功劳。以圣经为例，把握和再现原文内容取决于作品的年代，取决于你所转译的那个译本。这也就是说，译者翻译时是受一定的时代限制的，而他所翻译的作品却是不朽的。目前，罗马尼亚最好的一版《圣经》是由主教作家瓦列里亚 · 安纳尼亚完成的，出版于第三个千年之初。①

翻译意味着对其他文化的开放。语言迁移是一种普遍的交流工具，是传播和接纳文学创作（不仅如此）的唯一途径。语言让我们相互分离，只要语言还存在，翻译就是我们了解并理解彼此，增进国家和民族之间的友谊和合作的便捷方式。

在这个意义上，我的翻译工作就是在为罗马尼亚的文学服务。我曾问自己，为什么罗马尼亚人不能接触到这些宝藏呢？而我的回答是：开始干吧！我不止一次想让孩子们和年轻人去读我翻译的中国小说抑或是诗歌等，因为它们都很有价值。我认为，通过这种方式，他们会得到一些东方的印记，获取一些欧洲文化教育中无法提供的美学价值。多年之后，他们长大成人，生活也会更加丰富。如果他们成为作家，那作品中肯定会自然地流露出一些其他作品没有的特色，从而开启创作的新走向。这就是为什么我总是说，我通过自己的翻

---

① 译者注：根据格利高里日历，第三个千年是指 2001 年 1 月 1 日到 3000 年 12 月 21 日这段时间。

译丰富了罗马尼亚的文学和文化。第一次丰富是将作品译成罗马尼亚语并付梓；第二次丰富则是通过这些作品中探索和认知人类和生命的模式去影响罗马尼亚学者。从这个角度来看，我对自己很满意，而且我还特别勤奋，自己一个人翻译的书就可以塞满整个书架！

在最近的一次采访中，我说自己建立了一个鲁博安的帝国，稍微有些夸大其词。但是，无论如何，我都是立图阿王国的利特沃依国王的后人，大家应该称我“尊敬的殿下”或者“立图阿王子”。这个帝国是一片广袤的学术天地，我们力求将中国具有普世价值的文学和哲学著作中的达契亚元素（参见尼古拉耶·登苏夏努的《史前达契亚》）译成罗语。此外，我们还支持出版自己的作品，如诗歌、长篇小说、随笔、儿童文学、科幻小说、戏剧，甚至还包括中医书籍。这个帝国是一个长盛不衰的帝国，与罗马尼亚语共存，而时间会见证它的一切美好品质。这个独一无二的帝国独具魅力，它引人入胜、光芒万丈，充满了风情、智慧和美感。只不过到那个时候，图书馆里还会有读者吗？

我不是随意进行翻译的，也不翻译那些某个年代的畅销书。我想说的是，除了那些别人找我做的翻译，我翻译的优先项一直是翻译中国文学中的经典之作。与此同时，我还考虑按年代翻译作品，以求在罗语译本中较好地呈现中国文学从古到今的脉络。

我记得罗马尼亚第一部从汉语直译过来的作品是蒲松龄

的《聊斋》，译者是我的好老师托尼·拉迪安。这本书出版时，我还是一名大学生。书里的那些故事都是发生在现实与梦幻的边缘，我还记得从中感受到的快乐，甚至觉得这本薄薄的书就像自己的孩子！后来就是我们这代人了，但是有些罗马尼亚汉学家不仅批判当代中国文学，还攻击古代的经典著作和哲学著作。

目前，我们还缺少一本罗马尼亚汉学家杂志。2014 年，我一整年都在编辑《永恒的达契亚》电子杂志，主要是收录一些汉语作品的罗译本。我们需要创办一个汉语文学翻译社，并发行一本自己的杂志。我们需要团结和勇气，才能找到资金支持，走上正轨。这件事会有好结果的！

在《论语》中，孔子说："知之为知之，不知为不知，是知也。"这是在警示我们要实话实说，不要接受那些明明不知道却假装知道还宣称自己无所不知的人。如今我们认为，知识是行动的前提。无论何时何地，我们都要根据先前所知行事，不是吗？反过来，行动也会促进知识的增长，丰富对生命的认知。深刻的知识会赋予行动以力量。因为仅知道某个领域的知识是不够的，我们还需要采取行动，将自己所拥有的知识付诸实践。

北京对我们欧洲人来说很有吸引力。我第一次来这儿的时候，是五月底，天气十分炎热。那是 1968 年，整个城市一望无垠，十分开阔，几乎没有什么房子，从机场到市里约三十公里。2014 年，那个像西方小火车站一样的小机场消失了，取而代之的是一座像海龟一样的大机场。在这四十多年里，北京面目一新，几乎要认不出来了。

从机场出发，你就可以沿着一条三四车道的高速公路通往市区，时不时地就会碰见北京的环路。一共6环，是的，6，你没看错，一共有6环[①]！机场附近已经开始建四星级和五星级的酒店了。1968年5月迎接我的那片绿地在哪里呢？机场似乎与大都市融为一体了。相较于我之前来的时候，这座城市至少向北延伸了三十公里。一路上，左右两边都是外观各异的高楼大厦，星罗棋布。市中心的故宫和周边的护城河构成了这座城市的一环。西城区还有一些保存完好的老建筑，主要是用于传承和旅游。这些代表着过去的北京。如今，北京是一个拥有两千万居民的二十一世纪大都市，面积约为1.641万平方公里。

生命就是在我们一场寻找自我的旅程，纯真而简单，这些品质我们生来就有。因此，我们的任务就是通过每个人的工作去寻找初心。我是通过写作来做到的，有的人通过音乐，有的人则通过体力劳动。最终，那些不会感到乏味的人，那些不介意重复同样动作的人，那些在同样的事情中总是能找到快乐和乐趣的人，那些懂得坚持的人，会获得成功。

我觉得自己属“书”星座。我的一天以这个词开始，以这个词结束，乐在其中。

---

① 从城市道路命名的角度讲，最大的是“六环路”，即6环。——编者注

在本书的最后，我问自己：罗马尼亚人和中国人之间是否存在差异？我想，我们同样古老。古代中国人创造了一种语言，一种书写方式，一种在亚洲广为传播的生活哲学。这也是罗马尼亚人的祖先在欧洲所做的事情。看，这就是成功的关键，中罗之间并没有实质性差异。

在我眼中，人和人、男人和女人、民族和民族之间不存在任何差异和不同。人与人之间的唯一区别是智力、教育和风俗习惯……

我认为中国人民和罗马尼亚人都具有以下品质：务实、认真、勤奋、奉献、纯洁、智慧、有创造力、诚实、相信真理、内涵丰富、具有能量，此外还有鲜明的社会意识和道家所说的兄弟情谊。正如那句谚语：四海之内皆兄弟。

附录：
鲁博安的作品

一、长篇小说

1．《杨贵妃》

2．《狮身人面像的世界》

3．《天地间》

4．《白天和夜晚的大使》

5．《外交部的事件》

6．《神殿骑士》

二、其他作品

1．《走进中国》，274 页，运动游览出版社，1975 出版。

2．《中国人的家庭生活》，160 页，玉麒麟出版社，1992 年出版。

3．正在创作《中国文明史》。

三、译作

鲁博安翻译并出版了 24 部中国文学作品，其中大多数是与其夫人美拉（Mira Lupeanu）共同完成的。书中附有关于中国文学的概括性介绍。具体书目如下：

1. 《高玉宝》，224页，青年出版社，1973年出版。
2. 《故事新编》鲁迅，128页，信天翁出版社，1976年出版。
3. 《儒林外史》吴敬梓，560页，宇宙出版社，1978年出版。
4. 《家》巴金，404页，宇宙出版社，1979年出版。
5. 《中国现代戏剧》，包括7位作家的作品：如郭沫若、丁西林、曹禺、老舍、田汉、谢民等，440页，宇宙出版社，1981年出版。
6. 《儒林外史》吴敬梓，大众文库，2册，分别为1128和1129号，318页和322页，密涅瓦出版社，1982年出版。
7. 《四世同堂》老舍，608页，军事出版社，1983年出版。
8. 《春桃小说集》，包括二十位作家（如鲁迅、郭沫若、冰心、矛盾、丁玲、巴金、老舍、欧阳山、端木蕻良等）和20个中短篇小说，460页，宇宙出版社，1983年出版。

9.《深湖》王蒙，288页，罗马尼亚书籍出版社，1984年出版。

10.《倪焕之》叶圣陶，336页，宇宙出版社，1985年出版。

11.《诗经——最美丽的诗篇》丛书195号，228页，信天翁出版社，1985年出版。

12.《金瓶梅》，2册，1230页，罗马尼亚书籍出版社，1985年出版。

13.《官场现形记》李宝嘉，564页，宇宙出版社，1986年出版。

14.《山菊花》冯德英，480页，军事出版社，1986年出版。
《中国当代诗歌》，包括77位诗人、300多首诗，420页，达契亚出版社，1986年出版。

15.《水浒传》施耐庵，3册，分别为464页、528页和368页，由军事出版社，分别于1987年、1988年和1989年出版。

16.《诗歌》艾青，144页，宇宙出版社，1988年出版。

18.《三大奇案》，224 页，玉麒麟出版社，1992 年出版。

19.《中国当代诗歌》，包括 23 个诗人、155 首诗，224 页，奇迹出版社，1996 年出版。

20.《肉蒲团》，256 页，玉麒麟出版社，1996 年出版。

21.《易经》，2 册，880 页，玉麒麟出版社，1997 年出版。

22.《道德经与论语》，384 页，玉麒麟出版社，1997 年出版。

23.《易经》，148 页，玉麒麟出版社，2005 年出版。

24.《西游记》吴承恩，2 册，分别为 480 页和 568 页，玉麒麟出版社，2008 年出版。

25.《吉狄马加诗选》，2013 年和 2016 年各一本。

26.《归旅记》张炜，山东教育出版社，2016 年出版。

27.《邓小平文集》，384 页，政治出版社，1987 年出版。

四、改编成话剧上演的作品

《雷雨》《我为什么死了》《诗经选》等分别在布加勒斯特的诺达拉剧院和密克剧院、雅西的国家剧院上演。